괜찮다는 거짓말

Perfectly Hidden Depression:
How to Break free from the Perfectionism that Masks Your Depression
by Margaret Robinson Rutherford, Ph. D.

괜찮다는 거짓말

우울증을 가리는 완벽주의 깨뜨리기

송섬별 옮김
마거릿 로빈슨 러더퍼드 지음

북하우스

남편 리처드에게

이번에는 내가 빨래할게.

차례

한국의 독자들에게

『괜찮다는 거짓말: 우울증을 가리는 완벽주의 깨뜨리기』를 한국에서 출간할 수 있게 되어 무척 기쁩니다. 얼마 전 저는 한국인들이 겪는 독특한 우울증, 특히 청년들의 높은 자살률이라는 안타까운 현상에 대해서 알게 되었습니다.

슬픔과 상처와 취약함이 표현되지 못한 채 마음 깊은 곳에 숨겨져 있다면, 누구라도 커다란 고통을 겪을 수 있습니다. 완벽한 외관을 보이고 유지하기 위해 타인의 기대에 좌우되고, 여기에 두려움과 수치심까지 합세하면 너무나 크고 비극적인 대가를 치를 수도 있습니다.

완벽주의와 우울증의 관계를 연구하는 동안, 겉으로는 성공적인 삶을 사는 것처럼 보이는 많은 이들이 저에게 연락해왔습니다. 이들은 어린 시절부터 갖게 된 완벽주의라는 생존 전략이 자신을 보호해주었지만 동시에 짐이 되었다는 이야기를 익명의 힘을 빌려 자발적으로 털어놓았습니다.

이들은 자신의 이야기를 다른 이들과 기꺼이 나누고자 했습니다. 어째서 위험을 무릅쓰고 입을 열었을까요? 이들은 전부 각자의 방식으로 조용히 이렇게 말했습니다. “다른 사람들은 저처럼 살지 않았으면 합니다. 너무 외로우니까요. 아무도 진정한 저를 모른다는 좌절감으로 가득한 삶이었어요.”

25년 이상 심리학자로 살아오면서 저는 오랜 패턴을 깨고 진정한 자기 자신에 연결되어 깊은 자기자비self-compassion를 얻게 된 사람들을 많이 만났습니다. 완벽하게 숨겨진 우울의 치료제는 진정한 자기수용self-acceptance, 즉 나의 강함이나 취약함 중 하나만이 나를 정의할 수 있는 것이 아니라는 깨달음입니다.

여러분도 할 수 있습니다. 이전의 패턴을 서서히 바꾸어나갈 수 있습니다. 이 책에 실린 62개의 생각할 거리와 함께, 신중하게 한 발 한 발 내디딜 수 있기 바랍니다.

추천의 말

제니퍼 마셜
디스이즈마이브레이브(thisismybrave.org) 상임이사 겸 공동 창립자

'완벽하게 숨겨진 우울'이라는 용어를 알게 된 것은 마거릿 러더퍼드 박사의 페이스북에서였다. 러더퍼드 박사의 포스팅을 보고 그의 블로그를 찾은 나는 블로그 영상을 보고 완벽하게 숨겨진 우울에 대해 한층 더 자세히 알 수 있었다.

'말 되는걸' 하고 생각했다. '완벽하게 숨겨진 우울을 겪는 사람들, 완벽함이라는 가면 뒤에 숨어 있지만 내면은 깊이 괴로워하고 있다는 것 말이야.'

다음 순간 이런 의문이 들었다. '그런데 다른 사람과 이 괴로움을 나누는 게 왜 그렇게 힘들까? 그렇게 괴로우면 당연히 다른 사람에게 도움을 요청하게 되지 않나?'

몇 년 전, 우리 동네 어느 가족이 십대 아들을 자살로 잃는 비극적인 사건을 겪었다. 제이는 누구라도 모범생이라고 할 만한 아이였다. 영리하고 재미있고 운동을 잘했으며, 친구들 사이에서 인기가 있었고, 언제나 성취욕이 강해 실패하고 싶지

않아 하는 의욕적인 성격이었다.

그러나 이 재능 있는 소년 제이는 완벽함이라는 가면 뒤에서 홀로 아파하고 있었다. 그 누구도 알지 못했지만 제이의 내면은 겉보기와 무척 달랐다. 그는 극심한 괴로움을 겪고 있었다. 고통에서 결코 벗어날 수 없으리라 생각해 세상을 떠나기로 결심할 정도로 말이다.

나는 제이의 어머니 에린을 만났다. 그는 딸아이들에게 줄 브레이브 구슬 팔찌를 구입하러 '디스이즈마이브레이브' 단체에 온 참이었다. 에린은 정신질환을 둘러싼 낙인을 없애고자 하는 우리 단체의 활동을 보며 용기를 얻었다고 했다. 낙인은 정신질환을 겪는 사람들이 선뜻 도움을 요청하지 못하는 원인이다. 디스이즈마이브레이브는 사람들이 정신건강이나 중독에 관한 개인적 이야기를 창조적으로 표현할 무대를 제공한다. 어두운 나날을 이겨내고 회복한 누군가가 낯선 사람 앞에서 당당히 자신의 여정을 이야기하고, 청중은 희망을 얻는다. 우리의 목표는 두려움과 회피를 희망과 수용으로 바꾸는 것이다. 이를 위해 우리는 자신의 이야기를 나눈다.

마거릿 박사의 책 역시 우리 단체와 목표가 같다. 이 책에서 마거릿 박사는 완벽하게 숨겨진 우울이라는 너무나 중요한 주제를, 보다 잘 이해받으려 소리 없이 아우성치고 있는 이들을 조명한다.

한 해에 미국인 다섯 명 중 한 명(인구의 18.5퍼센트에 해당하는 4660만 명)이 정신건강 관련 질환을 겪는다(미국 국립정신건강연구소 2019b). 우리 모두 아는 사람이 적어도 다섯 명 이상은 있을 테니, 우리 모두 정신질환을 겪는 사람을 적어도 한 명씩은 알고 있는 셈이다. 그 한 사람이 바로 우리 자신일 수도 있다.

미국에서는 한 해에 1730만 명의 성인이 중증 우울증 삽화를 겪으며(미국 국립정신건강연구소 2019a), 오늘날 10세에서 34세에 이르는 이들의 사망 원인 2위가 자살이다(미국 국립정신건강연구소 2018). 이 책은 완벽하게 숨겨진 우울 증후군에 시달리는 사람들에게 커다란 도움을 제공할 뿐 아니라 우울과 불안에 대해, 그리고 이런 증상의 다양한 표출 방식에 대해 더 잘 알고 싶은 모든 사람에게 통찰력을 심어줄 것이다.

정신질환을 둘러싼 우리 사회의 낙인과 두려움에 마침표를 찍으려면 우리의 이야기에 이름과 얼굴을 입혀야 한다. 세상 앞에서 우리의 취약함을 가리기 위해 만든 가면을 벗어던질 용기가 필요하다. 우리를 복잡하고 특별하며 아름다운 인간으로 만드는 이 취약함을 알아가는 것이야말로 더욱 풍부하고 뿌듯하며 타인과 연결된 삶을 살아가기 위한 시작이다.

제이를 만날 기회는 없었으나, 만약 제이와 그의 가족이 이 책에 나오는 완벽하게 숨겨진 우울에 대해 알았더라면, 제이 역시 우울을 견디고 살아남았을지 모른다. 여러분이 지금부터 읽게 될 풍부한 지식을 그들이 알지 못했다는 게 너무나도 가슴 아프다. 이 책은 완벽주의가 불러일으키는 외로움과 고통에서 놓여나 자기애와 수용으로 나아가기 위한 디딤돌이 될 것이다.

이제 여러분은 힘찬 여정을 떠나게 될 것이다. 그 시작이 기다려진다.

머리말

심리학자인 나는 때때로 응급 상황에서 어쩔 줄 몰라 하는 이들의 전화를 받는다.

1998년 어느 아름다운 가을날 정오 즈음 호출기가 울렸다. 내털리의 남편 릭이었다.

"아내가 너무 걱정돼서요." 릭의 말이었다. "하지만 제가 지금 멀리 있어서, 서너 시간 뒤에나 집에 가볼 수 있어요."

일과 육아를 병행하는 데 어려움을 겪던 내털리는 불안 증세 때문에 심리치료를 받고 있었다. 지나치게 바쁜 생활에 염증을 내면서도 죄책감 때문에 이를 인정하지 못했다. 사람들을 기분 좋게 해줘야 한다고 끝도 없이 느끼면서 항상 부족하다고 여겼다. 내털리는 자기 자신의 문제에 집중하는 것이 볼썽사나운 일 또는 이기적인 일이라도 된다는 듯 늘 변명조로 말했다. "제가 불평하면 안 되죠. 어지간한 사람들보다는 편하게 살고 있잖아요."

가끔 웃을 때도 초조한 마음에 억지로 짜내는 것 같았지만, 그녀는 미소를 잃지 않았다. 고통스러운 이야기를 할 때도 그랬다. 최근에 내털리는 감정을 무디게 하려고 술을 더 많이 마시게 되었다. "아이들이 잠든 시간에만 마셔요."

"내털리는 집에 있을 겁니다." 수화기 너머 릭이 말했다. "아이들을 학교에 데려다주고 왔을 거예요. 오늘은 일을 쉬는 날이거든요. 전화를 했는데 안 받더군요. 마지막으로 대화했을 때 좀 이상했어요. 제게 아이들을 학교에서 데려와달라고 하더라고요. 혹시 내털리가 선생님께 우울하다는 이야기를 하던가요?"

릭의 목소리에서 공황의 기색이 느껴졌다. 머리로는 아무 일 없을 거라는 생각이 들면서도 본능적으로 경고 신호를 감지했다. 나는 911에 신고하겠다고 했다. 하지만 릭은 내털리가 그저 전화를 받지 않았던 것이라면 911을 불렀다고 길길이 뛸지도 모른다고 걱정했다. 내털리의 집은 우리 집에서 가까웠다. 그녀가 마당에 나와 있는 모습을 자주 보기도 했다. 내담자의 집으로 찾아가는 평소답지 않은 행동을 했던 건 전적으로 우리가 가까이 산 덕분이었다.

잠시 후 나는 정원이 멋들어진 내털리의 집에 도착했다. 정문 앞에서 초인종을 눌렀다. 대답이 없었다.

집 뒤로 돌아가서 뒷문을 두드렸다. 대답이 없었다. 내털리의 차는 차고 밖에 서 있었다. 혹시 그녀가 차 안에 있는 게 아닐까 하는 생각에 차 안도 슬쩍 확인했다.

릭에게서 대문 비밀번호를 알아온 참이었다. 나는 도둑이라도 된 것만 같은 기분으로 비밀번호를 눌렀다. 차고 문이 열리면서 가지런히 정돈된 내부가 드러나더니 집 안으로 이어지는 또 다른 문이 보였다.

천장이 높고 창이 큼직큼직한 집 안은 쥐죽은 듯 고요했다. 음악 소리도 텔레비전 소리도 나지 않았다. 모든 것이 말끔하게 정돈되어 있었다. 너무 깔끔했다. 나는 내털리를 부르며 집 안을 돌아다녔다.

큼지막한 부엌에는 반질반질 윤이 나는 가전제품들이 갖추어져 있었다. 냉장고 문에는 아이들 사진이 가지런히 붙어 있었고 사진마다 세세한 설명이 달려 있었다. 부엌 바로 옆에 있는 거실은 언제라도 손님을 맞을 수 있는 상태였다. 쿠션은 눌린 데 없이 폭신하게 부풀어 있었고 모듈식 소파에는 편안해 보이는 뜨개 담요가 예술적으로 걸쳐져 있었다.

나는 계속해서 내털리를 불렀다. 처음에는 어딘가에서 자고 있을지 모를 그를 놀라게 하고 싶지 않아 낮은 목소리로 불렀다. 그러다가 결국은 큰 소리로 부르기 시작했다.

뒤쪽 복도를 지나 부부 침실인 듯한 곳으로 들어갔다.

내털리는 침대 위에 미동도 없이 누워 있었다. 옆에는 빈 보드카 병, 그리고 반쯤 남은 약병이 있었다. 과용하면 목숨을 앗아갈 수도 있는 벤조디아제핀이었다. 나는 911에 전화를 걸었다.

내털리는 말을 할 수 있는 상태이긴 했지만 또박또박 말하지는 못했다. 목소리는 속삭임에 가까웠다.

"내털리, 지금 911에 전화하고 있어요." 내가 말했다.

"아니… 안 돼요." 내털리가 웅얼거렸다. "병원은 안 돼요. 제발 아무한테도 전화하지 마세요. 전 괜찮아요."

괜찮은 것과는 거리가 멀었다. 나는 내털리가 의식을 잃지 않고 계속 말하게 하려고 애쓰며 릭에게도 전화를 걸었다.

의료진은 금방 도착했다. 내털리는 저항하지 않았다. 그럴 기운이 남아 있지 않아서였다. 내털리가 구급차에 실려간 뒤 나는 잠시 남아서 마음을 가라앉혔다. 나 역시 동요한 상태였기 때문이다.

집 안의 모든 것이 제자리에 있었다. 쓰레기통은 말끔히 비워져 있었다. 냄비와 접시는 조리대 위에서 건조 중이었고 행주는 아직 축축했다. 아이들 장난감은 소파 옆 정리함 안에 차곡차곡 쌓여 있었다. 침실 역시 침대만 제외하면 흠 하나 없이 정돈된 상태였다. 널브러진 옷가지나 신발도 없었다. 구석에 있는 책상 역시 종이 한 장 없이 깨끗했다.

완벽하게 깔끔한 자살이 될 뻔했던 것이다.

내가 우울증에 대한 통상적인 기준에 의문을 품게 된 것, 그땐 깨닫지 못했지만 완벽하게 숨겨진 우울Perfectly Hidden Depression 개념을 정립하기 시작한 것이 바로 그날이다.

내털리는 직업상 큰 성공을 거두었고 유명했으며 사람들의 호감을 사는 사람이었다. 모든 일에 성실하기 그지없이 임했고, 아이들에게는 세심하고도 열성적인 어머니였다. 아이들 학교에서도 지역사회에서도 봉사활동을 했다.

자살을 생각하고 있다는 말은 한 번도 한 적이 없었다. 그저 집안일에 끝없이 시달린다고, 특히 릭이 출장을 자주 다니게 된 뒤로 고단해서 꼼짝도 할 수 없는 기분이라고 했을 뿐이다. 그녀는 우울하다기보다 불안하고 바짝 긴장해 있는 사람으로 보였다.

상담 초기에 나는 내털리가 할아버지로부터 성추행을 당했지만 가족 누구에게도 말하지 않았다는 사실을 알게 되었다. 내가 직접 묻지 않았더라면 그녀는 내게도 입을 열지 않았을 것이다. 그녀는 부모, 특히 자신이 무엇을 해도 흡족해하지 않는 어머니에게 얽매여 있었다. 어린 시절에는 체조선수로 활약하며 온갖 상과 메달을 따왔다. 시합마다 어머니가 왔고 아버지는 일이 많아 오지 못했다. 시합이 끝나면 어머니는 그녀가 무엇을 해내지 못했는지, 무엇을 고쳐야 하는지 이야기했다.

내털리가 회계사라는 직업을 택한 것은 아버지가 회계사였기 때문이다. 그것이 내털리가 "해야 할 일"이었다. 그녀는 아버지의 사무실에서 일했고 업무를 잘해내는 데 매달리는 동시에 고객의 질문과 불만에도 내내 응대해야 했다. 얼마 지나지 않아 내털리는 일이 지긋지긋해졌고, 경제 사정과 책임감이라는 꼼짝달싹할 수 없는 덫에 걸린 것 같았다.

내털리는 분노, 특히 어머니에 대한 분노를 인정하면서도 표출하지는 못했다. 좀 쉬라거나 모두에게 완벽한 사람이 되지 않아도 된다고 이야기하면 미소를 지었다. 그녀는 웃으면서 이렇게 말했다. "제가 쉴 시간이 어디 있나요?"

내털리의 자살 시도는 강력한 각성 신호였다.

내털리는 입원해 있다가 재활시설에 들어갔다. 재활시설에서 돌아온 뒤 우리는 그녀의 생존 전략이 자신에게 어떤 영향을 미쳤는지 함께 똑바로 마주했다.

문제는 내털리가 선택한 생존 전략이 진정한 자신을 숨기기였다는 사실이었다.

내털리는 자살을 시도한 일에 대해 어마어마한 죄책감을 느꼈다. 자신이 남들은 모르는 절망에 빠져 있었다는 사실을 받아들여야 했다. 릭이 내털리의 자살 시도에 대해 어떤 감정을 느꼈는지 이야기한 뒤에야 그녀는 자신의 진짜 괴로움을 남편에게 털어놓을 수 있었다. 성추행을 비롯한 어린 시절의 문제들, 끊임없이 수치심을 안겨주는 내면 속 비난의 목소리를 해결하기 위해 시간과 공간이 필요했다.

나아가 내털리는 음주 문제를 해결하기 위해 많이 노력했다. 어머니와도 한층 더 뚜렷한 선을 그었다. 퇴사 계획도 세웠는데, 그러면 마음가짐, 가족관계, 경제상황 면에서 커다란 변화가 생길 것이었다. 그녀는 이제 아버지로부터 독립해서 자기가 사랑하는 일을 해야 한다는 사실을 알게 되었다.

내털리의 가치는 이제 주어진 일을 완수하거나 다른 사람들의 기대를 충족시키는 것으로 결정되지 않았다. 자신이 어떤 사람이 되고 싶고 무엇을 좋아하는지 배우고 나아가는 것이 중요했다. 내털리는 완벽주의를 내려놓는 법을, 화가 나고 피곤할 수도 있다는 사실을 받아들이는 법을, 강력한 수치심이 자신을 평생 지배해왔다는 사실을 인정하는 법을 알게 되었다.

약 일 년이 흐른 뒤 내털리는 "졸업"할 준비가 되었다고 느꼈다.

그녀는 살아 있다는 것에 행복해했다. 이제 진짜 미소를 지을 수 있게 되었고, 그 기쁨이 다른 이들에게도 전해졌다.

내털리의 이야기는 특별한 것이 아니다. 나만 해도 내털리 같은 사람을 아주 많이 만났다. 이 책을 집어든 당신도 내털리의 사례는 낯설지 않을 것이다.

이 여정을 함께하면서, 내털리처럼 스스로 혹은 타인이 만들어낸 완벽주의라는 러닝머신에서 내려가고자 애썼던 사람들을 보면서 많은 것을 배웠으면 한다.

이 과정이 당신의 목숨을 구할지도 모르니까.

들어가며

만약 내털리의 이야기가 꼭 당신 이야기처럼 느껴진다면, 만약 당신이 가진 것에 감사하려 애쓰는 사람, 고통스러운 감정을 인정하거나 드러낼 줄 모르는 사람, 완벽주의와 걱정에 시달리는 사람이라면, 만약 그 누구도 당신이 진짜 어떤 사람인지 모른다면, 이 책을 읽어주었으면 좋겠다.

2014년 4월 어느 토요일 아침, 나는 내털리 같은 내담자들의 치유 과정은 보다 통상적인 우울증 증상을 보이는 사람들과 무척 다르다는 생각을 블로그에 올렸다. 이 글에서 나는 다른 사람들의 눈에는 완벽한 인생을 살고 있는 듯하지만 그 표면 아래 고통스러운 비밀을 가진 어떤 사람을 묘사했다. 남들이 보기엔 아쉬울 게 없는 사람들 역시 괴로울 수 있다고 쓰면서, 완벽주의자들의 기대심리를 누그러뜨릴 치료법으로 어떤 것들이 있는지 간략하게 설명했다. 그리고 그 글에 "완벽하게 숨겨진 우울을 겪는 사람들—당신도 그중 하나입니까?"라는 제목을 붙였다.

당시는 블로그를 시작한 지 일 년이 조금 지난 시점이었고, 글이 공유되는 횟수는 많아야 50회 남짓이었다. 그런데 그날 저녁이 되자 공유 횟수가 1500회를 넘어섰다. 내 글이 입소문을 타고 있다는 이야기도 들려왔다. 중요한 건 내 글이 사람들의 공감을 샀다는 사실이었고, 〈허핑턴포스트〉에 실린 뒤 이메일이 수백 통씩 오면서 그 사실이 한층 빼저리게 다가왔다.

많은 사람이 이 문제에 공감한다는 사실이 머릿속에서 떨쳐지지가 않았다. 이런 정신 역동을 겪는 사람이 얼마나 많을까? 그 뒤로 사 년간 완벽주의와 우울증에 대한 연구들을 찾아보고 학계 전문가들과 대화를 나누었다. 완벽하게 숨겨진 우울에 대한 글을 읽고 찾아와 다른 이들을 위해 자신의 고통을 흔쾌히 이야기해준 사람들도 쉰 명이 넘었다. 사람들이 도움을 받으러 상담소를 찾아오기 시작했다.

이 책은 이런 모든 경험과 내가 심리학자로 살아온 이십오 년의 시간을 바탕에 두고 쓴 책이다. 이 책에서는 내가 만들어낸 용어인 완벽하게 숨겨진 우울이라는 증후군이 왜 발생하는지, 통상적 우울증과 어떻게 다른지, 이를 어떻게 이겨낼 수 있을지 이야기할 것이다.

나는 심리치료사가 사람들 사이를 이어주는 전달자라고 믿는다. 상처를 치유한 이들로부터 얻은 지혜를 지금도 막막해하고 아파하는 사람들에게 전해주는 것이다. 당신과 닮은 사람들, 내털리 같은 사람들에게서 내가 무엇을 보았는지, 이들로부터 무엇을 배웠는지 당신에게 전해주고 싶다. 오래 침묵하다 어떤 계기가 생겨 앞으로 나아간 이들 말이다. 이들의 이야기를 당신과 함께 나누고자 한다. 멋진 소식 하나, 그들은 훨씬 나아졌다. 그리고 당신 역시 괜찮아질 수 있다.

당신이 가장 두려워하는 두 가지는 아마도 당신이 여태껏 신중하게 꾸려온 삶을 흔들어 감추어왔던 상처를 드러내는 것, 그리고 통제력을 잃는 일일 것이다. 우리는 그 두려움과 서서히 맞서고자 한다. 자기수용, 솔직함, 개방성 속에서 안전을 새롭게 정의하고, 이를 통해 통제력을 잃는 듯한 순간에 균형을 잡아볼 것이다. 이 책의 목적은 심리치료사의 도움이 있건 없건 당신이 내면의 변화를 이룰 수 있도록 용기를 북돋아주는 것이다.

진정한 나를 숨기는 습관과 요령이 있었음을 인정하고, 나라는 존재를 전적으로 존중하며 자유와 성취감을 맛보기 시작하면 분명 강력한 변화가 찾아올 것이다. 당신이 가진 정서적, 정신적 가능성이 완전히 드러날 것이고, 어쩌면 이는 태어나 처음 겪는 일일지도 모른다. 이런 변화를 당신이 신뢰하는 이들에게 언제 어떻게 보여줄지는 당신의 선택에 달려 있다. 다만 이 여정을 나눌 수 있는 사람을 적어도 한 사람은 만들기를 권한다. 완벽한 페르소나라는 감옥에서 한 발짝 나온 당신은 자기수용, 그리고 취약함 속의 힘이라는 평화를 찾게 될 것이다.

쉬운 일처럼 포장할 생각은 없다. 이 과정은 그리 쉽지 않을 것이다. 감옥에서 벗어나려면 용기가 필요하다. 처음에는 이런 변화가 도움이 된다는 게 잘 믿기지 않을지도 모른다. 타인을 배려하는 게 왜 문제지? 열심히 노력하고 자신에게 최상의 모습을 기대하는 게 뭐가 나쁘단 말일까? 이런 일은 잘못된 것이 아니다. 하지만 타인에게 베푸는 것과 타인으로부터 받는 것 사이에 균형이 이루어지지 않을 때, 수치심이 내가 가치 있는 존재라는 감각을 방해하고, 취약함이 흠결이라고 여겨질 때, 바로 그때 완벽하게 숨겨진 우울을 생각해야 하는 순간이다.

이 책을 읽었으면 하는 독자들

완벽주의와 완벽하게 숨겨진 우울은 안타깝게도 연령, 성별, 인종, 종교를 가리지 않는다. '완벽하게 숨겨진 우울'이라는 용어가 흥미롭게 느껴진다면, 이 표현을 보는 순간 마음이 놓이거나 공감이 되거나 궁금증이 생긴다면, 완벽주의에 짓눌리는 기분이 든다면, 이건 당신을 위한 책이다.

자살사고思考에 시달린다면, 아니면 이 책에서 권하는 일을 하는 과정에서 자살사고를 겪게 된다면, 곧바로 전문가의 치료를 받아야 한다.

나이가 어리다면 우선 큰 감정적 고통에 시달리고 있다는 것을 어른에게 알려야 한다. 이 책을 통해 그럴 용기를 얻기 바라지만, 자살을 생각하는 위험한 상황에서는 이 책만으로 충분하지 않다.

당신이 부모라면 아이들을 이해하고 의사결정을 하는 데 이 책을 활용했으면 좋겠다. 누가 보아도 우수해 보이는 십대 자녀를 자살로 잃은 부모가 도대체 자신이 무엇을 놓친 건지, 무엇을 했어야 하는지 괴로워하며 연락해온 일도 있었다. 자신의 감정을 온전히 표현하는 방법을 가르치는 것이야말로 아이들에게 줄 수 있는 커다란 선물이다. 아이들은 부모의 말을 따르기보다 부모가 하는 행동을 보고 배운다.

당신의 파트너가 일상생활에서 강한 압박감을 느껴서 걱정된다면, 또는 오래전 트라우마에 대해 도무지 입을 열지 않는다면, 이 책을 읽고 상대를 더 온전히 이해할 수 있을 것이다. 당신이 관찰한 바를 상대에게 전달할 언어를 얻게 될 것이고, 어쩌면 당신의 영향으로 상대가 이 책을 직접 읽어볼지도 모른다.

당신이 심리치료사라면 이 책을 통해 사고의 범위를 넓히고 지금까지 생각해온 우울증에 대한 관념을 넘어설 수 있을 것이다.

우리는 자신은 물론 파트너, 부모, 의사, 심리치료사로서 경고 신호를 잘 알아차릴 수 있어야 한다. 누군가의 행동과 신념을 해석할 체계가 필요하고, 눈에 보이는 것을 전부로 여기지 않는 지혜가 필요하다. 이런 체계를 갖추려면 완벽하게 숨겨진 우울을 인지해야 한다. 우리의 카메라에 완벽하게 숨겨진 우울이라는 렌즈를 더하면 무언가가 잘못되었을 때 이를 알아차릴 수 있을 것이다. 이 모든 것이 치유 과정이다.

이 책이 당신을 치유하고 지지하는 방식

이 책은 당신이 변화하고 치유되는 과정을 알려주고 이끌고 지원하기 위해 썼다. 1부에서는 완벽하게 숨겨진 우울을 정의하는 데 초점을 맞출 것이다. 1부 1장에서는 완벽하게 숨겨진 우울과 그 주요 특징인 완벽주의를 정의한 뒤, 완벽하게 숨겨진 우울의 열 가지 주요 특성을 살펴볼 것이다. 당신이 스스로를 완벽주의자라 생각하지 않는다 해도 여기 나오는 행동이나 신념 중 당신에게 해당되는 것들이 있을지 모른다. 2장에서는 건강한 대처, 그리고 통상적 우울증과 완벽하게 숨겨진 우울이 어떻게 다른지 살펴볼 것이다. 3장에는 당신이 완벽하게 숨겨진 우울 스펙트럼 중 어디에 위치하는지 평가해볼 수 있는 질문지가 실려 있어 이를 유용하게 쓸 수 있을 것이다. 또 심리적 문제를 쉽게 드러내지 못하게 하고 도움을 요청할 수 없게 만드는 낙인에 대해 알아보고, 낙인의 두려움을 극복하는 방법에 대해서도 이야기할 것이다.

2부에서는 화제를 조금 바꾸어서, 치유의 다섯 단계인 의식, 몰입, 대면, 연결, 변화를 살펴볼 것이다.

이 다섯 단계가 가이드를 제시하고 있기는 하지만, '올바른' 치유 방법이란 없다. 치유는 깔끔하게 정리된 할 일 목록을 차례차례 해치우는 식의 일이 아니다. 각 단계 사이를 흐르는 에너지는 순환하는 동시에 바큇살같이 내부를 향한다. 치유를 이끌어내는 변화는 이런 식으로 일어난다. 깨달음의 순간은 또 다른 뜻밖의 단계로 이어질 수 있고, 정신적 장해물이 가로막고 있는 것 같거나 겉보기에는 마비된 상태 같은 순간에 감정의 돌파구로 이어질 수도 있다. 더 큰 정서적, 실제적 자유를 얻으려면 각 단계가 모두 중요하고, 이 단계들의 목적은 자기수용과 자기자비를 더 늘리는 것이다.

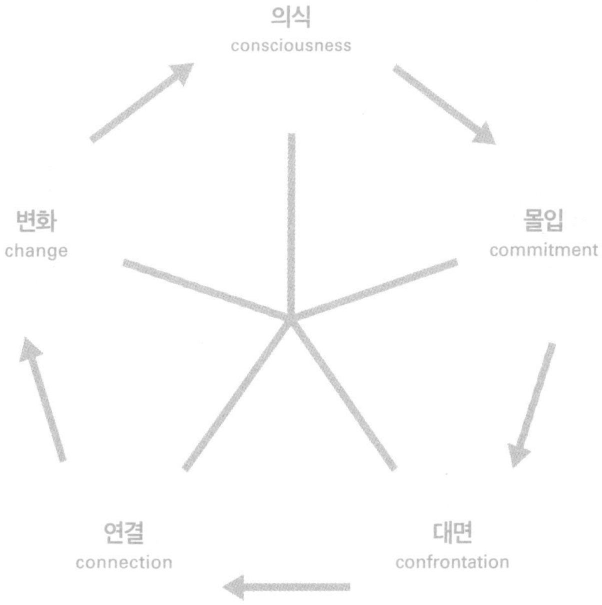

이 다섯 단계는 물론, 모든 종류의 변화에서 무엇보다 중요한 것은 자신만의 속도로 나아가는 것이다. 다섯 단계를 탐색하다 과제들이 너무 불편하고 괴로우면 잠시 쉬었으면 한다. 당신은 오랜 세월 자신을 보호하고 방어하던 패턴을 바꾸려 한다. 세상을 다르게 바라보려면, 위험을 무릅쓰고 새로운 행동을 하려면 용기와 시간이 필요하다. 스스로를 존중해주었으면 한다. 이 작업은 여러분이 완벽하게 해내야 하는 또 다른 숙제가 아니다. 완벽한 해답도 완벽한 해결책도 없다.

마지막 3부에서는 이렇게 이루어낸 새로운 변화를 개인적으로 또 관계 속에서 유지하는 방법, 이전의 고통스러운 패턴으로 돌아가지 않는 방법을 이야기할 것이다. 변화를 만들어내는 에너지와 변화를 유지하는 에너지는 사뭇 다를 수 있다. 여기서는 당신을 완벽주의라는 굴레 속으로 다시금 밀어넣을 수 있는 상황들을 살펴보면서, 과도한 스트레스를 받는 순간에도 새로 배운 바를 잊지 않으려면 어떻게 해야 하는지 이야기할 것이다. 여기서 중요한 건 이런 변화가 친밀한 관계들에 어떤 영향을 미칠지 예측하는 것이다. 이런 역학 작용을 파트너, 배우자, 가족, 친구에게 알리고 의논하는 방법을 알게 되면, 당신의 변화가 받아들여지면서 무르익을 수 있을 것이다.

책 곳곳에 성찰이라는 연습 과제가 등장한다. 당신이 앞으로 나아갈 수 있도록 꾸려져 있어 자기성찰적이면서도 행동중심적인 경험이 될 것이다. 이 과제들을 해나가는 동안 감당하기 어려운 기억이나 감정, 깨달음이 촉발될지도 모른다. 하지만 당신이 만들어낸 변화 하나하나, 통찰력을 주는 성찰 하나하나가 희망을 빚어낼 것이다. 그리고 이 희망이 당신의 두려움을 잠재우고, 위험을 무릅쓰고 계속해서 치유를 해나갈 수 있게 도와줄 것이다.

당신의 경험을 글로 쓰고 남기는 것이 치유에서 엄청난 역할을 한다는 사실은 아무리 강조해도 지나치지 않으리라. 그렇기에 이 과제를 해나갈 수 있는 일기장을 꼭 마련했으면 한다. 이 일기에 매일의 생각이나 눈에 띄는 행동 변화를 꼬박꼬박 기록하기를, 당신이 받는 정서적, 정신적, 영적, 어쩌면 신체적 영향까지 기록하기를 바란다. 이 모든 것을 한곳에 기록하면 지금 당장 쓸모가 있는 것은 물론, 먼 훗날 당신의 신념과 행동이 얼마나 극적으로 변해갔는지 되돌아볼 때도 도움이 될 것이다. 일기장이 근사한 자수 장식 표지가 달린 노트건, 3공 바인더건, 아이패드 앱이건 중요하지 않다. 혹시 다른 사람이 이 일기를 발견하고 읽어볼까 걱정이 된다면(많은 사람들이 그런 걱정을 한다) 회사에 두거나, 안전한 곳에 놓고 잠가두거나, 암호를 거는 일기앱을 사용해도 좋다. 여러 방법을 생각해보자.

마지막으로, 이 책에 등장하는 개인의 이야기들은 자신이 완벽하게 숨겨진 우울을 겪고 있다고 생각하는 내담자 또는 나에게 치료받은 환자들이 해준 이야기임을 밝힌다. 신원은 숨겼으나 그들이 이야기한 그대로 실었다. 이들에게 왜 당신의 사연을 이 책에 싣고 싶은지 물었을 때 대부분이 “내가 평생 느껴왔던 기분을 다른 누군가가 겪지 않을 수 있도록, 완벽하게 숨겨진 우울이라는 개념을 널리 알리기 위해 할 수 있는 모든 일을 다 하고 싶다”라고 대답했다. 그들은 당신이 혼자가 아니라는 걸 알려주고자 한다. 당신이 겪는 고통을 그들도 겪었으며 이 고통은 실제로 존재한다. 이제는 침묵할 필요도 숨을 필요도 없는 이 여정에 당신도 함께해주었으면 한다.

1부

완벽하게 숨겨진 우울 이해하기

1장 완벽하게 숨겨진 우울이란?

"취약함을 헤치며 걸어가야 용기에 도달할 수 있다."

브레네 브라운, 『나는 불완전한 나를 사랑한다』

키가 훤칠하고 매력적인 젊은 여성 브리태니가 상담소를 찾아왔을 때 나는 (첫 상담에서 언제나 그렇듯) 그녀에게 어떤 문제나 이슈가 있는지 궁금했다.

"페리스코프• 라이브를 통해 선생님이 완벽하게 숨겨진 우울에 대해 말씀하시는 걸 봤어요." 브리태니가 말했다. "심리 상담은 한 번도 받아본 적이 없어요. 하지만 선생님이 하신 말씀이 꼭 제 이야기처럼 느껴졌고 저는 도움이 필요해요. 모든 게 점점 나빠지고 있거든요."

브리태니는 거기서 갑자기 말을 멈췄는데, 꼭 여기까지 털

• 비디오 스트리밍 앱.

어놓은 것조차 곧바로 후회하는 것 같았다. 소파에 앉아 있던 그녀는 환하게 웃더니 조금 멋쩍은 듯 한쪽 다리를 초조하게 위아래로 꿈지럭거렸다. 어떻게 해야 할지 몰라 내 대답을 기다리고 있었다.

"그래요. 당신이 완벽하게 숨겨진 우울을 겪고 있다고 생각한다면, 아마 스스로에 관해 털어놓는 데 익숙하지 않을 거예요. 여기까지 오는 것만으로도 힘들었을 것 같네요."

브리태니는 자기 발치를 내려다보며 고개를 끄덕였다.

나는 그녀를 안심시켜주었다. "상담은 아주 천천히 진행될 거예요. 당신의 이야기를 듣는 건 저지만, 속도는 전적으로 당신이 결정하는 거예요. 최근에 스스로에 대해 더 걱정하게 될 만한 어떤 사건이 있었을까요?"

브리태니는 첫 상담에서 자기 인생 전반을 이야기해주지는 않았다. 사실 그녀의 이야기를 전부 듣기까지는 몇 달이 걸렸다. 때때로 그녀는 그때까지 숨겨왔던 상처투성이 비밀을 갑자기 털어놓고 나서 내 반응을 면밀히 살폈고 그러면서 진짜 인생에 대해 점점 더 용감하게 입을 열기 시작했다. 하지만 브리태니는 여전히 이 비밀들과 연결된 감정을 솔직하게 표현하기 힘들어했다. 눈물을 비추다가도 금세 아무렇지 않은 표정을 짓거나 화제를 바꿔버리곤 했다.

이것이 바로 완벽하게 숨겨진 우울이다. 수치심, 트라우마, 상처, 분노—꽁꽁 숨겨놓았던 이 많은 경험과 감정이 열리는 속도는 당연히 무척 느릴 수밖에 없었다.

자신이 말하는 고통과 자신에게 허용한 감정 표현 사이의 정서적 단절감을 보인 내담자는 브리태니가 처음이 아니었다. 브리태니를 만나기 전에 찾아온 다른 사람들 역시 똑같은 부정이나 분리를 보였다.

엘리자베스는 약에 취해 강간을 당한 뒤 벌거벗은 채 벤치에 누워 있다 눈떴던 경험을 이야기했다. "저는 이 이야기가 그렇게 중요하다고 생각지 않았어요. 오래전 일이니까요." 그녀는 망설이듯 웃으며 이렇게 털어놓았다.

린다는 오랫동안 한 번도 울지 않았다. 어머니가 갑자기 돌아가셨을 때조차도. "울면 마음이 불편해요. 우는 건 나약함을 드러내는 일이니까요."

잭슨은 도로를 이탈해버리고 싶었던 이상하고 비밀스러운 충동을 털어놓으며 이렇게 고백했다. "저에게는 좋은 아내와 가족이 있습니다. 그냥 스트레스가 좀 심할 뿐이에요."

다른 사람들처럼 브리태니 역시 통상적 의미의 우울증 환자로 보이지는 않았다. 브리태니는 무척 합리적이고 (조금 경직된 감이 있었지만) 대단히 체계적인 사람으로, 포스트잇과 할 일 목록이 빽빽하게 채워진 아주 두꺼운 일정수첩을 가지고 다녔다. 여자친구들이며 오랫동안 사귀고 있는 남자친구와 만날 약속으로 매일 저녁 바빴다. 미래를 위해 올바른 결정을 내려야 한다는 사실에 불안해하기는 했으나 직업적으로는 성공한 사람이었다. 브리태니는 슬퍼 보이지 않았다. 오히려 밝고 유쾌할 때가 많았다. 브리태니가 타인에게 보여주고자 하는 모습은 꽤 완벽해 보였다.

완벽하게 숨겨진 우울을 겪는 사람들은 통상적 우울증 환자처럼 보이지 않는다. 우울증에 걸린 사람은 슬퍼 보일 것이다. 우울증에 걸린 사람들은 에너지가 없을 것이다. 무기력하고 불안해하면서 매일 잠만 잘 것이다. 이런 생각 때문에 당신은 자신이 우울한 것과는 거리가 멀다고 생각하게 된다. 적어도 완벽하게 숨겨진 우울이 무엇인지 알기 전까지는 말이다.

사실 당신은 울적하거나 막막하다는 감정을 털어놓았을 때 타인이 나를 어떻게 생각하게 될지 두렵다. 당신은 정신질환이라는 낙인이 두렵다. 그래서 스스로 이렇게 말해왔다. '말도 안 돼, 내가 우울할 리가 없지. 그저 미친 듯이 바쁜 것뿐이야. 우울한 건 아니야.' 당신은 이런 식으로 수많은 압박감과 상실감을 견뎌냈다. 일도 부모 노릇도 봉사활동도 열심히 했다. 당신은 언제나 힘이 넘친다.

무엇보다도, 우울을 인정하는 건 흠결이 있다고 인정하는 것이다. 완벽주의자인 당신에게 흠결이란 숨겨야 하는 것인데 말이다.

당신은 브리태니, 엘리자베스, 린다, 잭슨과 같다. 당신이 겪는 것은 통상적인 우울과 다르다.

무언가가 잘못되고 있다는 것을 아무도 모른다. 당신이 자살을 할지도 모르는데 아무도 그 이유를 모른다. 브리태니는 첫 상담이 끝난 지 몇 달 뒤에야 사실 나를 찾아오기 전 자살을 계획했었다고 털어놓았다. 더 이상 수많은 고통과 상처를 숨기지 못하겠다는 생각, 미소 띤 얼굴 뒤에 갇혀서 막막한 기분으로 살아갈 수 없다는 생각이 들어서였다.

이 감정은 우울이 맞다. 완벽하게 숨겨진 우울이다.

완벽하게 숨겨진 우울의 열 가지 특성

완벽하게 숨겨진 우울은 의사나 상담사가 내릴 수 있는 진단명이 아니다. 정신질환도 아니다. 완벽하게 숨겨진 우울은 증후군, 즉 복합적으로 나타났을 때 특정한 장애나 문제를 암시할 수 있는 여러 특징이다. 당신은 어쩌면 무언가가 잘못되고 있음을 어렴풋이 알고 있었을지도 모른다. 인터넷에서 우울증 증상을 검색해보고 답을 찾으려 했지만, 여러분은 우울증의 진단 기준에 해당되지 않았을 것이다. 그래서 지금 마음속에 맺힌 갑갑한 감정이 애초에 진짜인지조차 의문을 품었을 것이다.

심리학적으로 볼 때 완벽하게 숨겨진 우울의 특성들—이런 행위와 그 아래에 숨겨진 신념—이 어떤 목적을 달성하는 데 도움이 될 수 있다는 것이 흥미롭다. 그 목적이란 바로 당신을 보호해 살아남게 해주는 방어기제를 만드는 것이다.

이제 완벽하게 숨겨진 우울의 특성을 알아볼 것이다. 만약 당신이 완벽하게 숨겨진 우울을 겪고 있다면, 아마도…

◦ 고도의 완벽주의자이며, 끝없이 비난하고 수치심을 주는 내면의 목소리가 있다.
◦ 강한 또는 과도한 책임감을 느낀다.
◦ 고통스러운 감정에 초연해지기 위해 의식적으로 이를 차단한다.
◦ 자신과 주변 환경을 통제해야 한다는 걱정과 욕구를 느낀다.
◦ 주어진 과제에 철저히 집중하고, 자신이 가치 있다고 느끼기 위해 성취에 몰두한다.
◦ 타인의 안녕을 중요시하지만, 타인이 나의 내면세계에 접근하도록 허락하지 않는다.
◦ 개인적 상처나 슬픔, 괴로움을 자기연민으로 평가절하한다.
◦ 식이장애, 불안장애, 강박장애, 중독 등 다른 정신건강 문제를 겪고 있을 수 있다.
◦ 가진 것에 만족하는 것이 안녕의 바탕이라고 강하게 믿는다.
◦ 일에서는 성공했을 수 있지만 정서적 애착관계에서는 어려움을 겪는다.

혹시 이런 특징이 당신의 이야기처럼 느껴지는가? 지금 이야기한 완벽하게 숨겨진 우울의 특성 중 대부분 내지 전부가 해당되는 것 같다면, 아마 여러분의 내밀한 진실에 붙일 이름을 찾아냈다는 사실에 안도감이 들지도 모르겠다. 당신이 마음속 깊이 숨긴 고통은 진짜다. 당신은 그저 미치도록 바쁜 것이 아니다.

그러나 완벽하게 숨겨진 우울마저도 끝없이 이어지는 '고쳐야' 할 일 목록에 집어넣는 순간 안도감은 금세 또 다른 스트레스가 되어버릴 것이다. 여기서 멈추자. 완벽하게 숨겨진 우울에 대처하는 기술을 알아가는 동안, 모든 일을 완벽하게 해내야 직성이 풀리는 성향 역시 바꿔나가야 한다.

성찰 1 수치심과 완벽주의에 맞서는 만트라 만들기

이 책에서 하게 될 일들은 당신이 완벽히 해내야 하는 숙제가 **아닙니다**. 스스로에게 관대해지세요. 시간, 참을성, 실수할 여유를 충분히 가지세요. 자신에 대한 비판적인 태도를 내려놓는 과정은 당신이 이제부터 만들어낼 변화에서 아주 큰 역할을 하게 됩니다.

조용하고 평온한 곳으로 가서 일기를 펼치고 심호흡을 몇 번 합니다. 스스로에게 물어봅시다. **완벽하게 숨겨진 우울을 치유하는 동안 매일 나 자신에게 해주고 싶은 말은 무엇이 있을까?**

만트라mantra 만들기를 해봅시다. 만트라란 당신이 원하는 긍정적인 목표나 경험을 정신적으로 일깨워주는 문구입니다. "아무리 오래 걸리더라도 분명 의미 있는 시간이 될 것이다"라든지 "나는 일기를 쓰면서 알아가는 과정을 음미할 것이다" 같은 문구도 좋습니다.

그렇게 생각해본 만트라나 긍정적인 선언을 목록으로 만들어 봅시다. 이 과제가 어렵게 느껴져도 괜찮습니다. "나 자신을 긍정적으로 받아들이기까지는 시간이 걸릴 것이며, 나는 마음을 열고 기다릴 것이다"라는 말을 당신의 만트라로 삼을 수도 있을 테니까요.

자, 이제 당신이 만든 만트라를 가슴에 품고 완벽하게 숨겨진 우울의 열 가지 특성을 하나씩 살펴보자. 이 중 어떤 행동이나 신념은 적절한 선까지는 건강하다는 사실을 기억하면 좋겠다. 다만 정도를 지나치면 완벽하게 숨겨진 우울로 이어질 수 있다.

고도의 완벽주의자이며, 끝없이 비난하고 수치심을 주는 내면의 목소리가 있다

당신은 언제나 자신이 최상의 상태이기를 기대한다. 오류 없이 일처리를 하려고 시간을 들이고, 아무리 작은 호의에도 일일이 손으로 쓴 감사카드로 답하려고 하며, 아이들이 잠든 다음 밤늦게까지 일을 한다.

릭 카슨은 『당신 안의 그렘린 길들이기: 익숙한 습관에서 벗어나는 대단히 쉬운 방법』에서 내면의 목소리를 기가 막히게 표현한다. 징그럽고 조그만 상상 속 난쟁이들이 악의에 차 인간의 귀에 "도대체 무슨 근거로 잘하고 있다고 생각하는 거야? 아무나 할 수 있는 일이잖아" 같은 말로 수치심을 불어넣는 것이다. 당신 안의 그렘린이란 완벽주의자인 당신의 머릿속을 떠나지 않는 비판적인 목소리다. 그 속삭임을 듣지 않으려 아무리 애를 써도 그들은 당신의 움직임을 하나하나 평가하고 쉴 새 없이 흠을 찾아댄다.

브레네 브라운은 수치심 연구와 자신의 경험을 담아 책을 썼다. 브라운의 책들이 베스트셀러라는 사실 자체가 얼마나 많은 우리가 완벽에 다가가기 위해 분투하는지—그리고 그 싸움에서 매일같이 패배하는지—를 보여준다. 브라운은 『나는 불완전한 나를 사랑한다』에서 완벽주의를 "'내가 완벽하게 보이고 완벽하게 살아가고 완벽하게 모든 일을 해낸다면 수치심과 판단과 질책이라는 고통스러운 감정을 피하거나 최소화할 수 있을 것'이라고 부추기는 자기파괴적이며 중독적인 신념 체계"라고 정의했다. 그는 타인이 우리를 어떻게 바라보는지를 통제할 수 없기에 우리가 완벽해지는 건 불가능하다고 지적한다. 완벽주의에 매달리면 매달릴수록 우리는 그 불가능한 것을 이루려고 하면서 미쳐버린다. 이렇게 어마어마한 노력이 필요한 고통의 순환 구조가 만들어지고 강한 자아비판이 바짝 뒤따라온다.

우리가 완벽주의자인지 단순히 뛰어난 성과를 거두려 애쓰는 것인지 어떻게 구분할 수 있을까? 인생 최초로 마라톤에 참가하기 위해 훈련 중이라고 생각해보자. 당신은 '마라톤에 나가려고 훈련 중이니까 당분간 재정위원회 일은 쉬어야겠다'라고 생각할지? 아니면, '마라톤에 나가려고 훈련 중이니까 월요일 회의 전 재정보고서를 준비하려면 일요일에는 새벽같이 일어나야겠다'라고 생각할지?

전자는 접시 위에 새로운 음식을 올릴 때 접시가 넘치지 않도록 원래 있던 음식 중 한 가지를 내려놓는 융통성을 발휘하는 것, 현재의 한계 내에서 뛰어난 성과를 추구하고자 하는 반응이다. 후자는 융통성 없고 완벽주의와 수치심에 바탕을 두고 있는 생각이다. 당신의 그렘린은 이렇게 속삭인다. "책임을 떠넘기면 안 돼. 그건 너무 이기적이잖아."

오늘날 대다수가 정신없이 바쁘게 살아가고 있다는 점이 완벽하게 숨겨진 우울을 부채질한다. 만약 당신의 세 아이가

운동을 두 가지씩 하고 동아리 활동을 하나 이상 하고 숙제까지 해야 한다면, 당신은 자신의 일을 하면서 수많은 간식을 완벽하게 준비하고 과제를 도와주고 운동 경기에 참석해야 할 것이다. 당신은 아이들 행사에 참여하지 않거나 책임을 줄이면 부모 노릇을 제대로 못하는 거라고 생각한다. 그러다 자신이 실패했다고 생각하게 될지도 모른다. 결국 새로운 할 일 하나가 생길 때마다 당신은 에너지와 노력을 더 많이 쓰게 되며, 이때 생겨나는 피로감은 완벽하게 숨겨야 하는 또 다른 흠결이 될 것이다.

이제 우리는 수치심에 맞설 용기를 기르면서 완벽이라는 기대를 조금씩 내려놓는 법을 배우게 될 것이다. 수치심을 주는 목소리를 잠재우는 법을, 당신을 약하게 만드는 가혹한 메시지를 던질 때가 아니라 당신의 양심과 이익을 옹호할 때만 이 목소리에 귀 기울이는 법을 알게 될 것이다. 완벽주의가 어떻게 당신 존재의 일부가 되었는지 추적하고 그 자리에 완벽주의 대신 취약함을 받아들이는 사고와 감정을 채우게 될 것이다.

성찰 2 나의 수치심 파악하고 이름 지어주기

일기를 들고 조용한 장소를 찾아 자리를 잡은 뒤 심호흡을 몇 번 해봅시다. 눈을 감고 머리부터 발끝까지 내 몸에 집중하며 긴장

되거나 불편한 곳이 있는지 느껴보아도 좋습니다.

당신이 자라난 가족과 문화에 관해 생각해보세요. 어린 시절 수치스러운 것이라고 배웠던 것들에 대해서도 생각해봅시다. 절대로 해서는 안 되는 일, 느껴서는 안 되는 감정은 어떤 것이었습니까? 허락이나 지원을 받지 못했던 일들은 무엇이었습니까?

이 완고한 비난의 속삭임들을 일기에 적어봅시다. 예를 들면 "너의 욕구를 우선하는 건 이기적이야" 같은 말들일 것입니다. 한두 가지밖에 생각나지 않더라도 괜찮습니다. 앞으로 점점 더 많이 생각날 테니까요.

이 괴물에게 '셜리'나 '밥' 같은 이름을 붙여주어도 좋습니다. 머릿속에서 '밥'의 목소리가 들린다고 생각하면 조금 재미있을지도 모르니까요. 오늘 하루, 머릿속에서 밥의 속삭임이 들리는지 주의를 기울여봅시다.

강한 또는 과도한 책임감을 느낀다

누군가가 책임을 져야 할 때 그 책임을 떠맡는 것은 항상 당신이다. 당신은 꼭 자신이 책임을 져야 한다고 생각한다. 당신은 거절하는 법을 모른다. 당신은 자원하겠다며 손을 번쩍 든다. 당신은 문제를 해결한다. 당신은 상황을 제대로 돌아가게 만든다. 이런 습관이 위원회 의장이나 사회자 같은 역할을 맡지 않았을 때 찾아오는 불안감을 피하는 데 도움이 되는 것은 사실이다. 책임을 지는 위치에 있지 않았던 때가 언제인지 기억나지 않을 정도다.

책임감이 극도로 강하던 애덤의 이야기를 살펴보자. 만약 당신이 부모에게 학대당한 경험이 있다면 애덤의 이야기가 감정적 트리거trigger가 될 수 있다는 점에 유의하길 바란다. 조심해서 읽기를.

“ 애덤 이야기: 과도한 책임감

학대를 일삼던 아버지에 대해 애덤이 기억하는 가장 고통스러운 경험은, 아버지가 잘못한 사람을 잡겠다며 자녀 모두를 불러 모았던 때다. 아버지는 종이에 불을 붙인 뒤 타는 모습과 냄새를 고스란히 느낄 수 있도록 자녀들 눈앞에 들이밀었다. 그다음에는 라이터 불을 켜고 차례로 불꽃을 만지게 했다. 모두가 아프다고 비명을 질러댔다. 그때 애덤은 자신이 잘못을 뒤집어쓰면 아버지의 행동을 멈출 수 있다는 사실을 깨달았다.

“그 순간이 결정적이었어요.” 애덤이 말했다. “제가 나쁜 일을 막을 수 있다는 것, 제가 상황을 해결할 수 있다는 것을 알게 되었죠.”

그때부터 애덤은 타인의 구원자를 자청했고, 어떤 상황

에서도 결코 화를 내지 않았다. "결코 화내지 않는 모습 역시 저의 가면이 되었죠." 애덤의 고백이다.

모든 일이 무난하게 흘러가는 듯했고 대학생이 된 애덤은 아버지와 같은 전공을 선택했다. 우수한 학생이었음에도 고통스러운 감정들이 수면 위로 떠오르기 시작했고 남몰래 자살을 생각했다. 그리고 끔찍한 실패자가 된 기분으로 대학을 중퇴했다.

언제나 구원자이고자 했던 애덤의 첫 결혼 상대는 단 한 번 만난 여성이었다. 그녀에게 절박한 상황에서 벗어날 출구가 필요했기 때문이다. 애덤이 택한 두 번째 결혼 상대는 비뚤어진 성격이어서, 그는 자녀들을 폭발적이고 파괴적인 어머니로부터 보호하느라 인생의 많은 시간을 써야 했다.

애덤이 우울을 '약점이 아닌 질병'으로 바라보기까지는 오랜 세월이 걸렸다. 애덤은 과거와 현재의 연결고리를 서서히 찾아갔고 자기 안에 내재된 가치를 인식하기 시작했다.

이 여정에서 당신 역시 당신의 행동이 아니라 당신 존재 자체에 깃든 자신만의 가치를 서서히 찾아가게 될 것이다.

고통스러운 감정에 초연해지기 위해 의식적으로 이를 차단한다

당신에게 취약해진다는 건 겁나는 일이다. 울기 시작하면 멈출 수 없을 것 같다. 그래서 당신은 불붙은 고리를 통과하기라도 하듯 내달리며 강렬한 감정을 멀리 밀어내고 이성적 태도를 유지하고자 한다.

퍼트리샤는 나에게 이런 이메일을 보냈다. "전 슬프지 않아요. 하지만 행복하지도 않아요. 마지막으로 진짜 기쁨을 느낀 게 언제인지 기억도 안 나요." 퍼트리샤처럼 당신도 감정의 스펙트럼 양끝을 음소거 상태로 만든 채 이성적이고 객관적인 상태로 지내려 한다.

그렇다고 당신이 화가 나지 않는 것은 아니다. 사실 당신은 다른 것들을 통제하느라 흥분하기도 한다. 하지만 전반적으로 당신은 갈등이 불편해서 가급적 갈등을 밀어내거나 회피하려 한다.

감정과 거리를 둘 때 일어나는 작용을 '구획화compartmentalization'라고 한다. 구획화란 감정이나 생각을 현재 의식에서 떨어진 어떤 장소에 보관해두는 정신행동이다. 당신에게는 그런 식으로 멀리 밀어둔 고통이 너무 많아서, 그 고통이 존재를 드러낼 때 알아보지 못하기도 한다.

어머니가 알코올중독자라서 당신이 형제자매를 보살펴야 하는 상황이었다고 가정해보자. 당신에게는 어린 시절이 존재하지 않았던 것과 다름없다. 이제 자녀가 생긴 당신은 정작 자신은 한 번도 받아본 적 없는 보살핌을 자녀들에게 베풀 때마다 혼란스러운 감정에 시달린다. 하지만 당신은 이 감정의 정체를 알지 못한다. 그 고통이 당신의 어린 시절에서 비롯되었다는 사실을 말이다.

어쩌면 당신은 모든 종류의 정서적 고통을 부정할지도 모른다. 스스로 '아무렇지 않아' 하고 말할지도 모른다. 고통스러운 경험과 기억을 전부 상자에 담아 마음속 벽장 깊숙이 집어넣어버렸기 때문이다. 먼지 쌓인 상자는 열리는 일이 거의 없다. 어쩌면 영영 열리지 않을지도 모른다. 제인은 나에게 자랑스럽다는 듯 이렇게 털어놓았다. "고통이 상자에 들어가지 않을 만큼 커지면 저는 더 큰 상자를 만들어요."

완벽주의 이론을 연구한 고든 플렛, 폴 휴잇, 새뮤얼 미케일은 이렇게 지적한다. "어떤 감정을 느끼냐는 질문을 받았을 때 완벽주의자들은 감정을 표현하기보다 설명하는 경향이 있다." 달리 말하면 완벽주의자들은 두려워하거나 실망한 사실에 관해 이야기한다. 그 감정을 느끼는 것, 실제 그 감정과 함께 있는 것은 또 다른 문제다. 바로 그래서 당신은 괴롭고 고통스러운 일에 대해 말할 때면 감정을 거의 싣지 않는다. 당신은 설명할 뿐 표현하지 않는다.

당신은 "정리해고가 두려웠어요"라고 고백할 수는 있지만, 실제 두려움 앞에서는 초연하다. "장모님이 돌아가실 줄은 예상 못했어요. 힘들었어요" 하고 당신은 말한다. 장모를 사랑했지만 눈물은 흘리지 않는다. 적어도 남들 앞에서는 말이다.

그러다가 어느 순간 상자가 터져버리고, 상자 안에서 불편하고 힘센 감정들이 튀어나온다. 당신은 그 감정을 아무와도 나누지 않는다. 어쩌면 나누는 방법을 몰라서일 수도 있다. 이때 느끼는 강한 외로움과 절망감으로 인해 때로는 자살까지 생각하게 된다.

“ 스테판과 세이디 이야기: 터져버린 상자

스테판은 모든 것이 자신의 통제 아래 있다고 믿었다. 일에서도 승승장구했고 자녀들도 우등생이었다. 아이들 없이 부부만의 시간을 보낸 적이 아주 오랫동안 없긴 했지만 결혼생활도 문제없다고 여겼다. 스테판은 이렇게 생각했다. “지금 해야 할 일은 이거야.” 모든 것이 순조로웠다. 모든 것을 계획대로 이루어내는 건 고되었기에 끊임없이 스트레스를 받았지만, 그렇게 얻은 결과인 만큼 그만한 가치가 있었다. 적어도 그렇게 믿었다.

그러나 어느 순간 더는 못 버티겠다는 느낌이 들었다. 완벽한 삶을 살겠다던 생각은 순식간에 더 살고 싶지 않다는 생각으로 바뀌어버렸다. 스테판은 나에게 이렇게 설명했다. “저는 정원에 앉은 뒤 마음을 굳게 먹고 총구를 입에 물었습니다. 왜 방아쇠를 당기지 않았는지는 모르겠어요. 그냥 하지 않았습니다. 겉으로 보기에 저는 모든 걸 가진 사람이에요. 하지만 자세히 들여다보면 저는 이미 죽어 있고 그저 주어진 행동들을 차례차례 수행하고 있을 뿐이라는 생각이 들곤 했어요. 제가 자살하지 않은 건 오로지 아이들 때문이었습니다."

스테판은 진정한 남자라면 힘들어하는 모습을 보여서는 안 된다는 가르침을 받으며 자랐다. 그리고 그는 배운 대로 따랐다. 너무나 오랫동안 그랬다.

세이디는 오 년 전, 서른아홉 번째 생일을 앞두고 스테판과 비슷한 방식으로 자살 생각에 빠져들었다. 이유 역시 스테판과 비슷했다. 세이디는 그 누구에게도 힘들다고 말하지 않았다. 그녀가 괴로워한다는 것을 아무도 몰랐다.

세이디는 이렇게 회상했다. "저는 차를 몰고 화물차 앞으로 뛰어들기 직전이었어요. 제가 멈춘 것은 화물차 운전자의 얼굴을 보았기 때문이었습니다. 사고가 난다면 그 사람이 죄책감을 뒤집어쓸 테고, 제 고통이 그저 그에게 옮겨갈 뿐이라는 생각이 들었어요. 그건 도무지 감당할 수 없을 것 같았어요. 다음날 저는 주치의를 찾아가 처음으로 제 감정을 털어놓았고, 그제야 제가 불안과 우울에 사로잡혀 있었다는 걸 알게 되었습니다. 십오 년 넘게 저를 진료해왔던 주치의가 '전혀 몰랐어요, 왜 아무 말도 하지 않았어요?'라고 말하면서 고통스러워하던 게 기억나요."

다음 과제는 당신이 너무 어려워하거나 두려워해서 느끼지도 표현하지도 못하는 감정들을 알아보는 일의 시작이 될 것이다.

성찰 3 감정 목록 만들기

일기를 펼쳐서 감정 목록을 만들어봅시다. 나중에 다시 참고하게 될 테니 건너뛰지 말고 작성하세요.

편안하게 호흡을 한 뒤 당신에게 가장 어려운 감정부터 차례차례 써봅시다. 다 쓴 뒤에는 방금 쓴 목록을 잠시 살펴보면서 지금 어떤 감정이 드는지 느껴보고 그 감정도 기록합니다.

자신과 주변 환경을 통제해야 한다는 걱정과 욕구를 느낀다

합리적으로 판단하자면, 당신은 당신이 통제하는 것들에 대해서만 책임감을 느껴야 한다. 하지만 당신은 다른 사람들이 당신만큼 세심할 거라고 믿지 않는다. 일이 잘되지 않을까 봐 걱정이 된다. 그 걱정을 피하기 위해 통제를 택한다. 그러면 어떤 덫에 걸리게 될까? 당신은 나이 드신 부모님 간호를 도맡게 된다—그래야 걱정이 안 되니까. 당신은 자선모금을 위한 걷기대회를 기획한다—그래야 걱정이 안 되니까. 당신은 매일 학교에 아이들을 데리러 가겠다고 한다—그래야 걱정이 안 되니까.

그렇게 순환 구조가 생겨난다. 걱정은 통제 욕구를 부르고, 통제 욕구는 다시 더 큰 책임감을 부르며, 결과적으로 당신은 지쳐버리고, 그러면 숨겨진 분노나 억울함이 생긴다.

그런데 이 분노와 억울함으로부터 당신이 스스로를 방어하는 수단은 무엇일까?

더 많은 통제다.

걱정이 많은 사람은 걱정을 하면 정말로 세상이 더 안전해질 거라고 믿는다. 어떤 일이 일어나기 전 한 발 앞서 생각하고 문제를 방지하는 것처럼 느끼는 것이다. 이런 정신적인 훈련은 도움이 되기도 한다. 하지만 걱정이란 당신의 두뇌가 똑같은 문제를 앞에 두고 러닝머신 위를 끝없이 달리는, 적극적으로 감정을 회피하는 행위다.

항상 걱정에 시달린다고? 그렇다면 다음 과제를 해보자.

성찰 4 "나는 걱정이 ______________ 라고 믿는다."

다시 평온한 장소로 가서 일기를 펼친 다음 "나는 걱정이 ______ 라고 믿는다"라고 씁니다. 그다음에 빈칸을 채워봅시다. 말이 되어도 좋고 안 되어도 좋으니, 당신이 생각하는 걱정의 기능들을 써봅시다. 예를 들면 "나는 걱정이 책임감의 일부라고 믿는다. 우리 아버지는 언제나 걱정을 했다" 아니면 "나는 내가 미래를 걱정하면 내 아이들을 더 잘 지켜줄 수 있을 거라고 믿는다" 같은 문장을요. 걱정에 대한 문장을 최대한 많이 만들어봅시다. 잘하셨습니다!

이 과제를 통해 당신이 지금까지 어디에 있었고 지금은 어디로 가고 있는지 큰 그림으로 볼 수 있을 것입니다.

주어진 과제에 철저히 집중하고,
자신이 가치 있다고 느끼기 위해 성취에 몰두한다

당신은 주로 성취를 통해 자신감과 자존감을 얻는다. 당신은 이렇게 생각한다. '못 끝낸 일을 내일까지 놔둘 수 없어. 그러면 미쳐버릴 것 같다고!' 당신 내면의 완벽주의와 연결된 이런 신념은 당신이 쉬는 걸 정말 어려워한다는 뜻이다. 당신은 자신이 존재하는 것만으로도 가치 있다는 사실을 잘 믿지 못한다. 환영받기 위해서는 파티에 애피타이저를 가져가야 한다고, 존중받기 위해서는 식료품 기부행사를 이끌어야 한다고 믿는다. 당신은 원하는 것과 해야 하는 일을 혼동한다. 하던 일을 멈추고 '내가 이 일을 하는 건 내가 원하기 때문일까, 아니면 하지 않는 것이 두려워서일까?' 같은 질문을 하지 않는다. 충분히 많은 것을 성취했다는 느낌이 들지 않을 때는 굉장히 불안해한다.

이 불안감 때문에 당신은 칭찬이나 포상을 받아도 기쁘지 않을 때가 많다. 누군가 당신이 해낸 일을 "완벽하다"고 칭찬한들, 당신은 그저 당신이 해낸 일들의 목록에 체크를 할 뿐이다. 칭찬이 당신의 마음과 머리에 잠깐 머무를 수는 있지만, 그에 걸맞은 내면의 탄탄한 자존감으로 녹아들지 않기 때문에 칭찬은 금방 사라져버린다. 그래서 늘 아쉽다.

성찰 5 고맙다고 말하기

하루를 시작하면서 이 과제를 해봅시다. 오늘 하루 누군가 당신에게 칭찬을 하면 그저 "고마워요"라고 말하고 아무 말도 덧붙이지 않는 것입니다. 어떻게 되는지 살펴보세요.

집에 돌아와 평온한 장소에서 일기를 펼친 다음, 칭찬을 받았을 때 회피하거나 별것 아니라는 식으로 치부하지 않고 그저 받아들이는 기분이 어땠는지 적어봅시다. 보기보다 어려울 수 있지만 중요한 단계입니다. 잘하고 있어요!

타인의 안녕을 중요시하지만,
타인이 나의 내면세계에 접근하도록 허락하지 않는다

당신은 다른 사람들을 위하는 것이 자신의 의무라고 생각한다. 타인에게 갖는 진심이다. 그러나 타인에게 집중하는 것은 타인의 관심이 당신에게 쏠리지 않도록 하는 안전한 방패이기도 하다.

사실 당신은 타인이 당신의 마음속을 들여다보지 못하도

록 피하고 있다. 그 누구도 당신의 겉모습 너머로는 접근하지 못하게 한다. 친구들이 이 사실을 눈치챘을지도 모르지만 아닐 수도 있다. 어쩌면 받는 것은 좋아하는(당신이 주는 관심에 잘 반응하는) 반면 주는 것에는 익숙하지 못한(당신이 주는 관심을 되돌려주지 않는) 친구들을 끌어들이는 경향이 당신에게 있는 건지도 모른다. 당신은 타인이 자신의 내밀한 부분까지는 알지 못하게 거리를 둔다. 그렇게 해야 고통을 피할 수 있기 때문이다. 누군가가 당신을 따뜻하게 꼭 끌어안아준다면, 당신의 눈 밑에 그늘이 졌다는 사실을 알아차린다면, 당신의 완벽한 겉모습을 지켜주는 베일이 구겨지고 말 것이다.

당신에게 간절히 필요한 것이 아무것도 없다고, 인생에서 당신의 역할은 주는 것이지 받는 것이 아니라고 가장하면, 아무도 당신을 모르고 당신을 사랑하지 않는다는 외로움을 무시할 수 있다. 잠시 동안이지만 말이다.

성찰 6 친구 관계와 가족 관계— 나를 정말로 아는 사람은 누구일까?

일기를 가지고 평온한 장소로 갑니다. 이번에는 동심원을 몇 개 겹쳐 그릴 것입니다. 첫 번째 원은 비교적 작게, 두 번째 원은 좀 더 크게 그려보세요. 세 번째 원을 가장 크게 그립니다. 가장 작은 원이 가운데에 위치하도록 그려주세요. 이제 이 원들 속에 당신의 인생에서 중요한 사람들을 점으로 찍어보세요.

당신과 가장 가까운 사람들은 한가운데 가장 작은 원 속에 들어가게 됩니다. 점 하나하나 이름을 붙여보세요. 지나치다 싶을 정도로 솔직해야 합니다. 중간 원에는 덜 가까운 사람, 가장 큰 원에는 그보다도 덜 가까운 사람의 이름을 쓰세요. 단, 이 원들 속에 등장하는 이름은 모두 당신에게 중요한 사람이어야 합니다. 이후에 이번 과제를 여러 번 참조하게 될 것입니다.

이 과제를 마친 다음에는 이너서클에 속한 사람들과 그렇지 않은 사람들을 구분할 때 어떤 기분이 들었는지 일기에 기록해봅시다. 아직 존재하지 않지만 만들고 싶은 원이 있다면 그려보아도 좋습니다.

개인적 상처나 슬픔, 괴로움을 자기연민으로 평가절하한다

당신은 오랫동안 당신에게 일어난 상처나 고통을 평가절하해왔다. 당신은 이렇게 합리화한다. "세상엔 나보다 훨씬 힘든 사람들이 많아." 왜? 인생의 어느 순간에 당신은 이렇게 배웠기 때문이다. '나 자신이나 내 욕망에 집중하는 것은 자기중심적인 것이다. 내가 원하는 것을 요구하는 것은 이기적인 것이다.'

자기중심적인 것과 이기적인 것은 어떻게 다를까? 자기중심적인 사람은 모든 것을 자기 자신에 관련된 문제로 만들어버리는 사람이다. 그들은 이런 말을 한다. "어머니가 암에 걸리셨다니 정말 안타깝다. 너무 끔찍한 일이야. 그래도 일은 계속 할 수 있겠지?" 아니면 "우와, 임신 축하드려요! 저는 불임치료를 사 년이나 받아서 자연임신을 한다는 게 어떤 기분일지 전혀 짐작이 안 되네요!" 당신은 이런 말을 하는 사람일까? 아닐 것이다.

이기적인 사람은 자기 자신의 필요를 다른 사람의 필요보다 항상 우선시하는 사람이다. 이기적인 사람은 자기 자신만 생각한다. 공감 능력이 거의 없다. 이기적인 사람은 타인의 생각과 행동을 통제하려고 한다. 당신은 이런 사람일까? 그렇다고 생각할 수도 있을 것이다. 하지만 합리적으로 따져보면 전혀 그렇지 않을 것이다.

자기중심적이거나 이기적인 사람이 된 것 같은 감정과 싸우기 위해서는 자기인식self-awareness과 자기자비self-compassion라는 기술이 필요하다. 자기인식이란 당신에게 필요하거나 당신이 원하는 것을 언제나 염두에 두고 중요하게 여기는 것이다. 당신은 당신이 원하는 것을 최우선으로 고려하지는 않더라도 항상 목록에 올려놓고 존중해야 한다. 자기인식을 잘한다는 것은 자기보호를 잘한다는 것이다.

자기자비란 여러분이 경험한 고통이나 트라우마를 인정하고, 그것이 당신의 삶에 미친 영향을 비난하지도 억울해하지도 않는 것이다. 자기자비는 스스로를 불쌍하게 여기는 것이 아니다. 절대 그렇지 않다. 이 책의 도움을 받으며 치유를 해나가다 보면 자기자비를 실천하는 방법을 알 수 있을 것이다. 당신이 했던 일을 하고 당신이 배운 것을 배우고 당신이 겪은 것을 겪은 사람은 누구라도 상처받고 다쳤으리라는 것을 알게 될 것이다. 자기자비를 지니라는 건 피해자가 되라는 뜻이 아니다. 자책감에 젖으라는 뜻도 아니다. 당신 자신의 경험을 인식하라는 것이다.

특히 남자들은 자기 자신을 다정하게 대하는 것은 남자답지 않다고 배워왔다. 또 여자와 남자 모두 가정에서 이런 가르침을 받는다. "지나간 일을 놓고 울어도 소용없다." "네가 저지른 일은 네가 책임져야지." "징징거리는 사람은 미움받기 십상이다."

자기자비는 징징거리는 것이 아니다.

" 라일리 이야기: 자기자비를 찾아서

라일리는 일곱 살 때 어머니가 유방암으로 돌아가셨다. 라일리의 아버지는 어머니의 사진을 모두 없애버리고 라일리가 어머니 이야기를 입 밖에 내지 못하게 했다. 아버지가 폭력을 쓰거나 알코올중독에 빠졌던 것은 아니다. 그러나 아버지의 슬픔이 앙심으로 변해가면서 라일리는 화풀이 대상이 되었다. 아버지는 늘 이렇게 꾸짖었다. "네 꼴을 보아하니 월마트에서라도 받아주면 다행이겠다." 아버지는 아주 기본적인 필요를 채워줬을 뿐 라일리에게 거의 다가오지 않았다.

라일리는 감정을 잘 드러내지 않는 사람, 자기 자신의 내면에 누구도 접근하지 못하게 하는 사람이 됐다. 취약함을 경멸하게 되었다. 그럼에도 사람들은 라일리에게 매력을 느꼈다. 라일리는 키가 크고 영리하고 재치 있는 사람이었다. 성격이 차분한 사람과 결혼했고, 의대에 진학해 종양 전문의가 되었다. 아이도 낳았다. 비록 한 아이를 임신 말기에 유산으로 잃었지만 말이다. 이 사건에 대한 라일리의 반응은? "다음날 아침에 일어나 나가서 환자들을 진료했어요."

라일리는 남편에게 화풀이를 하기 시작했다. 남편의 실수를 비난했고, 자신에게 주도권을 빼앗겨도 개의치 않는 남편의 태도에 짜증을 냈다. 아버지의 행동을 되풀이하고 있다는 아이러니를 알면서도 통제할 수 없었다.

완벽하게 숨겨진 우울을 다룬 글을 읽기 전에 라일리는 이렇게 생각했다고 한다. "저는 제가 중증 우울증 환자가 아니라는 걸 알고 있었어요. 제가 느끼는 건 무기력한 고독감이에요. 무언가를 잘하면 잘할수록 실패해서는 안 된다는 압박감도 커졌죠." 하지만 완벽하게 숨겨진 우울을 알고 나서는 이렇게 생각했다고 한다. "제 얘기예요. 여기서 말하는 사람이 바로 저예요."

라일리는 어머니의 죽음뿐 아니라 아버지로 인한 정서적 결핍에 대해서도 슬퍼한 적이 없었다. 오랫동안 고통을 숨겨왔던 것이다. 아버지가 우울증 진단을 받자 그녀는 두 사람이 함께 겪은 우울을 연민의 마음으로 서서히 받아들이게 되었다. 어느 날 밤 그녀는 이 모든 이야기를 남편에게 털어놓았고 두 사람의 관계는 회복되기 시작했다.

라일리는 과거의 상처를 인정하는 것이 징징거리는 것이 아니라는 것을 알게 되었다. 그것은 문제를 누구의 탓으로 돌리는 것과는 다르다. 자기자비란 실제로 어떤 일이 일어났는지 그것이 누구에게 어떤 영향을 미쳤는지 시간을 들여 알아내고 인정하는 것이다. 당시에 당신은 취약한 존재였고 지금은 그때 일어난 일 때문에 취약함을 안고 있다. 이제 자신의 취약함을 받아들이고 이해하려고 노력할 수 있다.

식이장애, 불안장애, 강박장애, 중독 등 다른 정신건강 문제를 겪고 있을 수 있다

통제를 둘러싼 수치심이나 두려움으로 괴로워하는 사람들은 이 때문에 다양한 영향을 받는데 특히 과거의 일이 트라우마로 남은 경우 그렇다. 어떤 사람에게는 실제로 심리적 기능 장애가 나타나기도 한다. 식이장애, 공황, 불안장애, 강박장애는 모두 이런 수치심이나 두려움과 관련이 있다. 그래서 이런 증상들이 완벽하게 숨겨진 우울과 동시다발적으로 일어나는 경우가 꽤 잦다.

이렇게 동시다발적으로 일어나는 장애에 대해서는 3부 4장에서 자세히 이야기할 것이다. 여정을 시작하는 지금 알아두어야 하는 것은 현재 당신이 이런 장애를 겪고 있는가다. 당신은 자신이 겪는 문제를 축소하려는 경향이 있기에, 이미 완벽하게 숨겨진 우울과 겹치는 정신건강 문제가 있는 경우 자신에게 '완벽하게 숨겨진 우울'이라는 이름을 붙이지 않으려 할 것이다. 만약 심각한 정신건강 문제를 치료하지 않은 채 넘어간다면 앞으로의 여정이 더 험난할 수 있다. 그 문제들을 해결하기 위해 시간을 더 들여야 할지도 모른다. 그러나 전반적으로 보았을 때 이 책에서 제공하는 치유 연습은 모두에게 도움이 된다. 이 책에서는 사람이 자기 자신에게 줄 수 있는 두 가지 건강한 선물인 기본적 인정과 받아들임을 이야기하고 있기 때문이다.

오랜 세월 자신을 숨길 수 있게 해주었던 문제들을 떨쳐내기가 얼마나 어려운지 재키의 이야기를 통해 알아보자.

“ 재키 이야기: 전면적인 부정

재키는 사랑하는 엄마의 말이라면 무엇이든 곧이곧대로 받아들였다. 그래서 55 사이즈를 넘어가면 절대 안 된다는 엄마의 말이 재키의 만트라가 되었다. 재키가 삼촌에게 성추행을 당했을 때 엄마는 이렇게 말했다. "삼촌이 일부러 그런 건 아니잖니. 분명히 미안해할 거야." 새아버지의 분노를 피해 방에 숨었던 다음날에는 마치 재키가 소리 없이 잘 숨은 데 대한 상이라도 되듯 귀여운 드레스가 뿅 하고 나타났다. 재키가 치어리더팀에 뽑히지 못해서 울었을 때 엄마는 이 집에서 눈물은 용납되지 않는다고 했다.

결국 재키는 절대 울지 않는 사람이 되었다. 식사도 거의 하지 않았다. 그리고 재키는 깡마른 몸으로 완벽하게 숨어 침묵 속에서 살아갔다. 재키는 이렇게 자기를 통제하는 것이 자신의 정체성이라고 생각하게 되었다. "말라서 나쁠 건 없죠." 내게 이렇게 말하며 그녀는 미소를 지었다.

재키는 좋은 사람과 결혼했다. 공동체 봉사를 했고, 직장에서 평판이 좋았으며, 아이들을 활발하고 건설적인 어른들로 키워냈다. 그녀는 걱정이 너무 많아 불안감을 다스릴 필요를 느끼게 되어 안정제를 처방받았다.

재키는 자신에게 거식증이 있다는 사실을 부정했지만 탈모가 오기 시작했다는 사실은 인정했다. "브라질리언 블로아웃•을 해도 근사해 보이지가 않네요" 하면서 그녀는 웃었다. 불안을 쫓기 위해 진정제 복용량을 점점 더 늘렸다.

• 곱슬을 펴는 헤어스타일링의 일종.

그러다가 완벽하게 숨겨진 우울을 다룬 글을 읽은 재키는 흥미를 느꼈고, 아무도 볼 수 없게 스스로를 완벽하게 숨기는 행동에 공감했다.

"저는 방에 숨어서 투명인간이 된 척했었어요." 재키는 그렇게 털어놓았다. "그런데 선생님은 그 누구도 투명인간이 될 필요가 없다고 하셨죠."

하지만 반듯한 내면 아래에 숨겨진 분노를 털어놓기 시작할 무렵 재키는 심리치료를 그만두었다. 재키는 사라졌다—영원히 숨어 있기를 선택한 것이다.

재키는 자신이 거식증을 앓는다는 사실을, 학대당했다는 사실을, 스스로를 통제해야 한다는 강력한 욕망을 느낀다는 사실을 적극적으로 부정했다. 부정과 맞서려면 크나큰 용기가 필요하다. 당신은 지금 그 길 위에 서 있다. 때로는 정서적으로 벅찰 수 있는 과정을 시작한 스스로를 칭찬해주었으면 한다. 과거로 되돌아가서 익숙한 바위 아래에 숨어버리지 않으려면 온 힘을 다해 노력해야 한다.

가진 것에 만족하는 것이 안녕의 바탕이라고 강하게 믿는다

우리 삶에 좋은 일들이 일어나는 건 정녕 축복이다. 감사하는 마음을 가지는 것은 건강한 것이다. 나는 그것을 "반이나 남은 물잔 속에서 헤엄치기"라고 부른다. 그건 긍정적인 것, 낙관적인 것이다.

하지만 매사에 지나치게 감사하는 습관은 내가 가진 것의 이면을 알아차릴 기회를 없애버리는 것이기도 한다. 여기서 '이면'이란 무슨 뜻일까? 그것은 바깥에서는 잘 보이지 않지만 그럼에도 존재하는 무언가를 뜻한다. 길을 가다가 바위를 보았다고 생각해보자. 바위의 밑면은 눈에 보이지 않지만 분명 존재한다. 바위의 밑면은 눈에 보이는 윗면만큼이나 진짜다.

또 다른 예를 들어보자. 당신이 상당한 부자라고 가정해보자. 그렇다면 다른 사람들이 돈을 노리고 내게 다가오는 게 아닐까 불안할 것이다. 그 불안감이 바로 부유함의 이면이다.

우리 삶의 축복에는 전부 이면이 있다. 그런데 당신은 그 사실을 인정하려 들지 않는다. 당신은 자신의 문제를 대단치 않고 철없는 투정으로 치부하는 데다가 경직된 긍정적 사고 속에 갇혀 있다. 그러다가 마냥 긍정적일 수만은 없는 순간, 예를 들면 차를 타고 완벽한 인생이라는 압력솥으로부터 도망치고 싶은 꿈을 꿀 때면 무거운 죄책감과 수치심에 사로잡히고 만다. 왜 도망치고 싶은 거지? 왜 감사할 줄 모르는 거야?

이 여정은 당신의 그런 신념을 변화시킬 것이다. 아무리 좋은 일이라도 그 안에는 잃는 것이 존재할 수밖에 없다. 암이 치유된 것에 만세를 부르는 동시에 화학요법의 부작용을 슬퍼해도 된다. 당신의 네 아이 모두가 학업성적이 좋아서 기뻐하는 동시에 아이들 숙제를 챙기느라 시간을 많이 잡아먹는다고 말해도 된다. 새로운 직장을 얻어서 기분이 좋은 동시에 예전 직장에서 제공하던 혜택을 아쉬워할 수도 있다.

아쉬워하는 동시에 감사하는 법을 배울 수 있다. 물잔 속의 물은 반이나 차 있지만 동시에 당연히 반밖에 없는 것이기도 하다. 그 두 가지에서 나오는 감정들을 잇고 끊는 법을 배우는 것이 중요하다.

만약 당신에게 종교가 있다면, 신앙이 약해서 괴로움을 느끼는 것 같아 괴로워할지도 모른다. 신앙인으로서 실패했다고 느끼게 될 수도 있다. 만약 그런 상황이라면 신앙상담을 받아 보기 바란다.

성찰 7 축복의 이면

평온한 장소로 가서 당신의 삶에 존재하는 축복들이 무엇인지 적어봅시다. 실체가 있는 것도 좋고 없는 것도 좋습니다. 당신이 가진 것을 모두 써내려가보세요. 가능한 한 구체적으로 써야 합니다. 그것이 어째서 축복인지 써봅시다. 예를 들면 이렇게요. "제인이 곁에 있다는 것은 축복이다. 너무 재미있고 나를 웃게 하는 사람이니까."

당신이 축복이라 느끼는 것을 최대한 많이 적은 다음 다시 처음으로 돌아가서 스스로에게 물어봅니다. '이 축복의 이면은 무엇일까?' 아까 들었던 예로 다시 돌아가자면 이런 답이 나올 수 있을 것입니다. "가끔 나는 제인과 진지한 이야기를 나눌 수 있는지 의문이 든다." 이렇게 생각한다고 해서 제인과 멀어져야 한다는 뜻은 아닙니다. 어떤 축복이건 이면이 있다는 의미일 뿐입니다. 얻는 것이 있으면 잃는 것도 있으니까요.

마지막으로, 이 과제를 하면서 어떤 감정이 일었는지 써봅시다. 어떤 신념이 의문스러워졌나요? 이 과제를 하는 것이 얼마나 불편했습니까? 생각보다 힘든 일이고, 특히 완벽하게 숨겨진 우울이 단단히 자리 잡고 있다면 어려울 겁니다. 잘되지 않아도 괜찮습니다. 오랫동안 가져왔던 신념에 도전하는 것은 당연히 힘겨울 수 있습니다. 당신이 이 작업을 한다는 것 자체가 중요합니다.

일에서는 성공했을 수 있지만
정서적 애착관계에서는 어려움을 겪는다

당신은 조직생활을 좋아한다. 단체나 직장에서도, 학부모회의 위계 속에서도 승승장구한다. 사람들 사이에서는 리더로 통한다. 당신은 잘하려고 스스로를 몰아붙인다. 통제하고 질서를 만들고 예측해야 하는 프로젝트에 강하다.

친밀한 관계를 건강하게 유지하려면 유연성, 개방성, 자발성이 필요하다. 진정한 관계를 맺기 위해서는 취약함이 필요하다. 하지만 당신은 타인이 당신을 바라보는 방식을 통제하려 하기에 정서적 친밀감을 맺는 게 어렵다.

자신을 숨기는 일이 복잡해질 수도 있다. 로런은 내게 이렇게 말했다. "저에게는 완전히 다른 두 그룹의 친구가 있어요. 한 그룹에서 저는 잘 노는 사람이에요. 술 마시고 욕을 하고 소란을 피우죠. 다들 그러니까요. 하지만 다른 그룹의 친구도 있어요. 만나면 커피나 와인을 한잔하죠. 일 얘기나 보통 사람들이 하는 얘기를 해요. 두 그룹의 친구들은 서로를 몰라요. 그러니까 저에게 또 다른 면이 있다는 걸 아무도 모르는 셈이에요." 로런은 진정한 친밀성을 누구와도 나누지 않고 있다. 각 그룹에서 거부당할지도 모른다는 두려움 때문에 자신의 또 다른 면을 억누르고 있는 것이다. 자기 자신을 있는 그대로 받아들이지 못하기 때문에 아무도 진정한 자신을 모른다. 그래서 로런은 "친구들"에게 둘러싸여 있어도 치가 떨리게 외롭다.

애니의 이야기는 핵심을 정확히 찌르고 있다.

" 애니 이야기: 취약함의 가치 알아가기

애니는 오랫동안 폭식장애에 시달렸다. 처음 촉발시킨 사람은 청소년 시절 성장하는 그녀의 몸을 잔인하게 비난한 발레 강사였다. 그 뒤로 애니는 음식을 먹고 나면 토했다. 그녀는 치료를 받으면서 상당히 나아졌다.

애니는 칼로스라는 남자와 진지하게 사귀었지만 느닷

없이 이별을 고했다. "왜 그랬는지 모르겠어요." 애니는 말했다. "칼로스는 여러모로 완벽했어요. 하지만 전 연애가 지루하게 느껴졌어요." 두 사람의 관계는 피상적이기 짝이 없었다. 애니가 진정한 자신에 대해서는 하나도 말해주지 않았기 때문이다. 그녀는 칼로스에게 보이고 싶은 모습만을 보여주었다. 애니는 자신을 숨기고 있었다. 본능적으로는 무언가 문제가 있다는 생각이 들었지만, 정확히 무엇이 문제인지는 알 수 없었다. 그래서 칼로스와의 관계를 끝냈다.

나와 함께 완벽하게 숨겨진 우울을 치유한 뒤 동창회에서 칼로스를 만난 애니는 그에게 다가갔다. 자신에게도, 두 사람의 관계에도 다시 한번 기회를 주고 싶었던 것이다. 칼로스는 애니와 헤어지면서 무척 상처를 받았지만, 그럼에도 용기를 내어 다시금 그녀의 삶 속으로 들어가기로 했다. 어쩐지 두 사람의 연애는 더 이상 지루하게 느껴지지 않았다. 그녀는 칼로스에게 섭식장애와 자기존중감 문제를 비롯해 여태 비밀로 했던 문제들을 전부 털어놓았다. 마지막으로 연락했을 때 두 사람은 약혼했다는 소식을 전해왔다.

이제 애니는 폭식을 하지 않았다.

성찰 8 '완벽하게 숨겨진 우울'에 대한 나의 반응

축하합니다! 이렇게 첫 장을 모두 끝내셨네요. 오늘은 자유롭게 글을 써봅시다. 주제는 아주 간단합니다. '완벽하게 숨겨진 우울'이라는 용어를 처음 알게 되었을 때 당신의 반응은 어땠습니까?

아마 당신이 이 용어를 처음 마주한 순간은 당신이 이 책을 펼쳤을 때겠지요. 이 용어가 당신에게 어떤 영향을 미쳤는지 잘 들여다보면 좋겠습니다. 이 용어를 알았을 때 당신은 슬펐습니까? 안심했습니까? 왠지 스스로가 드러난 것 같아서, 누군가에게 들킬까 봐 겁이 났습니까? 당신의 여정을 차례차례 기록하며 자유롭게 글을 써봅시다.

어쩌면 당신은 지금 하려는 이야기를 읽고 웃을지도 모르겠다. 오래전 콜로라도의 한 고속도로를 달려 가족여행을 가던 길, 두 오빠 사이에 끼어 뒷좌석에 앉아 있던 내 눈에 '핏츠'라는 식당 표지판이 들어왔다. 핏츠가 곧 나온다는 표지가 거의 8킬로미터마다 한 번씩 등장했다. 그렇게 가다 보니 마지막 표지판이 나왔다. "해내셨군요. 방금 핏츠를 지나치셨습니다." 아빠가 낄낄 웃던 게 기억난다.

당신도 해냈다. 1장을 끝까지 읽었으니까. 이제는 돌아갈 수 없다. "안 돼, 지금까지 살던 방식을 고수해. 변하려고 하지

마. 넌 괜찮아" 하고 속삭이는 머릿속의 목소리에도 흔들리지 않았다. 당신의 미소 아래 숨어 있는 감정이 무엇인지, 그 감정을 어떻게 표현할지, 지금까지 매달리던 믿음을 어떻게 극복할지, 기나긴 트레킹을 시작한 것이다. 다음 장에서는 건강한 대처와 우울증, 그리고 완벽하게 숨겨진 우울의 차이에 초점을 맞출 것이다. 이를 통해 완벽하게 숨겨진 우울을 더 잘 이해할 수 있었으면 한다.

2장

건강한 대처, 우울증, 완벽하게 숨겨진 우울

"그렇게 1993년 7월 20일 화요일 '권력의 타워', '지브롤터의 암벽'이 그의 목숨을 앗아갔다…"

시드니 블랫, 정치인 빈스 포스터의 자살에 대한 글에서

당신은 괜찮지 않은데도 "괜찮아요, 고마워요" 한 적이 얼마나 있었나? 분명 아주 많을 것이다. 내가 완벽하게 숨겨진 우울을 다룬 글을 쓰기 시작했을 때, 많은 이들이 내가 정의한 완벽하게 숨겨진 우울에 대한 자신들의 생각을 이메일로 보내주었다. 안도감, 감사함, 심지어 충격이 담겨 있었다. 이렇게 쓴 사람도 있었다. "어떻게 제 이야기와 이렇게 똑같을 수가 있죠? 꼭 제 머릿속에 들어오신 것 같아요."

사람마다 우울증의 양상이 다르다는 사실을 내가 처음 이야기한 것은 당연히 아니다. 위에서 인용한 시드니 블랫은 완벽주의가 우울증 및 자살과 맺는 연결고리를 처음으로 연구한

사람 중 하나다. 블랫은 특정 유형의 우울증은 공식적인 평가 기준에 들어맞는 증상보다 당사자의 경험을 통해 알 수 있다고 주장했다. '완벽하게 숨겨진 우울'이라는 용어는 이와 같은 생각을 반영하고 있다. 우울증의 공식적 평가 기준에 들어맞는 우울증만 존재하는 것이 아니라는 이야기다.

내가 받은 이메일이나 댓글이 전부 응원의 메시지는 아니었다. 개중에는 상당히 비판적인 의견도 있었다. "실제 우울증에 대처하는 것만으로도 충분하지 않습니까? 이제는 진입 장벽을 더 낮추겠다고요?"라든지, "선생님은 사람들이 인생의 고통 가운데 최선을 다하는 게 잘못이라고 설득하려는 것 같습니다. 제가 보기에 그건 심리학적 질병이 아니라 힘과 용기인데 말이죠." 이런 의견도 있었다. "선생님이 묘사하는 사람은 의사결정을 잘하고 리더십이 있으면서 공감 능력도 있는 사람인 것 같은데, 선생님은 그게 건강한 삶의 방식이 아니라고 하시네요. 어처구니가 없습니다."

나는 절대 우울증의 고통을 깎아내릴 생각도 없고, 내면의 강인함과 힘을 병적인 것이라 진단하고 싶은 생각도 없으며, 사려 깊고 너그러운 마음에서 흠결을 찾으려는 것도 아니다. 다만 미국을 포함해 전 세계에서 치솟는 자살률을 보면서 완벽하게 숨겨진 우울에 주목하게 되었다. 저명한 사회학자인 진 트웬지는 이차대전 세대와 베이비붐 세대에서 i세대[*]에 이르기까지 세대별 집단행동을 연구했다. 트웬지는 청소년 우울증과 자살이 극적으로 증가한 것에 주목한다. "청소년이 타인과 함께 보내는 시간이 줄어듦에 따라 타인을 살해할 가능성도 줄어들었다. 이와는 대조적으로 청소년 자살률은 2008년 이후 치솟았다… 2015년 자살 청소년은 2007년보다 46퍼센트 늘어났다."

미국 국립보건통계센터 역시 비슷한 경고를 했다. 현재 전반적인 자살률은 1986년 이후 가장 높으며, 1999년에서 2014년 사이에 24퍼센트 증가했고, 특히 45세에서 64세 사이의 자살이 극적으로 증가했다. 최고령자 집단을 제외하면 전 세대의 자살률이 상당히 증가했다(커틴, 워너, 헤데가르트, 2016).

이 흐름을 멈추고 싶다면 우울증이 띨 수 있는 모든 양상을 살펴보아야 한다. 완벽하게 숨겨진 우울은 '건강한 대처'로 위장할 수 있다. 지금부터 건강한 대처와 우울증, 그리고 완벽하게 숨겨진 우울의 차이점을 알아보자.

건강한 대처 기술

재능이나 기술을 타고났든 배운 것이든 우리는 기술이나

• iGen. 인터넷 상용화 이후에 출생하고 청소년기를 스마트폰과 함께 보낸 1995년 이후 출생 세대로, 직접적인 사회적 상호작용보다 스크린을 통한 소통에 익숙한 세대를 일컫는 진 트웬지의 용어.

힘—우리가 자신 있게 할 수 있는 것들—을 모아서 심리적 연장통에 넣어두었다가 필요할 때 꺼내 쓴다. 예를 들면 당신은 조직화를 어렵잖게 해내는 사람일 수 있다. 마감 기일을 맞추기 위해 방법을 체계적으로 설계하고 잘 수행하는 사람 말이다. 아니면 당신은 마감 기일이 코앞에 닥칠 때까지 아무것도 하지 않고 손놓고 있는 사람일 수 있다. 시간에 쫓길 때 최대 효율을 얻는 사람이기 때문이다. 둘 중 어느 것이 다른 것보다 '더 낫다'고 할 수는 없다. 둘 다 기술이니까.

우리는 이런 기술을 사용해 스트레스에 대처한다. 그것이 우리가 역할을 해내는 방식이다. 예를 들면 가족 중 누군가가 갑자기 사망했을 때 어떤 사람은 지금 즉시 해야 할 조치에 집중한다. 또 어떤 사람들은 그 순간 애도 감정을 드러내는 것이 더 쉽다. 고통 자체를 부정하고, 심지어 화가 난 것처럼 구는 사람도 있다. 슬픔에 대처하는 건설적인 기술이 없기 때문일 수 있다. 우리의 심리적 연장통에 들어 있는 것들은 삶의 좋은 국면과 그리 좋지 않은 국면 양쪽 모두에 대처할 때 유용하다. 우리의 연장들, 즉 기술들은 시간이 지나고 연습할수록 발전한다. 다만 빠진 연장이 있을 수도 있다.

'건강한 대처'는 인생의 기쁜 일에서 고통스러운 일에 이르기까지 우리가 살면서 마주치는 일들에 대처하기 위해 건설적 기술을 사용하는 것이다. 분노 관리는 기술이다. 마음을 가라앉히는 자기진정self-soothing 역시 기술이다. 정보를 합리적으로 받아들이는 것도 기술이다.

건강한 대처 기술이 있는 사람은 상실, 실망, 두려움, 분노, 애도, 충격을 마주했을 때 극복해낼 수 있다. 극복할 수 없다고 생각할 수도 있다. 여기가 아닌 다른 곳으로 도망치고 싶을 수도 있다. 커다란 의문과 복잡한 감정을 느낄 수도 있다. 그래도 결국 극복해내는 법을 찾게 된다. 영적 신념을 통해서든 지원 체계를 통해서든 정서적인 생존을 위해 애써 노력해서든 극복할 수 있다.

건강한 대처를 하려면 감정의 구획화가 필요하다. 1장에서 언급했던 구획화는 지금 신경 써야 하는 시급한 일을 보살피기 위해 감정을 정서적 벽장 속에 넣어두는 것을 말한다. 그러다 안전해졌을 때, 에너지가 있을 때, 혼자만의 공간이 있을 때, 시간이 있을 때 이 좋거나 나쁜 감정을 꺼내보는 것이다. 그러면서 이 감정이 당신에게 어떤 영향을 미치는지 깨닫는다. 그것이 상처나 슬픔, 어둠이나 절망 등 고통스러운 감정일 때는 치유를 위해 어렵지만 견딘다. 이것이 강렬한 감정에 대한 건강한 대처다.

구획화를 익히려면 어떻게 해야 할까? 건강한 부모라면 아이들을 달래면서 아이들에게 슬프거나 속상한 감정을 견디는 법을 가르쳐준다. 이런 부모들은 자기 자신도 달랠 줄 안다. 우리는 이런 부모와 다른 성인들을 보면서 감정이 우리의 삶을 지배하지 않을 수 있다는 것을, 감정을 표출하는 적당한 때와 장소가 있다는 것을 배운다. 건강한 부모는 아이들에게 고통을 느끼고 극복하는 방법을 그때그때 조금씩 가르쳐준다.

탄자니아 수쿠마인의 속담인 "바람에 휘어지는 나무는 꺾이지 않는다"와 비슷한 말을 들어본 적이 있을 것이다. 너무 강렬해서 잠시 다른 곳에 묻어두어야 했던 생각, 경험, 감정 들을 꺼내보는 것은 바람에 휘어지는 것과 같다. 지나치게 경직되어 있으면 폭풍 속에서 살아남을 수 없다.

건강한 대처 기술이 있는 사람은 휘어질 줄 안다. 취약함을 드러낼 줄 안다. 모든 감정을 다 느낄 수 있다. 그래도 당신의 나무는 부러지지 않을 것이다.

완벽하게 숨겨진 우울을 겪는 사람은 그 반대다. 휘어지면—취약하고 상처받았다는 사실을 고백한다면—부러질 것이라고 믿는다. 우선 그 생각부터 바꿔보자. 다음에 나오는 과제는 정서적 벽장 속에서 당신을 기다리고 있을 감정들에 대한 것이다. 우리는 아주 천천히 나아갈 것이다. 하지만 다시금 강조하고 싶은 건, 자신만의 속도로 나아가야 한다는 것이다. 이 과제를 할 준비가 아직 되지 않았다면 나중에 해도 괜찮다.

성찰 9 내 정서적 벽장에는 무엇이 들어 있을까?

천천히 심호흡을 한 뒤 평온한 장소로 갑시다. 눈을 감고 마음의 눈으로 평온한 장소를 그려보아도 좋습니다. 무엇이 보입니까? 어떤 냄새가 나지요? 잠시 동안 평온을 들이마셔봅시다.

이제 지금까지 내버려두었던 기억과 경험으로 꽉 찬 벽장 앞에 서 있는 당신의 모습을 상상해보세요. 벽장 안 선반, 옷걸이, 상자 속에는 무엇이 있습니까? 어떤 것들이 있는지 적어보세요. 이 과제를 하는 동안 감정적으로 힘들 수 있습니다. 천천히 꾸준하게 하세요. 너무 힘들어도 걱정하지 마세요. 벽장 안에 아무것도 보이지 않아도 괜찮습니다. 나중에 다시 이 과제로 돌아올 테니까요. 이 과제를 위해서는 연습이 필요하다는 걸 잊지 마세요.

각각의 경험들에 1부터 10까지 번호를 붙여서 이 경험과 감정적으로 마주하기가 얼마나 어려울지 예측해도 좋습니다. 예를 들면 대학 시절 강간을 당한 기억을 건드리지 않고 벽장 안에 그대로 넣어두었다면, 아마 이 기억은 9나 10 정도일 것입니다. 다른 고통스러운 경험들은 그만큼 극적이진 않을지 모르지만 그래도 중요합니다. 예를 들면 학습장애가 있어서 학교생활이 고단했다거나, 새어머니나 새아버지가 당신에게 관심을 기울이지 않았던 것 같은 오래된 기억에 큰 숫자를 붙일 수 있겠지요.

건강한 대처 기술이 있는 사람도 완벽하게 숨겨진 우울을 겪을 수 있다. 완벽하게 숨겨진 우울은 일종의 스펙트럼이기에 이를 겪고 있다고 해서 당신 안에 있는 근사하고 건강한 특성들이 없다는 뜻은 아니다.

성찰 10 **나의 강점 인식하기**

잠시 앉아서 당신에게 이미 있는 강점들이 무엇인지 생각해봅시다. 이런 강점들을 알면 이 책에 등장하는 새로운 생각과 행동을 배우고 연습하는 데 도움이 됩니다. 당신이 가진 기술 중에 도움이 되었던 긍정적인 것은 어떤 것이 있습니까? 인내심? 일관성? 유머? 호기심?

첫 번째 과제에서 작성한 만트라로 되돌아가서 당신에게 희망과 용기를 줄 말들을 되새겨보아도 좋습니다. 잘하고 있어요!

숨겨진 우울에 대한 오해

다음으로 넘어가기 전에, 당신이 보다 자신감 있게 앞으로 나가며 완벽한 가면 아래의 자신을 드러낼 수 있도록, 숨겨진 우울에 대해 있을 수 있는 세 가지 오해를 짚어보기로 한다. 지금부터 이야기할 세 가지를 통해 완벽하게 숨겨진 우울의 정의에 어떤 것들이 포함되지 않는지, 이 과정을 해내며 당신이 어떤 것들을 기대하면 안 되는지 좀 더 잘 이해할 수 있었으면 한다.

완벽하게 숨겨진 우울은 공식 진단명이나 정신장애가 아니다

다시 강조하지만 완벽하게 숨겨진 우울은 진단명이 아니다. 정신장애도 아니다. 완벽하게 숨겨진 우울이란 우울증을 가릴 수 있는 (일련의 행동인) 증후군을 가리키려 만들어낸 용어다. 정신의학이나 심리학 교과서에 나오는 용어가 아니다. 그런데도 이렇게 묻는 사람들이 많았다. "완벽하게 숨겨진 우울을 치료받으려면 어디로 가야 하죠? 주치의에게 완벽하게 숨겨진 우울을 겪고 있다고 말하면 치료해줄까요?" 그 질문의 대답은 "아니요"일 것이다. 의료진이 우울증의 복잡함을 이해하지 못해서가 아니라, 완벽하게 숨겨진 우울을 겪고 있다는 내담자에게는 통상적 우울증을 겪고 있는 내담자를 대할 때처럼 익숙하거나 예상 가능한 질문을 받기가 어렵기 때문이다. 의사들은 당신에게 완벽주의가 있다는 것을 알아차릴 수 있지만, 당신이 "나의 내면은 겉으로 보이는 것과는 다르다"라고 충분히 설명하지 않는 이상 당신에게 우울증이 있다는 사실을 포착하지 못하기 쉽다.

안타까운 예를 하나 들어보겠다.

“ 샘 이야기: 제대로 된 질문이 주어지지 않았을 때

샘은 정신건강의학과 의사의 도움을 받기로 결심했다. 자신이 “벼랑에 서 있었기 때문”이다. “의사는 꽤 냉정하고 시큰둥한 사람이었습니다. 저와 대화를 나누는 대신 우울증 자가진단 질문지를 주더군요. 그래서 저는 당연히 완벽하게 숨겨진 우울을 겪는 사람이 할 법한 답변을 했습니다. 절망적인 기분이 드느냐는 질문이 있었습니다. 저는 그 사실을 인정하고 싶지 않아 ‘아니요’라는 답안에 표시했습니다. 저 같은 사람에게 맞는 질문은 ‘절망적인 기분이 들 때 다른 사람에게 이야기합니까?’일 겁니다. 그 답변은 여전히 ‘아니요’일 테지만요. 그래도 제가 완벽하게 숨겨진 우울을 겪고 있다는 점에 대한 이야기로 이어질 수는 있었을 겁니다. 하지만 의사는 제 답변을 완벽하게 솔직한 것으로 받아들였습니다.

그다음 주에 저는 자살을 시도했어요. 놀랍게도 그 의사가 입원한 저를 찾아왔습니다. ‘당신은 감정을 숨겼군요.’ 그렇게 말하는 의사의 어조는 마치 솔직하지 못했던 저를 탓하는 것처럼 느껴졌습니다. 저는 이렇게 대답했죠. ‘선생님이 저한테 제대로 된 질문을 하지 않으셨잖아요.’”

정신의학 전문가는 기준에 따라 진단할 뿐이라 그들을 탓해도 소용없다. 의사나 심리치료사에게 무엇이 문제인지 말하지 않는다면 그들 역시 알아차릴 도리가 없다.

임상적인 기준에서 우울증을 진단받으려면 두 가지 주요 기준(과 그 밖의 다른 여러 가지 기준들) 중 최소 하나를 충족해야 한다.

1. 하루 중 거의 모든 시간, 며칠 연속으로 현저한 우울감을 느끼거나,
2. 예전에는 즐거웠던 활동에서 기쁨을 얻지 못하는 '쾌감 상실anhedonia'을 겪는다. (이 부분은 다음 장에서 더 자세히 살펴볼 것이다.)

이 기준들을 충족시키지 않는다면 당신은 진단 기준으로는 잡아낼 수 없는 공백에 빠지게 된다. 아마 이런 옛말을 들어본 적이 있을 것이다. "오리처럼 생기고 오리처럼 헤엄치고 오리처럼 꽥꽥거린다면 아마 오리일 것이다." 정신건강의학과 의사나 심리치료사를 찾아가더라도 그들은 아마 당신을 오리라고 진단하지 않을 것이다. 당신은 오리처럼 보이지도 헤엄치지도 꽥꽥거리지도 않으니까. 당신은 그 기준에 맞지 않는다. 당신은 이런 말을 들을 것이다. "느긋해지셔야 합니다." "우울해 보이시지는 않네요." "불안이 심하시네요. 이 약이 불면증에 도움이 될 겁니다."

어떤 상태인지 파악하는 의료진도 있을 것이다. 그들은 틀

에 박힌 방식으로 생각하지 않고, 당신이 항상 미소를 띠고 있는 것을 보면서 어마어마한 압박 속에서 일상생활을 해나간다는 것을 알아차릴 것이며, 완벽하게 숨겨진 우울을 겪는 사람에게는 아주 드물게 나타나는 좀 더 평범한 감정표현을 기다리며 관찰할 것이다. 그들은 알아차린다. 제대로 된 질문을 한다.

완벽하게 숨겨진 우울을 스스로 알아차리기는 쉽지 않다

우리는 특정 국가, 지역, 문화권, 가족 안에서 태어나 자란다. 이런 요소들이 부모의 인생관과 우리의 인생관을 만들어낸다. 아이들이 사랑받는 정도의 스펙트럼에는 '아주 좋음'에서 '매우 좋지 않음'까지 존재한다. 운이 좋다면 부모 둘 다 성숙하고 너그럽고 안정적인 사람들이리라. 하지만 당신은 그리 운이 좋지 않았을지도 모른다.

상황이 어떻건 간에 아이들은 누구나 정서적으로 살아남기 위한 행동을 한다. 극적으로 들릴지도 모르겠다. 위험한 상황에서의 육체적 생존은 아닐지도 모른다. (물론 최악의 부모와 환경이라면 이 또한 사실일 수 있다.) 이는 정서적 생존이다. 당신은 주어진 상황에 대처하는 전략을 세우게 된다. 같은 집에서 자란 형제자매가 다른 방식으로 적응할 수도 있다. 어떤 아이는 반항을 한다. 어떤 아이는 사람들을 즐겁게 해주고 웃게 해주려고 애를 쓴다. 어떤 아이는 상황을 바꿔보려 하고, 어떤 아이는 투명인간이 되어버린다.

자신의 전략이 전략이라는 사실을 모를 수도 있다. 전략이 그대로 자기 자신이 되어버리는 것이다. 사람들에게 이런 말을 듣기도 했을 것이다. "아, 정말 제이슨답네. 항상 문제에 엮이지 않으려 뒤로 빠져 있잖아" 또는 "게일이라면 믿어도 되지" 같은 말들 말이다. 이렇게 겉모습 이면에 이미 무의식적 전략이 존재하며, 이 전략이 당신이 삶을 대하는 방식에 크게 영향을 미치고 있을 수 있다.

그렇기에 완벽하게 숨겨진 우울을 스스로 알아차리기는 쉽지 않다. 많은 사람들이 그렇다. 심지어 파트너를 비롯한 타인이 당신에게 친구가 죽었을 때 울지 않았다고, 아이들의 학교생활에 대해 점점 더 초조해한다고, 항상 바쁘다고 지적해도 전혀 와닿지 않는다. 당신은 그저 또 한번 "괜찮아, 정말이야. 아무 문제 없어" 할 뿐이다.

자신이 완벽하게 숨겨진 우울을 겪는다고 인지한 사람들은 우울증에 대해 검색해보았다고 말한다. 무언가가 잘못되었다는 것을 본능적으로 느꼈지만 무엇이 잘못되었는지 몰랐기 때문이다. 하지만 그들은 검색 결과를 보고 다시 혼란에 빠진다. "저는 우울증 증상에 해당되지 않더라고요. 저는 정말 활동적인 데다가, 명료하게 생각하고, 아이들을 좋아하거든요." 그래서 그들은 자신에게 우울증이 있을지도 모른다는 생각을 접어버린 뒤 그런 걱정을 한 스스로에게 더 깊은 수치심을 느낀다.

문제는 임상적 기준에 스스로를 맞추려 하는 데 있다.

피오나의 이야기는 완벽하게 숨겨진 우울을 스스로 알아차리기가 생각보다 어렵다는 사실—너무 늦게 알 수도 있다는 사실—을 보여준다.

피오나 이야기: 내가 잘하면 사랑받을 수 있겠지

피오나는 면담을 시작하자마자 뛰어난 유머감각을 발휘했다. 이런 농담을 했다. "홀러• 가 뭔지 아세요? 전 웨스트버지니아의 홀러 출신이랍니다."

피오나의 아버지는 알코올중독자, 어머니는 약물중독자였다. 어머니가 마약검사를 통과하기 위해 피오나를 이용할 정도였으니 가정생활은 엉망진창이었다. 피오나를 돌봐준 건 외할아버지뿐이었다. 그래도 피오나의 학업성적은 무척 좋았는데, 그녀는 공부를 잘하는 것이 "관심을 끌 수 있는 유일한 방법"이었기 때문이라고 설명했다. 또 피오나는 여동생에게 엄마 노릇을 했고 아직도 여동생은 "언니는 늘 내 곁에 있어줬어"라고 말한다. 어머니는 시간이 흐른 뒤 약물을 끊었지만 이미 피오나는 상처입은 뒤였다.

고등학교 시절 피오나는 뛰어난 소프트볼 선수였지만

• '구멍hollow'을 애팔래치아식으로 발음한 것으로 웨스트버지니아주의 산간지역 외딴 마을들을 이르는 별칭이다.

가족 중 누구도 그녀의 재능을 알아보지도 인정하지도 않았다. 그녀는 전액 장학금을 받아 대학에 진학했고, 열여덟 살에 결혼했다. 집을 떠난 뒤에야 사랑받으려던 노력이 허망해 괴로워했다. 그녀는 먹지도 자지도 못한 채 '우울증 증상'을 몇 번이고 검색했지만 쾌감 상실 등 필수 증상에 해당되지 않았다. 그녀는 언제나 바빴다. 언제나 열심이었고 열정적이었다.

처음으로 만난 심리치료사는 그녀를 보더니 이렇게 말했다. "우울증 증상은 없어요." 그 말에 피오나는 혼자가 된 것만 같았고 그렇게 무너지기 시작했다. 자살을 생각하게 되었고, 어느 날 남편이 집으로 돌아왔을 때 그녀는 손에 칼을 들고 있었다.

피오나는 새로운 심리치료사를 만나 건강을 되찾기 위해 노력하는 중이다. 그녀는 이렇게 말했다. "때로 자기자비가 무의미하게 느껴져요. 저는 아무것도 이루지 못하고 있어요. 수많은 사람들과 일방적인 관계를 맺고 있죠. 사람들에게 내 감정을 말하기가 불편해요."

피오나처럼 당신도 오래도록 사용한 전략과 신념을 이제 풀어헤치기 시작했다. 여태까지 억눌러왔던 감정이 수면 위로 떠오르도록 허락했다. 피오나와 마찬가지로 그 과정은 쉽지 않을 것이다. 그 작업을 해나가는 스스로를 칭찬해주자.

편안한 공간으로 가서 심호흡을 합니다. 어린 시절을 떠올려봅시다. 일기장을 펼치고 어린 시절의 내가 연극 속 인물이라고 생각해봅시다. 그렇게 생각하기가 어렵다면 좋아하는 텔레비전 프로그램이나 책을 생각하면서 스스로에게 물어보세요. '사람들은 어떤 역할을 연기하고 있을까? 그 역할은 다양한 관계들 속에서 어떤 기능을 했을까?' 이제 다시 당신의 어린 시절로 돌아가보세요. 당신은 웃긴 아이였습니까, 해결사였습니까? 똑똑한 아이라는 소리를 들었나요, 곤란한 일 앞에서는 발을 빼곤 했습니까? 당신의 역할은 무엇이었습니까? 그 배역이 당신과 타인에게 어떤 기능을 했습니까? 그 역할 덕분에 난관에 빠지지 않을 수 있었습니까? 아니면 당신을 둘러싼 혼란스러운 환경을 잠시 잊을 수 있었나요?

당신이 어린 시절 맡았던 배역이 무엇이었는지 써봅시다. 그다음에 스스로 물어봅시다. '나는 아직도 그 역할을 연기하고 있을까? 만약 내가 역할을 바꾸거나 그만둔다면 무슨 일이 일어날까?' 당신이 맡았던 배역은 당신의 생존 전략이 되었습니다. 과거를 여러 관점에서 돌아보며 다른 의견도 덧붙여봅시다. 쉽지 않다면 가족에게 당신이 어떤 아이였는지 물어보아도 좋습니다.

완벽하게 숨겨진 우울이 당신 그 자체인 것은 아니다

당신에게는 이미 여러 가지 건강한 대처 기술이 있을 것이다. 그러나 완벽하게 숨겨진 우울을 겪고 있다면 당신이 기술이나 해결책이라고 생각하는 것들 중 어떤 것들은 문제가 되어버렸을지 모른다. 그렇다고 해도 옛말처럼 목욕물과 함께 아이까지 쏟아버리는 실수를 저지르고 싶지는 않을 것이다. 내가 얼마나 복 받은 사람인지 떠올리고 감사하는 것은 긍정적인 행동이다. 목표를 향해 열심히 달리고 언제나 최선을 다하려 애쓰는 건 병증과 거리가 멀다. 앞일을 생각하고 어떤 근심이나 위험 요소가 있을지를 예측하는 것은 중요한 문제 해결 방법이기도 하다.

앞서 강조했듯 완벽하게 숨겨진 우울의 특성들은 적정선에서는 유용하다. 하지만 그 특성들이 당신이라는 존재의 모든 측면을 지배하기 시작하면 큰 문제가 된다. 내면의 완벽주의자 비평가의 목소리가 쉬지 않고 고함을 질러대면 당신은 자기파괴로 내몰리게 될 것이다. 강박적인 걱정에 사로잡히고 짓눌린 나머지 모든 걸 미친 듯이 통제하려 드는 것은 조금도 건설적이지 않다. 당신은 본능적으로 무언가가 잘못되었다는 생각이 들 것이다. 오랫동안 대처 기술로 사용했던 긍정적이고 유익한 행동과 신념이 이제 선을 넘어 건강하지 못한 영역으로 간 것이다. 그러다 보면 남모르는 외로움을 느끼고, 무엇과도 진정으로 연결되지 않았다는 결핍감이 들어 견딜 수 없게 되는 것이다.

성찰 12 완벽하게 숨겨진 우울의 열 가지 특성 중 가장 바꾸기 어려운 것은?

무언가를 내려놓으려면 그것이 나에게 어떤 가치가 있는지 알아야 합니다. 포기하거나 바꿀 때 잃을 것이 너무 많습니까? 아니면 이를 통해 얻을 수 있는 것들이 있으니 균형이 맞을까요? 이번 과제에서는 1장에서 소개했던 완벽하게 숨겨진 우울의 열 가지 특성을 다시 한번 살펴봅시다. 그다음에는 바꾸기 가장 어렵거나 가장 의지하고 있는 특성을 10으로 두고 1부터 10까지 번호를 매겨봅시다.

마음의 준비가 되면 지금까지 그 특성들이 나를 어떻게 보호해주었는지, 그 특성을 바닥부터 뒤바꾸었을 때 무엇이 두려운지 써봅시다. 또 어떤 특성을 가장 중요하게 생각하는지, 어떤 특성을 적정 수준으로 갖추고 있는지도 생각해봅시다.

추가 과제: 이 과제가 가능하다는 생각이 든다면 '성찰 11 내 생존 전략은 무엇이었을까?'로 돌아가보세요. 예전에 연기했고 어쩌면 지금도 연기하고 있는 배역에 대한 글을 다시 읽어봅시다. 이 두 가지 모습은 어떻게 연결될까요? 시간을 들여 생각해보고 이 생각을 일기장에 써봅시다.

완벽하게 숨겨진 우울과 통상적 우울증의 차이

『한낮의 우울』 저자 앤드루 솔로몬은 임상적, 즉 통상적 우울증의 핵심을 이렇게 설명한다. "우울의 반대는 행복이 아니라 활력이다…" 우울증이란 일상생활의 근간에 대한 열의가 완전히 또는 거의 완전히 사라지는 것이다. 심한 우울증을 겪을 때면 이를 닦는 것조차도 어마어마한 난관처럼 느껴진다.

> 통상적 우울증의 특징은 우울감이 수일에 걸쳐 지속된다는 것이다. 우울증에는 경증에서 중증에 이르기까지의 스펙트럼이 있다. 경증 우울증은 우울 증상이 성인에게는 이 년, 아동에게는 일 년간 지속적으로 나타나는 것을 가리킨다. 중증 우울증은 지속 기간은 이 주 이상으로 짧지만 심각한 손상을 일으키는 경우를 말한다.

『정신질환의 진단 및 통계편람 제5판』(DSM-5, 미국정신의학회, 2013)에 따르면 임상적 우울증은 아래의 주요 기준 중 하나 이상을 충족해야 한다.

- 하루 종일 또는 대부분 현저한 우울감을 느낀다.
- 이전에는 즐거웠던 활동들에 대한 흥미가 사라지는 쾌감 상실을 겪는다.

그리고 아래의 추가 기준 중 네 개 이상을 충족해야 한다.

◦ 사고력이 감퇴하거나 우유부단해진다.
◦ 정신활동과 신체활동이 전반적으로 느려진다.
◦ 목표를 설정하는 데 문제가 생긴다.
◦ 수면과 식욕이 크게 감소하거나 증가한다.
◦ 절망감이나 막막한 감정이 든다.
◦ 자존감 저하와 무가치감을 표출한다.
◦ 피로, 짜증 또는 초조감이 늘어난다.
◦ 자해에 대해 생각한다.

임상적 우울증을 진단받았을 때는 자신이 평소의 자신과 다르다는 느낌이 든다. 당신을 사랑하는 사람은 평소답지 않은 당신을 보고 뭔가가 잘못되었거나 문제가 있다는 것을 알아차릴 것이다. 그들은 걱정을 하면서 “괜찮아? 무슨 문제 있어?” 하고 물을 것이다.

임상적 우울증에서 회복된 환자를 보면 마치 처음 상담실에 왔던 그 사람이 아니라 완전히 다른 사람처럼 느껴지기도 한다. 눈이 반짝거리고, 자기가 한 농담에 스스로 웃기도 한다. 예전에는 내면의 혼란으로 벅차서 있는 줄도 몰랐던 상담소 안의 물건들을 알아차리기도 한다. 마치 깜깜한 동굴을 나와 밝은 빛에 익숙해져가는 것 같다.

하지만 완벽하게 숨겨진 우울을 겪을 때는 사랑하는 사람이 당신의 괴로움과 고통을 잘 알아차리지 못할 수도 있다. 완벽하게 숨겨진 우울과 더불어 사는 것은 무척 외로운 여정이다. 당신은 숨기기의 달인이기에, "저기, 괜찮아? 평소답지 않은걸" 하는 사람도 아마 없을 것이다. 당신이 그런 말을 듣기 원하지 않는 한, 당신이 진정한 자신에 대해 입을 열 준비가 되지 않는 한 말이다. 완벽하게 숨겨진 우울을 겪는 사람들의 우울은 당사자가 자신의 고통을 알아차리고 치유에 몰입해야 드러난다. 생생하고 고통스러운 감정을 표현하는 법을 배우는 어려운 일을 해내고, 당신의 진짜 세상으로 누군가가 들어오도록 허락해야 당신은 변할 수 있다.

완벽하게 숨겨진 우울에서 회복된 환자들을 볼 때도 새로운 사람을 만나는 것 같은 기분이지만, 임상적 우울증 환자와는 다른 의미에서다. 그들은 오랫동안 억눌러왔던 감정을 내 앞에서 표현한다. 안도의 눈물을 흘린다. 드디어 스스로의 분노를 존중하며 드러낸다. 이 근사한 변화는 더 커진 표현의 자유와 깊어진 자기자비에서 나온다. 여러분도 이 여정에 오른 것이다.

이 중요한 작업이 한 사람의 인생을 바꿀 수 있다는 것을 토니의 이야기를 통해 느껴보자.

“ 토니 이야기: 수치심

토니는 버지니아주의 부유한 가정에서 태어났다. 풋볼팀에서 쿼터백을 맡았고, 홈커밍 파티에서는 킹으로 뽑힌, 고등학교 최고의 인기인이었다. 어머니는 바이올린을 배우라고 강요했지만 토니는 바이올린이 싫었다. 하지만 토니는 무슨 일을 하건 꼭 최고가 되어야 한다고 생각했기에 결국 연주회까지 나갔다. 그는 이렇게 회상한다. “엄마는 친구 분들에게 제가 뭐든 다 잘 한다고, 정말 멋진 아들이라고 했어요. 엄마에게서 그런 기쁨을 감히 앗아갈 수 없었죠.”

선수권 시합이 있던 날이었다. 경기 마지막 순간 토니가 완벽한 패스 타이밍이라고 생각하며 던진 공을 리시버가 놓치고 말았다. 경기가 끝난 뒤 아버지의 입에서 나온 한마디는 “집에 가자”였다. 위로 한마디 없었다.

토니는 성인이 되어서도 타인의 기대에 전적으로 좌우되며 살아갔다. 그리고 자신이 언제나 “올바르게” 산다는 사실에 남몰래 분노를 키워갔다. 안타깝게도 그는 자기가 스스로 만든 감옥을 알아차리는 대신 그 분노를 표출해버렸다. 바람을 피우기 시작한 것이다.

아내에게 바람 사실을 들킨 뒤 토니는 적극적으로 자살을 시도해 입원하게 되었다. 그 후 외래치료를 받으면서 그가 평생 갇혀 있던 완벽주의라는 감옥의 모습이 드러났다. 상담을 할 때 그는 정해진 시간이 끝나면 단 일 분도 더 머물지 않고 자리에서 벌떡 일어섰다. 그러다가 불안과 트라우마를 치유하기 위한 대안적 치료요법을 의논하게 되자 토니는 자신이 그 치료를 잘해낼 수 없을 것 같다며 거절했다.

토니는 자녀에 대한 애정이 컸고 성격이 원만해서 주변 사람들의 호감을 샀다. 그럼에도 그는 자기가 저지른 실수에 대해 수치심을 강하게 느꼈고 이 수치심을 도저히 드러낼 수가 없었다. "얼마 전에 제가 네 살 무렵에 찍은 사진을 봤어요. 그 아이가 언제까지나 자기가 최고라고 믿을 수 있도록 영원히 아이로 남아 있었으면 좋겠다는 생각이 저를 압도했어요. 그 아이에게 말하고 싶었죠. '친구, 넌 엄청난 실수를 하게 될 거야. 그냥 네 살짜리로 남아 있어'라고요."

토니는 내면에 존재하는 강력한 비난의 목소리를 떠나보내기 시작했다. 여태까지 자신이 느끼기 거부해왔던 것들과 관계를 만들어갔다. 그는 자신의 존재가 중요하다는 사실을 배웠다. 감정의 이름을 천천히 배워가고, 그것들을 표출하는 것이 중요하다는 사실을 알아가고 있다. 이제 토니는 상담 도중에 시계를 쳐다보지 않고 끝이 날 때까지 기다린다.

통상적 우울증 치유와 완벽하게 숨겨진 우울 치유의 차이

통상적 우울증 치유의 주목적은 한 사람을 외부 세계와 재연결시키는 것이다. 즉 가족, 친구, 목적과 다시 관계를 맺고,

자기 안으로의 침잠과 자기파괴를 그만두고, 자신과 자신의 삶을 혐오하는 악몽을 누그러뜨리고자 한다.

여기서 강조할 것은, 통상적 우울증 환자들의 삶은 자신의 삶을 유지하고 책임을 지며 문제를 '숨겨온' 완벽하게 숨겨진 우울로 고통받는 이들과 마찬가지로 힘겹다는 점이다. 이들은 왼발 앞에 오른발 내려놓기도 힘들 때조차 날마다 직장에 출근하고 아이들을 보살핀다. 제대로 된 약물치료를 받으려고, 직업을 유지하려고, 도움이 되는 심리치료사를 찾으려고, 운동할 시간을 내려고 애쓴다. 정말 끝이 없는 고단한 싸움이다. 통상적 우울증을 겪는 사람들 중 다수가 그 싸움이 얼마나 힘든가에 대해서는 입을 다문다.

완벽하게 숨겨진 우울 치유의 일반적 목적은 한 사람을 자신의 내면세계, 즉 확고한 신념과 숨겨진 감정이 존재하는 세계와 연결시키는 것이다. 그러기 위해 가장 먼저 완벽하게 숨겨진 우울의 열 가지 특성을 문제로 인식하고 변화에 몰입해야 한다. 쉬운 일처럼 들릴지 모르겠지만 그렇지 않다. 변화에 대한 두려움은 너무나도 커서 몰입하겠다는 마음을 몇 번이나 새로이 다잡아야 할 정도다.

통상적 우울증이 활력 결핍 상태라면, 완벽하게 숨겨진 우울은 자기수용self-acceptance이 결핍된 상태다. 당신이 알고 있는 강점과 능력에서 불안과 취약함에 이르기까지, 당신의 자신감과 성취에서 후회와 회한에 이르기까지, 당신이라는 사람의 다양한 면을 연민의 눈으로 바라보는 법을 배우고 연습하는 자기수용—이것이 바로 완벽하게 숨겨진 우울의 치료제다.

그런데 당신은 왜 망설이고 있나? 아마도 다른 사람의 눈에 결코 흔들리지 않는 사람, 어떤 일이 있어도 쓰러지지 않는 사람, 절대로 무너지지 않는 바위 같은 사람으로 보이고자 하는 욕구 때문일 것이다. 토니의 이야기에서 그가 새로운 심리치료 요법을 잘해내지 못할까 봐 두려워했던 것이 기억나는지? 그때 토니의 눈에 고였던 눈물은 통제력을 놓치거나 흠결 있는 사람으로 보일지도 모른다는 절망감이 얼마나 깊은지 보여준다. 당신도 비슷하게 느낄지도 모른다. 하지만 치유를 위해서는 자신의 흠결을 경험하고 인정해야 한다.

다음 과제를 하면서 자기수용이라는 관념을 받아들일 때 어떤 일이 일어날 수 있는지 생각해보자.

성찰 13 나에게 자기수용이란? 내 두려움을 알아보자.

자기수용 연습은 완벽하게 숨겨진 우울을 치유하는 데 핵심적인 역할을 합니다. 이제 다시 일기장을 펼치고 생각에 잠겨봅시다.

'자기수용'이란 말이 당신에게 어떤 의미로 다가옵니까? 어떤 의미를 담고 있다고 생각합니까?

"내가 나를 받아들인다면, ______________________________"

이라고 쓴 다음에 어떤 일이 일어날 것 같은지 빈칸을 채워봅시다. 달가운 일, 달갑지 않은 일 모두 써봅시다. 달가운 결과는 '내가 나를 받아들인다면 항상 압박에 시달리는 느낌이 들지 않을 것이다'가 되겠지요. 하지만 이에 따르는 두려움도 있을 수 있습니다. '내가 나를 받아들여 스스로를 다그치지 않아서 다른 사람들을 실망시키면 어쩌지?' 자기수용을 통해 당신이 얻을 수 있다고 생각하는 것과 잃을까 봐 두려운 것을 기록하거나 목록화해봅시다.

여기까지 읽은 당신은 충분히 자랑스러워해도 좋다. 지금까지 이 두려움과 맞서 싸웠으니까. 잘하고 있다. 얼마나 두려운 일인지 잘 알고 있다.

통상적 우울증과 완벽하게 숨겨진 우울을 동시에 겪을 수도 있을까?

통상적 우울증과 완벽하게 숨겨진 우울이 공존할 수 있을까? 완벽주의가 여러 가지 정신질환의 일환일 수 있다는 점을 기억하길 바란다. 완벽주의자라고 해서 반드시 완벽하게 숨겨진 우울을 겪는다는 의미는 아니다. 하지만 당신이 완벽하게 숨겨진 우울과 더불어 살고 있다면 당신이 느끼는 피로, 고독,

절망감이 시간이 지날수록 또는 스트레스가 누적될수록 악화되어 임상적 우울증으로 발전할 수 있다. 기력이 완전히 소진될 수도 있다. 직업을 잃었을 때나 자기 약점을 들키고 실패했다는 생각을 촉발하는 외부적 트리거에 의해 말이다. 또는 당신의 자녀가 당신이 성적 학대를 당했던 나이에 이른다든지, 당신의 자기파괴적 사고가 일상의 실존에 스미는 내면의 트리거 때문일 수도 있다.

여태 성공적으로 숨겨왔던 우울을 더는 억누를 수 없는 지경이 될 수도 있다. 브리태니와 토니처럼 당신 또한 새로운 삶의 방식을 찾아야 한다. 아니, 이미 새로운 삶을 향한 여정에 올랐다.

다음 장에서는 당신이 완벽하게 숨겨진 우울의 스펙트럼 중 어디쯤에 위치하는지 알 수 있는 질문들이 나올 것이다. 또 낙인을 극복하고 완벽하게 숨겨진 우울을 받아들이는 방법에 대해 이야기할 것이다.

3장

낙인을 극복하고 내 안에 완벽하게 숨겨진 우울 찾기

"만약 내가 공황발작을 일으켰다는 사실을 인정한다면 뉴스 앵커로 활동할 자격이 없는 사기꾼으로 비칠 거라고 생각했다."

댄 해리스, 『10퍼센트 행복 플러스』

ABC 방송국 〈굿모닝 아메리카〉 앵커였던 댄 해리스는 생방송 뉴스 보도 중 심한 공황발작을 일으켰다. 위 인용문을 보면, 그가 나약한 모습을 드러낸 일 때문에 십 년간 쌓아온 커리어가 무너질지 몰라 두려워했음을 알 수 있다. 해리스는 공황장애 경험을 통해 명상을 배우며 완전히 다른 삶의 방식을 만들어나갔는데 그 이야기는 그의 책 『10퍼센트 행복 플러스』에 설득력 있고도 유머러스하게 그려져 있다. 내면의 평화를 찾는 대가로 성공과 성취 능력을 잃지 않을까 두려워하는 모두에게 이 책을 강력 추천한다. 왠지 낯설지 않게 들린다고? 당연히 그럴 것이다.

댄 해리스의 글은 내가 다른 사람들에게 들었던 이야기를 거울처럼 보여준다. 한번은 내담자 조에게 왜 우울하다는 사실을 꽁꽁 숨겨왔는지 물어보았다. "저는 계획을 꼼꼼히 세워 살아가는 사람이었어요. 다른 사람들이 저를 어린애처럼 조심조심 대하면서 제게 무슨 결점이 보일 때마다 '약은 먹었어?' 하는 것이 싫었어요."

남들이 자신을 유심히 살피며 '질병'의 흔적을 찾는다거나, 특별대우가 필요한 사람으로 보일지도 모른다는 조의 두려움이 당신에게도 느껴질 것이다. 어쩌면 당신 또한 정신건강 문제가 있는 사람으로 정의되는 것을, 이 때문에 거부당할 가능성을 두려워하고 있으리라. 성별이건 인종이건 종교건 키가 크건 작건 덩치가 크건 작건 어떤 요소 하나만으로 식별되거나 분류되고 싶어하는 사람은 아무도 없다. 당신은 극단적인 거부나 차별을 당할지도 모른다는 두려움 때문에 치료를 받으려 하지 않거나 괜찮다는 가면 뒤로 숨어버린다.

낙인에 대한 이런 두려움에 완벽주의까지 더해진다면, 치료를 받고 이런 책을 집어 들기까지 수년이나 걸릴지도 모른다. 어쩌면 결국은 그조차 하지 않을지도 모르겠다.

하지만 당신은 혼자가 아니다.

성찰 14 정신질환에 대한 나의 솔직한 느낌은?

이 과제가 지금쯤이면 당신에게도 쉽고 편안하게 느껴졌으면 합니다. 이번에는 당신이 정신질환자들을 바라보는 관점에 대해 시간을 들여 써봅시다. 길을 걸으며 격한 동작을 하면서 혼잣말을 하는 정신질환자 홈리스 남성에서 자살을 시도한 이웃집 여성까지, 그들은 어떤 인생을 살았을까요?

유명인사가 정신질환 사실을 털어놓으면 어떤 감정이 듭니까? 대단하다는 생각이 듭니까? 그렇다면 그 이유는 무엇입니까? 그렇지 않다면 그 이유는 무엇입니까?

당신이 정신질환들에 대해 갖는 생각은 스스로 마음에 드나요? 아니면 생각을 바꾸고 싶습니까? 만약 후자라면 어떻게 바꾸고 싶습니까?

낙인에 대한 두려움

더 블로기스The Bloggess라는 닉네임으로 블로그를 운영하는 제니 로슨은 자신이 겪는 정신질환을 고백한 뒤 수년간 편견과 맞서 싸웠다. 로슨의 책 『살짝 미친 것 같아도 뭐 어때?』에서 그녀는 이런 말을 남긴다. "정신질환과 싸우고 있다는 사실을 공개하고 첫 몇 년간 후회하느냐는 질문을 여러 번 받았다… 혹시 그 낙인이 감당하기 어려울 정도로 크냐고 말이다.

그렇지 않다… 이상하게도 자유롭다는 기분이 들었다… 어떻게 보면 나는 운이 좋다."

당신이 왜 스스로를 온전히 드러내는 것을 두려워하는지 다음 과제를 통해 알아보자.

성찰 15 내가 가장 두려워하는 것은 무엇이고 누구인가?

이 과제를 위해 '성찰 6 친구 관계와 가족 관계—나를 정말로 아는 사람은 누구일까?'를 참조합니다. 바깥 원에 위치한 사람들부터 시작해 점점 안쪽으로 들어가면서 스스로 이렇게 물어봅시다. '내가 어떤 사람인지 어떤 괴로움을 겪는지 털어놓는다고 할 때, 두려운 것은 그들의 어떤 생각과 감정일까?'

이 과제는 이너서클을 향할수록 점점 더 어려워질 것입니다. 당연한 일입니다. 바깥 원에 있는 사람들보다 안쪽 원에 있는 사람들과 훨씬 많은 상호관계를 맺기에, 가까운 관계에서 더 많은 갈등이나 파장이 일어날 수 있지요. 적어도 당신은 그렇게 생각할 것입니다.

하지만 당신의 걱정이 꼭 합리적인 것이 아닐 수도 있습니다. 이너서클에 속한 사람들은 아마 당신이 마음을 열고 변화하는 모습을 기꺼이 받아들일 테니까요. 심호흡을 하세요. 글을 쓰면서 감정을 마음껏 느껴봅시다. 잘하고 있습니다. 아주 어려운 일을 해내고 있어요!

이 책을 읽고 있는 당신은 오랫동안 자신을 숨겨왔을 것이다. 치유를 위해서는 낙인에 대한 두려움과 마주보아야 한다.

완벽하게 숨겨진 우울을 드러낼 때와 드러내지 않을 때 생기는 엄청난 위험

완벽하게 숨겨진 우울을 겪는 사람들은 다른 사람들에게 들킬지도 모른다는 극도의 두려움을 느낀다. 나와 전화 인터뷰를 한 사람 중 3분의 1 이상이 전화를 걸었을 때 뒷마당이나 차고로 나가거나 사무실 문을 굳게 닫아 걸고 소곤소곤 통화했다.

첫 장에 등장했던 브리태니는 치료 초기에 딱 잘라서 이렇게 말했다. "있잖아요, 제가 이런 이야기를 선생님께 하는 것은 전적으로 선생님이 이 이야기를 발설하면 면허를 박탈당한다는 사실 때문이에요. 안전하니까요."

줄리는 안타깝게도 이렇게 털어놓았다. "선생님을 만나기 전까지는 아무한테도 이런 이야기 안 할 생각이었어요. 마음속에 담아두긴 했지만 입 밖에 낼 생각은 절대 없었어요."

이런 외로운 침묵이 심각한 상태의 환자에게는 사망 선고가 될 수 있다. 완벽주의의 심각한 위험성을 다룬 연구들을 간략하게 짚어보겠다. 여기서 전부 인용하기에는 너무 많지만, 뛰어난 학자들이 이 문제를 오랫동안 연구해왔음을 강조하고 싶다.

완벽주의를 심리적 문제로 보기 시작한 사람은 1984년 저명한 교육자이자 심리학자인 에셔 패흐트였다. 이후 1995년 (2장에서 인용했던) 시드니 블랫이 완벽주의에 관한 논의를 이어갔다. 미국자살학회 창립자 에드윈 슈나이드먼은 『정신통으로서의 자살: 자기파괴적 행동에 대한 임상적 접근』(1993)에서 견딜 수 없는 심리적 고통을 가리키는—그가 만든 용어인— "정신통psychache"이 단순한 우울증보다 자살과 더 큰 연관이 있다고 했다. 다른 연구자들도 슈나이드먼의 개념을 활용해 완벽주의와 정신통의 관계를 살펴보기 시작했고, 리카르도 플라멘바움과 로버트 홀든(2007)은 사회적으로 부과된 완벽주의와 자살 경향성 사이에 강한 연관이 있음을 밝혀냈다.

그렇다면 사회적으로 부과된 완벽주의란 무엇일까? 잘 알려진 완벽주의 연구자 플렛, 휴잇, 미케일은 최근 저서(2017)에서 완벽주의를 자기지향적, 타인지향적, 사회적으로 부과된 완벽주의 등 세 유형으로 분류한다. 자기지향적 완벽주의는 자기 자신이 완벽하기를 기대하고, 자신의 내면에서 그런 부단한 노력이 나온다. 타인지향적 완벽주의는 타인이 완벽하기를 기대하는 것이다. 사회적으로 부과된 완벽주의는 완벽해져야 한다는 강한 압박을 타인으로부터 받는 상태로, 잘하면 잘할수록 더 잘할 거라는 기대를 받는다는 논리에서 출발한다. 세 유형 중 가장 위험한 것이 이 사회적으로 부과된 완벽주의인데—물론 나머지 둘이 위험하지 않다는 것은 아니다—이로 인해 슈나이드먼이 정신통이라 이름 붙인, 자살의 주요인인 어마어마한 절망감을 느낄 수 있기 때문이다.

당신은 완벽주의의 세 가지 유형 모두에 해당될 수도 있지만 두 가지에만 해당될 수도 있고 한 가지에만 해당된다고 생각할 수도 있다. 만약 셋 중 하나라도 해당되는 경우, 낙인을 인식한 상태이며 이를 타인에게 들키지 않기 위해 이미 괴로울 만큼 노력하고 있을 것이다. 여기서 잠시 멈추고, 당신이 스스로 자각한 당신 안의 완벽주의는 어디쯤 머물러 있는지 일기에 기록해보자.

성찰 16 나는 세 가지 완벽주의 중 어디에 해당될까?

완벽주의의 세 가지 유형인 자기지향적 완벽주의, 타인지향적 완벽주의, 사회적으로 부과된 완벽주의에 대해 잠시 생각해봅시다. 여기서는 조금 더 깊이 파고들어볼 테니 시간을 충분히 내는 게 좋습니다. 무엇이 옳고 틀린 건 없다는 것을 기억하세요.

완벽하고자 하는 당신의 욕구는 오로지 당신 내면에서 나오는, 최선을 다해 탁월해지고자 하는 욕구일까요? 만약 그렇다면 이 욕구는 언제부터 중요해졌습니까?

당신은 다른 사람들 역시 완벽하기를 원합니까? 만약 그렇다면 당신이 언제나 완벽하기를 기대하는 대상이 있습니까? 그리고 당신이 완벽하지 못하더라도 '눈감아주는' 상대도 있을까요? 이 두 사람은 어떻게 다르며, 이는 당신에게 어떤 의미일까요? 당신은 스스로에게 기대하는 바를 타인에게도 기대합니까? 그 사실을 인정할 때 어떤 기분이 듭니까?

주변 사람 중 당신이 완벽하기를 기대하는 사람은 누구입니까? 아니면 과거에 그랬던 사람은 누구입니까?

완벽주의의 세 유형이 가진 차이를 생각할 때 어떤 느낌이 드는지도 생각해봅시다. 완벽주의 때문에 당신이 위험해졌다고 생각해본 적이 있습니까?

당신 역시 다른 사람에게 알려질 수 있다는 두려움 때문에 상담실에서도 진료실에서도 솔직히 말하지 않을지도 모른다. 그런 두려움 때문에 목숨을 잃을 뻔했던 베니타의 이야기를 들어보자.

" 베니타 이야기: 완벽하게 숨길 뻔했던 우울

어린 시절 베니타는 사람을 좋아하고 에너지가 넘치는 아이였다. 그 모습이 버릇없다고 여겼던 베니타의 아버지는 이런 식으로 어머니를 위협했다. "날 업신여기는 저 기를 꺾어버리겠어." 아버지는 베니타를 매일같이 성적으로 학대하기 시작했다. 학대 사실을 알고 있던 어머니와 베니타 사이에는 복잡한 애증관계가 생겼다. 열세 살이 되었을 무렵 베니타는 죽고 싶어졌다.

십대가 된 베니타는 되는대로 성생활을 했고(성적 학대에 대한 보편적인 반응이다) 결국 도피 수단으로 폭력적인 남성과 결혼했다. 그녀는 절박한 마음으로 남편의 학대를 숨기면서 이상적인 가정을 꾸리기 위해 수년간 노력했다. 망가지고 싶지 않았기 때문이다.

그러던 어느 날 베니타는 산부인과 진료를 받던 중 히스테리를 일으켰다. 골반초음파촬영이 성적 트라우마를 촉발시키는 트리거가 되었고 그녀는 그 길로 종합병원으로 이송되었다. 병원에서 진정제를 투여받았지만 아무도 베니타에게 어떻게 된 것이냐고 질문하지 않았다. 그렇게 그녀는 원래의 삶으로 돌아왔다. 그녀는 아무에게 아무 말도 하지 않았다. 그녀는 "괜찮았다."

스물다섯 살이 된 베니타는 이미 아이가 셋인 상황에서 이혼을 했으며 전액 장학금을 받고 대학에 진학했다. 베니타는 우등생에 인기 많고 존경받는 학생이었고, 프로젝트와 위원회에도 자주 참여했다.

"전형적인 완벽하게 숨겨진 우울이었죠." 베니타는 이렇게 말했다. "하지만 상황은 점점 악화되었어요. 집에 혼자 있을 땐 아무도 보는 사람이 없으니 히스테리를 일으킬 수 있었지만, 학교에 가면 책임감 있는 모습을 보여야 했어요. 아슬아슬한 줄타기를 하고 있던 셈이지요. 더 많은 것을 이루면 남들 눈에 문제없어 보일 거라고 믿었어요."

수년 뒤 베니타는 마침내 거의 매일 감정의 기복을 겪고 있다고 털어놓았고, 양극성장애 진단을 받았다. 그녀가 양극성장애 진단을 받아들이기까지는 시간이 걸렸다. 베니타가 정말 자살 시도를 하기 전까지 의사들마저도 베니타의 우울을 알지 못했다. "너무 오랜 세월 동안 저는 우울함을 숨기고 있었어요. 다른 사람들은 제가 그저 유쾌한 사람인 줄 알았고요."

베니타의 이야기를 비롯해 다른 사람들의 이야기를 통해, 방향을 바꾸거나 도움을 받으려면 어떻게 해야 할지 알 수 있을 것이다. 베니타가 집에서 히스테리를 일으킨 것은 여러 의미일 수 있다. 자녀들을 키우는 과정이 트라우마의 트리거가 되었을지도 모르고, 싱글 맘으로 살아가며 받는 압박감이 있었을 수도 있고, 감정기복이 심했을 수도 있다. 그러나 아무 문제없는 모습으로 보여야 한다는 욕구는 베니타의 삶을 송두리째 잡아먹을 뻔했다.

완벽주의와 낙인에 대한 두려움이 겹치면 부정만 생겨나는 게 아니다. 단정하게 스스로를 통제하고 있는 것처럼 보이다가 압박감이 과도해지면 절망감에 폭발해버리는 시소 같은 나날을 보내게 되는 것이다.

낙인과 싸운다는 대단히 중요한 과제

도움의 손길은 생각지 못한 곳에서, 젊은 세대로부터 뻗쳐 올 수 있다.

오늘날에는 할리우드 스타부터 영국 왕실 구성원에 이르는 수많은 이들이 정신질환을 둘러싼 비밀의 장막을 열어젖혔다. 밀레니얼 세대는 살아가기 위해 정신건강을 유지하는 것이 필수라는 사실을 더 잘 알기에 기성세대보다 숨김없이 치료를 받는다. 트위터에서는 정신건강에 대한 인식을 드높이는 수많은 해시태그가 수천 회씩 공유된다. 정신질환 '전문가'뿐 아니라 실제 질환을 겪는 사람들의 이야기를 담은 웹사이트들도 큰 인기를 끈다. 정신질환에 대한 태도를 현대화하고 대중에게 정신건강을 편견 없이 교육하기 위한 기념비적인 시도들도 이루어지고 있다. 유명인들을 비롯해 변화를 불러올 수 있는 사람들이 나서서 불안, 중증 우울증, 산후 우울증, 식이장애, 양극성장애를 드러내고 있다. 정신질환을 관리하는 한편으로 유능함을 잃지 않고 살아가는 새로운 세계의 본보기를 보여주고 있는 것이다.

특히 주요 대학교에서 학생들의 자살률 증가에 대한 대책으로 완벽주의를 문제삼기 시작했다. 소위 '명문대' 학생들은 암묵적인 메시지와 마주하게 된다. 바로 '절대 힘들어해서는 안 된다' '혼란스러워하거나 절망해서는 안 된다' '공부가 힘들지 않은 척해야 한다'는 메시지다. '너는 스탠퍼드대학교, 펜실베이니아대학교 학생이니까. 너는 누구보다 뛰어나잖아. 명문대에 합격할 만큼 똑똑했잖아. 그러니까 힘들어하면 안 되지.'

이런 신화와 어떻게 맞서 싸울 수 있을까?

스탠퍼드대학교 학생을 위한 온라인 학습 코칭 뉴스레터 '덕 스톱스 히어Duck Stops Here'에서는 '스탠퍼드 덕 신드롬Stanford Duck Syndrome'이라는 표현을 썼는데, 스탠퍼드 버전의 완벽하게 숨겨진 우울이라 할 수 있다. 캐롤린 비턴(2017)이 인용한 한 학생의 게시글을 읽어보자. "캠퍼스의 학생들은 다들 겉보기엔 대학이라는 호수 위를 아무렇지도 않게 미끄러져 가는 것만 같다. 하지만 수면 아래에서 우리의 조그만 오리발은 꽁지가 빠져라 미친 듯이 퍼덕거린다… 스탠포드 생활에는 좌절감, 불안, 자기의심, 안간힘, 실패가 깃들 자리가 없다." 스탠퍼드 학생들에게 덕 신드롬이란 위장된 편안함, 관심을 한몸에 받는 천재를 말한다. 이는 학생들이 처벌이나 거부를 두려워하지 않고 스스로를 솔직하게 드러낼 구조를 만들기 위해 '덕 스톱 자문위원회'가 결성될 정도로 심각했다.

펜 페이스Penn Face라는 개념도 등장했다. 줄리아 바(2016)는 펜실베이니아대학교 학생들이 발간하는 온라인 저널 〈더 탭The Tab〉에 이렇게 썼다. "펜 페이스는 삶의 모든 조각들이 질서정연하게 짜맞춰진 모습으로 보여야 한다는 압박의 산물이다. 괜찮지 않을 때조차 괜찮다고 말하라는, 괜찮은 듯 행동하라는 압박이다. 압박에 대한 학생들의 반응은 제각각이다. 어떤 이들은 수월하게 적응하고, 어떤 이들은 기말고사를 피하려고 한 주 내내 방에 틀어박혀버린다. 이 압박은 많은 학생들에게 정신건강, 안정성, 대처 능력에 커다란 부담을 지운다." 크리스틴 벤델(2018)은 2018년 펜실베이니아대학교에서 벌어진 또 하나의 자살 사건을 보도하면서, 2013년에서 2016년 사이 이 학교에서 발생한 자살 사건은 14건으로 미국 내 평균의 두 배 이상이라는 충격적인 통계를 밝힌다. 낙인과 완벽주의 문화 때문에 학생들이 교내 상담센터를 찾지 않는다는 것이다.

다음 이야기는 자살사고를 숨기는 일이 모든 연령대에 일어나고 있음을 잘 보여준다. 어마어마한 편견과 잘못된 정보에 맞서는 싸움은 문화적으로도 개인적으로도 무척 중요하다.

히스 이야기: 막을 수 있었던 비극

유복한 가정에서 자란 히스는 대다수 학생들이 아이비리그 대학 진학을 목표로 삼는 고등학교에 다녔다. 학부모들은 학생들을 몰아붙였고, 교사들은 시험 점수를 중시했다. 히스는 누구보다도 우수한 학생이었다. 성적은 최상위권이었다. 모두 히스와 친하게 지내고 싶어했다. 어머니와도 친밀했다. 그의 어머니는 좋은 성적을 강요하기보다 아들이 원하는 삶을 살도록 응원해주는 사람이었다. 겉으로 볼 때 히스는 부족한 게 하나도 없었다.

그러던 어느 날, 히스와 함께 캠프에 다녀온 친구 앤절라가 교내 상담교사에게 연락했다. 지난 몇 주간 나눈 문자 메시지로 보아 히스가 자살을 생각하고 있는 것 같다는 것이다. 상담사는 히스를 불러 이런저런 질문을 했다. 상담실에 불려왔다는 사실에 놀라고 당황했던 히스는 자살하고 싶은 생각이 전혀 없다고, 앤절라가 과장한 거라고 대답했다. 고등학생다운 유치한 대화였다고 말이다. 상담교사는 히스에게 이렇게 말했다. "네가 매일같이 학교 식당에서 친구들과 웃고 떠드는 모습을 봤지. 넌 참 잘 지내는 것 같았어. 혹시나 해서 확인해본 것뿐이란다." 그렇게 상담교사는 더 이상 아무 조치도 취하지 않았다.

한 달 뒤 히스는 자살했다. 유서조차 남기지 않았다. 가족들은 아직도 히스가 무엇 때문에 자살했는지 모른다. 아마도 히스는 다른 사람들이 아는 것보다 더 많은 압박감을 느꼈는지도 모른다. 아마도… 아마도… 아마도. 앤절라는 히스에 대해 알고 있던 사실들을 말했지만, 그녀 역시 정확한 이유는 몰랐다. 히스의 가족은 앞으로 영영 예전으로 돌아가지 못할 것이다.

성찰 17 자살 가능성 성찰해보기

잠시 멈추고 방금 읽은 이야기에 대해 글을 써봅시다. 히스의 이야기를 읽고 무엇을 느꼈습니까? 당신의 자녀들이 걱정됩니까, 아니면 자녀들에게 당신이 어떤 본보기를 보이게 될까 걱정됩니까?

자살률이 높아지고 있다는 사실이 두렵습니까? 정신질환이라는 낙인에 맞서는 싸움에 대해 어떤 감정이 듭니까? 완벽하게 숨겨진 우울을 다룬 이 책의 맥락에서 이런 질문들은 왜 중요할까요?

변화를 위해서는 동기를 갖는 것이 무엇보다 중요하다. 변화 자체가 무척 어렵기 때문이다. 완벽하게 숨겨진 당신의 우울은 오랫동안 늘 당신 곁에 머물렀다. 그것이 당신을 살게 해주었다. 이제 당신에게는 도움이 필요하다. 하지만 아무리 사랑하는 이들일지라도 당신의 변화에 어떤 반응을 보일지 겁이 나서 당신은 굳어버린다.

이 두려움을 넘어서는 것 역시 치유 과정의 일부다. 사바나는 이렇게 말했다. "사람들이 제 진짜 감정과 생각을 알게 되면 저는 앞으로 유능한 사람으로 보이지 못할 거예요." 애초 댄 해리스가 두려워한 것도 바로 그것이었다. 그래도 이들은 그 위험을 감수하기로 결단내렸다.

이 과정을 거치는 동안 당신은 실패할 것이다. 흔들릴 것이다. 매번 성공하지도 못할 것이다. 다시 예전의 습관으로 되돌아가기도 할 것이다. 그래도 마음을 다잡고 다시금 나아갈 것이다. 지지의 네트워크가 필요해질 것이다. 단 한 사람이라도 좋으니 당신이 신뢰하는 사람, 당신을 판단하지 않을 사람, 당신의 여정을 지지해줄 사람이. 어렵겠지만 이 사람에게만큼은 당신이 고군분투하는 모습을 드러내야 한다.

이야기가 다른 데로 새는 것 같지만 개인적 이야기를 하나 하고 싶다. 나는 삼 년간의 난임치료 끝에 축복처럼 임신을 하게 되었다. 어느 날 산부인과 검진을 받던 중에 나는 발이 부었다고 투덜거렸다. 그러자 의사는 나를 쳐다보더니 마음에 안 든다는 듯 입을 삐죽 내밀고는 이렇게 말했다. "힘들게 한 임신이잖아요. 불평하면 안 되죠." 다행히 나는 그 말에 화가 나지 않았다. 나는 표정 변화 없이 그를 마주보고 대답했다. "맞아요. 힘들게 한 임신이죠. 그러니 발이 부었다고 불평할 권리도 더 많고요." 내 말에 그는 잠시 멋쩍어하더니 그 말이 맞는다고 했다.

당신은 인생을 바꾸고자 한다. 그렇기에 이 책을 읽고 있다. 그럼에도 그 변화 과정은 어려울 것이다. 당신의 인생이 항상 좋기만 한 것은 아니라는 사실, 당신이 스스로에게 수치심을 퍼붓고 있다는 사실을 솔직하게 털어놓는 일이 낯설고 어색하게 느껴질 것이다. 입 밖에 내는 것, 솔직해지는 것만으로도 나약해진 기분이 들 것이다.

이 책은 자기도움을 위한 책이다. 하지만 오로지 혼자서 해나가야 하는 것이 아니다. 진정한 당신을 보여줄 수 있는 치어리더가 필요하다. 지금은 어떤 사람들을 당신의 팀에 넣을지 생각해볼 시간이다.

성찰 18 누가 우리 팀이 될까?

다시 평온한 장소를 찾아가서 당신의 완벽하게 숨겨진 우울을 나눌 수 있을 만한 사람들의 이름을 적어봅시다. 당신의 이너서클에 속한 사람일 수도 있지만, 별로 가깝지도 않고 생활반경이 밀접하지 않은 사람일 수도 있습니다. 오히려 오래된 친구나 대학 시절 친구처럼 멀리 떨어진 다른 도시에 사는 사람에게 더 솔직해질 수도 있습니다. 물리적으로 가까이 있는 사람을 택하는 것이 이상적이긴 합니다. 그렇지만 지금 당장은 멀리 떨어져 있는 사람에게만 취약함을 보여줄 수 있다면, 그래도 괜찮습니다. 당신은 막 작은 발걸음을 뗐고, 자신만의 속도로 나아가야 할 테니까요.

당신의 완벽주의가 지금까지 당신을 가두어왔던 감옥이었다는 이야기에, 그 감옥에서 탈출하기가 너무나도 두렵다는 말에 귀를 기울여줄 수 있는 사람을 고르세요. 다른 사람에게 진정한 당신을 보여준다면 어떻게 될지 구체적으로 상상해보세요. 그들에게 하고 싶은 말을 글로 써보세요. 이때 찾아오는 감정을 그대로 느껴봅시다. 이 사실을 알면 상대가 어떻게 행동하고 생각할지 두렵습니까? 그 두려움이 합리적인 사고인지 말하기에 대한 두려움인지 잘 판단해봅시다.

십대들에게 특별히 전하고 싶은 말

십대 청소년이나 이십대 초반으로 아직 부모님께 의존하는 생활을 하고 있다면 완벽하게 숨겨진 우울을 털어놓는 일이 훨씬 더 두려울 수 있습니다. 완벽해 보여야 하는 조건에서 살아가고 있다면, 덫에 걸려 꼼짝도 할 수 없는 것 같은 기분이 들겠지요. 부모님은 당신이 성공하고 행복해 보인다는 사실에 기뻐할 수도 있고, 당신에게 너무 많은 책임감을 기대할지도 모릅니다. 당신 내면의 모습을 모르기 때문입니다. 부모님의 눈에 보이는 것은 대부분 환상일 뿐이라는 말을 도저히 하기 어려울 것입니다.

당신이 자동조종automatic pilot 모드로 살아가고 있다는 사실을 부모님이 알아야 합니다. 부모님의 눈에는 모든 것이 계획대로 되고 있는 것처럼 보입니다. 그들은 경고 신호를 알아차리지 못합니다. 자녀의 사생활을 존중하기에 당신의 진짜 감정이 담겨 있을 일기장을 읽지도 않습니다. 당신이 부모님께 힘든 기색을 비추어도 그저 가벼운 고민이라 여길 겁니다. 어쩌면 당신이 완벽해 보여야 한다는 생각을 심어준 것이 당신의 부모님일 수도 있습니다. 하지만 당신이 부모님께 솔직히 털어놓아야 그분들도 자신들이 부모로서 저지른 실수를, 자신이 불완전하다는 사실을 알아차릴 수 있을 것입니다. 당신이 느끼는 우울감과 막막한 심정보다 더 중요한 것은 없습니다. 세상 그 무엇도 당신의 괴로움보다 중요하지 않습니다.

어쩌면 당신은 부모님의 반응이 두려울지도 모릅니다. 특히 부모님이 당신을 방치했거나 학대한 경우라면 당연히 두렵겠지요. 슬프게도 부모님이 늘 믿을 만한 사람인 것은 아닙니다. 그럼에도 당신의 이야기를 듣고 당신을 도와줄 사람이 분명 어딘가에 존재할 것입니다. 이 어두운 감정이 별것 아니라는 생각, 어두운 감정에 지지 않을 거라는 생각은 하지 마세요. 우울이 이길 수도 있습니다. "와, 참 힘들었지, 그래도 지금은 훨씬 나아졌어"라는 말을 할 기회조차 오지 않을 수도 있습니다. 친구들과 이야기를 나누어도 좋습니다. 당신을 도와줄 힘이 있는 사람에게 솔직하게 터놓으면 실제로 목숨을 구할 수 있다는 것만 기억하세요.

이제 당신이 완벽하게 숨겨진 우울의 스펙트럼 중 어디에 위치하는지 평가해볼 시간이다. 그리고 당신이 지금까지 일기에 쓴 글들을 이 질문지 결과와 비교해볼 것이다.

나는 완벽하게 숨겨진 우울의 스펙트럼 중 어디에 위치할까?

질문에 답하기 전에 '성찰 12'를 다시 한번 읽어보기 바란다. '성찰 12'에서는 완벽하게 숨겨진 우울의 열 가지 특성 중 당신과 가장 가깝다는 생각이 드는 항목들이 무엇인지 기록했다. 또 당신에게 해당하는 특성들을 가장 강한 것에서부터 약한 것까지 숫자로 표시했다. 이 특성들을 다시 떠올려보자.

다음 질문들은 열 가지 특성 중 하나 이상의 특성과 관련이 있으면서도, 완벽하게 숨겨진 우울과 완벽주의를 통해 생겨나는 실제 행동과 신념을 좀 더 많이 반영한 질문이다. '예'와 '아니요' 중 뭐라고 응답해야 할지 고민이 된다면, 그건 당신이 너무 '완벽하게' 답하려고 애써서인지도 모른다. 또 '내 답변은 그때그때 다른걸'이라고 생각한다면, 너무 깊이 생각하는 건지도 모른다. 그저 최대한 정확하게 응답하면 충분하다.

여기서 얻은 점수를 통해 당신이 완벽하게 숨겨진 우울의 스펙트럼 중 어디쯤 위치하고 있고, 이 증후군이 당신의 선택에 얼마나 폭넓게 영향을 미쳤는지 알 수 있을 것이다. 지금까지 했던 이야기에 비추어볼 때 질문들 자체가 그리 뜻밖이지는 않을 것이다. 시간을 충분히 들여 최대한 솔직하게 응답하려 애쓰되, 이 질문들은 당신이 완벽하게 해내야 하는 숙제가 아님을 기억하자.

질문지

완벽하게 숨겨진 우울 질문지

01 다른 사람에게 솔직해지기 어렵고, 당신이 실생활에서 겪는 어려움이나 문제의 경우 특히 그렇다.

예 ______ 아니요 ______

02 모든 것이 나와 타인의 눈에 완벽하게 보이는 데 집착한다.

예 ______ 아니요 ______

03 상처를 받았거나 상대에 대한 화가 쌓이고 있어도 파트너나 친구들에게 말하지 않고 참는다.

예 ______ 아니요 ______

04 밤에 잠들거나 머릿속을 비우기가 힘들다.

예 ______ 아니요 ______

05 부담감에 짓눌린 상황에 놓였을 때 그 사실을 털어놓기 힘들다.

예 ______ 아니요 ______

06 개인적으로 희생을 치르더라도 무리해서 주어진 일을 끝내려고 한다.

예 ______ 아니요 ______

07 감정을 표현하기보다는 분석하거나 문제 해결을 위해 시간을 쓴다.

예 ______ 아니요 ______

08 다른 사람의 욕구가 내 욕구와 상충할 때도 다른 사람의 요구에 응답한다.

예 ______ 아니요 ______

09 어린 시절 우리 가족은 슬픔이나 고통을 표현하지 않았다. 또는 그런 감정을 표현하면 비난이나 처벌을 받았다.

예 ______ 아니요 ______

10 감정적, 신체적, 성적으로 상처를 받았지만 그 사실을 아무에게도 말하지 않았다. 또는 누군가에게 말했지만 상대가 믿지 않거나 당신의 편이 되어주지 않았다.

예 ______ 아니요 ______

11 과거의 (또는 현재의) 우리 가족 사이에서 나는 나 자신으로 존재하기보다는 정해진 기대를 충족해야 한다는 느낌을 받았다.

예 ______ 아니요 ______

12 나와 관계된 상황을 통제하기를 좋아한다.

예 ______ 아니요 ______

13 정돈된 내 삶의 체계를 유지하기가 점점 더 힘들어진다는 생각이 든다.

예 ______ 아니요 ______

14 위 질문의 대답이 '예'일 때, 불안감, 심지어 공황감을 느낀다.

예 ______ 아니요 ______

15 잘 울지 않거나 거의 울지 않는다.

예 ______ 아니요 ______

16 나는 과도하게 책임감이 강해서 동료나 가족, 친구 들에게 언제라도 의지할 수 있는 사람이다.

예 ______ 아니요 ______

17 나 자신에게 시간을 쓰는 것이 이기적이라고 여긴다.

예 ______ 아니요 ______

18 무언가 잘못되었을 때 사람들이 자기 탓이 아니라고 주장하며 자신을 '피해자'라고 생각하는 것이 싫다.

예 ______ 아니요 ______

19 고통스러운 일은 알아서 감당해야 한다고, 도움을 요청하는 것은 나약하다는 반증이라고 배우며 자랐다.

예 ______ 아니요 ______

20 인생의 긍정적인 면에 집중하고 나의 삶에 행운이 얼마나 많은지 알아야 한다고 강하게 믿는다.

예 ______ 아니요 ______

21 내 안의 비난하는 목소리가 나는 아직도 부족하다고 책망하고, 목표를 이루었을 때조차 더 열심히 했어야 한다고 끊임없이 말한다.

예 ______ 아니요 ______

22 겉으로 볼 때 나는 희망차고 에너지가 넘치지만 때로는 막막하고 괴롭다.

예 ______ 아니요 ______

23 오늘 하루 끝내야 할 일을 목록으로 만들어둔다. 그리고 그것을 완료하지 못하면 좌절감을 느끼거나 실패했다고 느낀다.

예 ______ 아니요 ______

위 질문들 중 '예'라고 응답한 질문이 몇 개인지 세어보자. '예'라고 응답한 항목이 5개에서 8개 사이라면 당신은 무척 책임감 있는 사람이지만, 스스로를 위해 조금 더 시간을 쏟을 필요가 있다. '예'라고 응답한 항목이 9개에서 12개라면, 당신의 생활은 고도로 완벽주의적인 기준이 지배하고 있으며 이 때문에 당신의 행복한 삶이 방해받을 수 있다. 13개 이상의 항목에 '예'라고 대답했다면 당신 안에 완벽하게 숨겨진 우울, 또는 당신이 인정하지 않는 우울증이 있을 가능성이 있다. 만약 당신의 점수가 10점대 후반이거나 20점대이며 변화를 얻고자 이 책을 읽고 있다면, 이 책을 읽고 당신의 완벽하게 숨겨진 우울을 치유하는 것은 말 그대로 당신의 목숨을 구할 수도 있다.

성찰 19 질문지를 통해 배운 것

질문에 응답할 때 어떤 기분이 들었습니까? 지금까지 읽은 내용을 감안하면 질문 자체가 뜻밖이지는 않았을 테지요. 당신의 점수를 보고 깜짝 놀랐습니까?

'성찰 12'에서 했던 과제를 다시 읽어봅시다. 당신이 질문지에 대해 한 응답들을 보고 나니 '성찰 12'에서 각 특성에 매겼던 점수를 바꾸어야 할 것 같습니까? 마음이 놓입니까? 더 걱정이 되나요? 아니면 더 신뢰가 생겼습니까?

이 질문지를 통해 완벽하게 숨겨진 우울이 당신의 일상적인 판단과 행동에 얼마나 많은 영향을 미치는지를 알 수 있었기 바랍니다.

이제는 실제적인 치유 전략, 아이디어, 도움말로 나아가보자. 이 장에서는 당신의 적이 완벽주의 하나뿐인 것이 아님을 강조했다. 또 하나의 적은 바로 낙인에 대한 두려움임을 기억하자.

성찰 20 **나는 왜 이 작업을 하는 걸까?**

「들어가며」에서 진짜 나를 인정하고 드러내는 어려운 작업에 희망이 동기부여가 될 거라고 이야기했습니다. 그 희망은 통찰을 얻고 내면을 직시하고 정서적으로 연결될 때마다 점점 더 커질 것입니다. 희망이 이 작업을 계속할 용기를 줄 것입니다. 여기서는 당신이 이 작업을 하게 된 이유들을 적어보았으면 좋겠습니다. 외로움 때문이었을까요? 이런 패턴을 자녀들에게 물려줄지도 모른다는 두려움 때문에? 점점 더 커지는 절망감 때문에? 과거의 나와 지금의 나를 연결시키고, 인생을 살아가는 또 다른 방법이 있을지 알아보고자 하는 걸까요?

마음속을 들여다보면서, 이 작업을 끝까지 하기 위해서는 어떤 동기부여가 필요할지 생각해봅시다. 그리고 다음 문장이 지금 이 순간 당신의 진심을 반영하고 있는지 생각해봅시다. "나는 내 인생이 더욱 보람차기를, 진짜 내가 누구인지를 보여주기 바란다. 이제 나를 숨기는 게 지긋지긋하다." 이 문장을 당신에게 맞게 고쳐 써본 다음 당신의 만트라로 삼으세요.

잘하셨습니다. 절대 쉬운 일이 아닙니다.

덧붙임: 이 작업이 당신의 마음을 너무 괴롭힌다면, 혹은 자해 욕구를 불러일으킨다면, 자기도움을 위한 책을 읽는 것만으로는 충분하지 않을지도 모릅니다. 만약 그렇다면 반드시 심리치료사나 주치의를 찾아가기 바랍니다. 너무 많은 것을 잃을 수 있으니까요. 물론 완벽하게 숨겨진 우울로 괴로워하는 사람에게 이런 충고는 모순적으로 느껴질지 모르겠지만, 이 책이든 다른 책이든 책 하나로는 당신을 해로운 생각으로부터 보호해줄 수 없습니다.

지금 정서적으로 안정되었고, 지지자가 되어줄 사람도 정했다면, 이제 당신을 다음 장으로 초대한다. 다음 장에서는 숨겨두었던 우울을 드러내고 그 우울에서 벗어나는 방법을 조금 더 상세하게 알아볼 것이다. 이 여정을 시작한 스스로에게 축하를 건넸으면 한다. 스스로에게 고맙다는 말과 친절한 행동을 해 주자. 이것이 바로 건강한 자기자비이자 자기돌봄이다.

2부

치유의 다섯 단계

"아마 마지막 순간까지도 그녀는 자신의 삶을 통제하고자 했을 것이다… 삶에 짓눌리고 말았다는 메시지를 전달하려고 했을 자살의 순간조차, 매디는 여전히 담담하고 결연한 이미지를 연출하려고 신경썼다."

케이트 페이건, 『매디를 달리게 한 것』

다섯 단계란

완벽하게 숨겨진 우울에 대해 알고 난 뒤 어떤 일이 있었든 어떤 목적을 품고 이 책을 읽고 있다는 느낌이 강해졌기를 바란다. 그 목적이란 바로 치유다. 완벽하게 보이고 완벽하게 행동해야 한다는 압박으로부터 치유되는 것이고, 자기를 숨기는 일로부터 치유되는 것이며, 우울을 치유하는 것이다. 진정한 이해에 이르려면 몇 겹이나 꽁꽁 싸맨 완벽주의라는 포장지를 벗겨내고 그 안에 무엇이 있는지 찾아내는 것부터 시작해야 한다.

인형 속에 더 작은 인형들이 차곡차곡 들어 있는 러시아 인형을 생각해보자. 당신의 치유 또한 세심하면서도 호기심 어린 손길로 차근차근 열어가는 과정이다. 아주 작은 변화 하나, 당신의 내면을 발견하려고 스스로를 열어 보이는 모든 선택, '아하'의 순간 하나하나가 지금까지는 알지도 받아들이지도 못했던 감정과 정신의 경험을 완전하게 드러내줄 수 있다. 어려운 과정이다. 고통스러울 수도 있다. 그러나 이는 건강한 삶에 꼭 필요한 과정이다.

앞에서 인용한 스포츠 전문 기자 케이트 페이건의 매디 홀러런 이야기를 보자. 매디는 얼마 전 아무도 몰랐던 막막한 좌절감과 절망 때문에 9층 주차타워에서 뛰어내려 비극적으로 자살함으로써 말 그대로 자신의 삶에서 달려나가버린 육상선수다. 매디의 가족은 그녀를 사랑했고, 그녀의 괴로움을 어느 정도는 알고 있었지만, 진짜 매디는 극심한 압박과 웃는 얼굴의 셀피 뒤에 숨겨져 있었다. 그녀가 겪은 복잡한 괴로움을 아무도 몰랐다. 심지어 그녀는 자살마저도 사랑하는 사람들에게 사려 깊은 선물을 남기는 등 신중하게 계획해서 실행했다. 매디는 자신이 완벽해 보이는 삶 속에 갇혀 있다는 기분에서 벗어날 수도 있다는 것을 몰랐다. 왜 이렇게 아프고 막막한지 알아낼 수 있다는 것을 몰랐다.

알아냄의 과정에 대해 이야기해보자. 오프라 윈프리의 이야기가 도움이 된다면 좋겠다. 그녀는 이렇게 썼다. "커리어를 통해 어느 정도 힘을 얻었음에도 나는 어린 시절 나를 학대했던 이가 다른 모습들로 위장한 채 내 인생에 자꾸만 나타나고 있다는 사실을 깨달았다… 나는 학대자들을 직면하지 않고 그들이 경계를 넘어오게 내버려두었다. 어린 시절 겪은 신체적, 성적 학대로 인해 침묵에 길들여졌던 것이다… 나는 그 감정을 억누르려고 음식을 먹었다."

그러다가 오프라는 '아하'의 순간을 이야기한다. 그녀는 어느 날 아버지를 찾아갔다. 이미 엄청난 성공을 거둔 뒤였는데 자신을 학대했던 사람이 시키는 대로 고분고분하게 완숙 달걀 요리를 만들었다. 아무 말도 할 수가 없다는 사실에 그녀는 충격을 받았다. "이제 와 돌아보면 그때가 바로 결정적인 순간이었다. 나는 입을 열면 혼날까 봐 두려워하는 아홉 살의 나와 똑같이 침묵했던 것이다… 그 연결이 이루어지는 순간 드디어 전구에 불이 들어온 것만 같은 기분이 들었다. 아하! 나는 부수고 열기만 한 것이 아니라 돌파구를 찾은 것이다!"

오프라가 자신이 어린 시절 사용하던 생존 전략, 즉 침묵하기와 보이지 않기에 여태까지 의존하고 있음을 이해한 것이 바로 그 순간이었다. 온 세상 사람의 사랑과 존경을 받는 그녀도 자신을 학대한 사람을 상대로는 목소리를 높이지도 거절하지도 못했다. 그녀는 자신의 정서적 자유가 여전히 과거에 사로잡혀 있다는 사실을, 과거에 당했던 학대에서 뻗어나온 촉수가 아직까지 목을 조르고 있다는 사실을 분명히 깨달았다. 어린 시절의 생존 전략은 지금에 와서 필요하지도 않고, 원치도 않는 것일뿐더러, 이제는 고통스러운 것이 되었다. 생존 전략을 바꾸기 위해서는 먼저 그 사실을 알아야 했다.

성찰 21 깊이 파헤치는 것이 두려운 이유

완벽해 보이고자 했던 매디의 이야기를 읽고 어떤 생각이 들었습니까? 오프라의 이야기를 읽었을 때는 어떤 느낌이 들었지요? 이 이야기들이 당신의 내면에 어떤 감정을 불러일으켰습니까? 매디의 이야기는 비극적입니다. 오프라의 이야기는 보다 희망적이고요. 두 이야기 모두, 우리가 쉽게 알아차리지 못하거나 어쩌면 괴로워서 인정하지 못하는 일들이 우리 삶에 큰 영향을 줄 수 있다는 사실을 강조하고 있습니다. 당신의 삶을 이루는 외면 아래에 숨겨져 있는 무엇을 찾는 데 방해하는 것들이 있다면 어떤 것들입니까? 조금 더 깊이 파헤치는 게 두려운 것은 무엇 때문입니까? 잠시 시간을 들여 일기장에 그 답을 써보세요.

가끔 내담자들은 심리치료를 마치고 일어나면서 "이야, 저 치유됐어요" 같은 농담을 한다. 아마 지금 이 순간 존재하는 것, 진정한 자신이 되는 것이 얼마나 아름다우며 해방감을 주는지 깨달았기 때문일 것이다. 치유 과정이 끝나기까지는 한참 더 남았지만, 그들은 자신들이 혼자 힘으로 날 준비가 되어 있다는 것을 알아차리기 시작했다. 이해도 깊어지고 대처 기술도 늘어났다.

변화, 성장, 치유는 과정이다. 목적지가 아닌 여정이다. 이 책을 열심히 읽은 뒤에도 또는 심리치료 과정을 끝마친 뒤에도 당신이 가진 나약한 부분들은 자꾸만 나타나 당신을 괴롭힐 것이다. 어떤 상황들은 트리거를 당겨 오래된 상처를 건드릴 수 있다. 피곤할 때, 집중력이 흐트러질 때, 마음을 다잡기가 어려울 때 또다시 비합리적인 사고가 당신을 찾아올지 모른다. 그렇다고 해서 치유가 이루어지지 않은 것도, 당신이 갖게 된 통찰과 변화가 진짜가 아닌 것도 아니니다. 다만 우리는 인간적이고 불완전하기에 오래된 생존 전략으로 되돌아가기도 한다. 오프라 윈프리조차 전구가 켜지던 순간 깨달았던 예전의 패턴 속으로 몇 번이고 되돌아갔다.

앞서 나는 (앤드루 솔로몬의 인용문을 언급하며) 이런 말을 했다. "우울의 반대가 활력이라면, 완벽하게 숨겨진 우울의 반대는 자기수용이다." 이를 다시 한번 강조하고 싶다. 내 말의 근거는 다음과 같다. 완벽하게 숨겨진 우울을 치유하려면 당신의 나약함, 약점, 잘못이 전부 당신의 일부이며 필수적인 것임을 받아들여야 한다. 그것이 치유 작업의 무척 큰 부분이다. 그런 점들이 있다고 해서 부끄러워할 필요는 없다. 그런 것들이 실패의 증거인 것도 아니다. 당신에게 나약함, 약점, 잘못이 있는 것은 당신이 인간이기 때문이다. 당신은 당신 경험의 결과물이다. 받아들임으로써 당신은 변할 수 있다. 받아들임은 체념도 포기도 아니다.

자기수용은 자유를 불러온다.

완벽하게 숨겨진 우울을 치유하는 작업은 내면의 정신, 특히 정서를 향한다. 이 작업의 목적은 외부의 일에 다시금 몰두하기보다는 당신이라는 존재가 어떤 압박을 받고 있는지 바라보고, 당신이 스스로에게 강요하는 규칙들을 직면한 뒤, 이를 내버려두고 놓아줌으로써 일어나는 변화를 한껏 느끼는 것이다.

세상에는 너무 많은 매디가 있었다. 나는 당신이 이 작업을 통해 매디와 같은 일을 겪을 가능성으로부터 최대한 멀어질 수 있었으면 한다.

성찰 22 나는 지금까지 무엇을 발견했을까? 나의 도전 과제는 무엇이어야 할까?

여기서 잠시 지금까지 쓴 일기를 읽어보기로 합니다. 맨 앞으로 돌아가서, 처음으로 진짜 생각과 감정을 써내려가기 시작할 때 어떤 기분이 들었는지 떠올려보세요. 지금까지 얼마나 진전이 있었고 얼마나 변화했는지 살펴봅시다. 절대로 쓰지 않을 줄 알았지만 썼던 것들은 어떤 것들이 있습니까? 아니면 아직도 감정을 발견하도록 허락해주기가 어렵게 느껴집니까?

완벽주의자들은 글쓰기를 어려워하는데, 글을 쓰면서 자꾸만 자신을 평가하고 '좋게' 보이도록 애쓰기 때문입니다. 당신도 같은 생각으로 힘들어하고 있다면 그것이 그리 드문 일이 아님을 알았으면 합니다. 하지만 이는 당신이 앞으로 점점 변화시켜야 하는 생각이기도 합니다. 더욱더 깊이 파고들어보세요. 절대로 쓸 수 없을 줄 알았던 말을 써보세요. 쓰고 싶지 않다면 그 말을 소리내어 해봅시다. "엄마가 밉다" 아니면 "가끔 너무 외로워서 부서져버릴 것 같다" 같은 말일지도 모르겠습니다. 참지 말고 내뱉어보세요. 그리고 그때 느껴지는 감정들을 들이마시고 내뱉어보세요.

기억하세요. 눈물이 흐르는 것은 격렬한 감정 때문일 뿐 당신이 약해서가 아닙니다. 노여움의 눈물이건 기쁨의 눈물이건 슬픔의 눈물이건 눈물은 당신의 감정이 깊다는 사실을, 아니면 특정한 문제에 대해 민감하다는 사실을 나타내는 것일 뿐입니다. 눈물이 흐른다면 그저 흐르도록 내버려두세요. 그리고 과제를 성공적으로 끝마친 스스로를 다독여주세요.

다섯 가지 치유 과정

완벽하게 숨겨진 우울을 치유하는 다섯 단계인 의식, 몰입, 직면, 연결, 변화에 대해 간략하게 설명하고자 한다. 시각적으로 이해하고 싶다면「들어가며」에 나왔던 다이어그램을 참조하기를.

의식 첫 번째 단계는 문제가 있다는 사실을 의식하고 받아들이는 것이다. 의식은 모든 치유 과정에 포함되어 있는 단계지만, 완벽주의에서 정서적 고통 부정에 이르기까지 완벽하게 숨겨진 우울의 열 가지 특성들이 평범한 것이라고 굳게 믿고 있거나 최소한 이 책을 읽기 시작하기 전까지는 그렇게 믿어왔을 당신에게는 특히 어려운 단계일 수 있다. 당신은 눈물을 흘리지도 않고 정서적으로 불안정하지도 않다. 대체 무엇이 문제란 말인가?

당신 역시 내심 알고 있듯, 문제는 당신이 거짓된 삶을 살아가고 있고 이 때문에 자신 안에 어마어마한 고독과 공허함이 자리 잡았다는 사실이다. 그렇기에 완벽하게 숨겨진 우울이라는 증후군이 당신의 일상을 훼손하고 있다는 것, 당신을 고립시키고 그 누구도 알 수 없는 존재로 만든다는 것을 의식하는 것이 치유의 첫 번째 단계다.

몰입 두 번째 단계는 복잡할 수 있다. 왜 그럴까? 몰입을 위해서는 통제를 포기해야 하기 때문이다. 더구나 애매모호한 것, 완전한 통제에서 벗어나는 것, 새로운 삶이 어떤 모습일지 모른다는 것에 대한 두려움 때문에 당신의 고통—분노와 슬픔—은 여태 비밀 속에 묻혀 있었다. 이 애매모호함을 받아들이는 게 너무나도 두려워서 망설일 수도 있다. 정말 이게 좋은 생각일까? 여기서 그만둬야 하는 게 아닐까?

하지만 몰입에 힘쓰면서 당신의 행동과 삶을 단단하게 조이던 밧줄을 느슨하게 풀고 숨쉬기가 편해지면 희망이 찾아올 것이다. 이 희망을 통해 몰입할 용기가 생길 것이다.

직면 세 번째 단계는 지금까지 당신의 삶을 지배하던 규칙과 신념을 정리하고 어떤 것이 아직 유효한지 가늠한 다음 어떤 것을 버려야 할지 결정하는 단계다.

연결 네 번째 단계는 이제는 불필요해진 규칙과 신념을 버렸을 때 그 결과 일어나는 감정을 느끼는 것이다. 직면과 연결은 긴밀하게 엮여 있기에 두 단계는 탁구공 오가듯 빠르게 상호작용할 수 있다.

변화 마지막 단계는 정말 어렵지만 이 단계를 통해 자유와 자연스러움과 현재를 살아가는 감각이라는, 여태까지 놓치고 있던 그 모든 것을 얻을 수 있다. 이제는 새로운 자기표현을 향해 나아가고, 당신이라는 근사하고 불완전한 인간이 될 때다!

1단계

의식에 도달하기

"내가 우울하다고?
내 인생은 완벽해 보이는데"

"E. L. 닥터로는 언젠가 이런 말을 남겼다. '장편소설을 쓰는 것은 한 밤중에 차를 운전하는 것과 같다. 보이는 것은 헤드라이트에 비치는 부분이 전부임에도, 당신은 여정을 끝까지 이어나갈 수 있다.' 당신은 목적지도, 그곳을 향해 가는 길에 스쳐지나는 온갖 것들도 볼 필요가 없다. 눈앞의 두세 발짝 거리만 바라보아도 된다. 이것은 글쓰기와 삶에 관해 내가 지금까지 들어본 최고의 조언이다."

앤 라모트, 『쓰기의 감각』

당신은 이 책을 읽기 시작한 순간 치유의 첫 단계인 '의식'을 시작한 셈이다. 의식은 치료를 통한 모든 변화에서 반드시 필요한 단계다. 변화하려면 그 전에 우선 문제를 문제로 인식해야 한다. 당신은 이미 완벽하게 숨겨진 우울이 존재하며 당신과 당신이 맺는 관계에 고통스러운 영향을 준다는 사실을 이해했다. 또 이 책의 첫 몇 장을 읽으면서 오랫동안 진짜 경험들을 비밀로 감추며 다른 사람들에게 좋아 보이고 당신을 안전하다고 느끼게 해주는 페르소나를 만들어왔다는 사실을 깨달았다.

그러나 지금 이 순간 당신은 위험을 감지한 거북이와 같다. 약한 부분을 완벽주의라는 껍데기 속에 반사적으로 숨긴다. 목숨이 달려 있는 것처럼 절박하게 약점을 감춰버린다.

그러면 이런 반사작용을 어떻게 바꿀 수 있을까?

첫 단계는 당신과 당신의 반응을 한층 더 인식하는 것이다. 그러려면 많은 연습이 필요하다. 앞으로 연습이 필요하다는 말을 자주 하게 될 것이다. 이는 정신과 정서 면에서 엄청난 변화이기 때문이다.

우선 서로 긴밀한 의식의 두 요소인 자각awareness과 마음챙김mindfulness에 대해 이야기해보자.

자각과 마음챙김

당신은 이제 열 가지 특성이 작동해 우리를 마비시키고 파괴할 수 있는 완벽하게 숨겨진 우울 증후군에 대해 알게 되었다. 하지만 이 책을 읽기 전까지는 아마 자신의 행동에 대해 자각하는 정도가 달랐을 것이다. 의식은 세 가지 차원으로 존재할 수 있다.

첫 번째 차원은 완전한 자각total awareness이다. 한동안 당신은 의도적으로 자신을 숨겼을 수도 있다. 아마 언제 어떻게 왜 그런 행동이 시작되었는지 기억하고 있을지도 모른다. 또 매일 자신의 고민을 숨기겠다고 의식적으로 마음먹을 수도 있다. 저명한 논문들에서 이야기하는 '미소 띤 우울'이나 '고기능 우울증'과 비슷하게 들릴 것이다. 다만 이 두 가지 용어와 자신을 동일시하는 사람들은 자신이 우울하다는 말을 하고 스스럼없이 그 사실을 털어놓는다. 치료를 받아보기도 한다. 그런데 완벽하게 숨겨진 우울의 경우 완전한 자각을 하고 있을 때조차 자신이 우울하다는 사실을 알지 못할 가능성이 높다. 당신은 어떤 이유로 스스로를 보호하고자 한다. 그러다 그 목표를 이루기 위해 완벽해 보이는 겉모습을 만들게 된다.

두 번째 차원은 자각 결핍lack of awareness이다. 자신을 숨기는 행동이 너무나 확고하게 자리 잡아서 이제는 무의식에 밴 것이다. 그것이 당신의 정체성이 되어버렸다. 잠시 '무의식'이라는 말의 의미에 대해 이야기해보자.

트라우마가 되는 기억, 감정, 생각, 또는 극도로 고통스러운 경험은 당신이 알지 못하는 마음속 어떤 공간에 저장될 수 있다. 무의식은 무언가가 존재한다는 것을 알지만 이를 떠올리지 않는 '잠재의식', 즉 오늘이 자기 생일이라는 것을 깜박 잊어버리는 것과는 다르다. 우리의 정신은 우리를 보호하기 위해 자각이 다다를 수 없는 먼 곳인 무의식의 영역에 무언가를 숨겨놓을 수 있다. 완벽하게 숨겨진 우울과 마찬가지로 무의식 역시 알아차리기 어렵다. 심리치료가 그 무의식을 의식으로 불러오는 환경을 만들어준다고 말하는 사람도 있다.

리베카는 나에게 이렇게 말했다. "완벽하게 숨겨진 우울을 다룬 글을 읽기 전까지는 제가 우울하다는 생각을 한 번도 해 본 적이 없었어요. 태어나서 단 한 번도요. 가끔 그런 생각이 들고 무언가가 잘못된 것 같다는 느낌이 본능적으로 들면, 제 인생의 좋은 일들에 감사할 줄 모른다는 굉장한 수치심이 들었어요. 선생님을 만나서 치료를 시작한 뒤 여기에서 했던 말들 중 어떤 것은 예전의 저 자신이라면 절대로 생각하지도 말하지도 못했던 것들이에요. 제가 어떻게 살고 있었는지 저는 전혀 몰랐어요. 아니, 어떻게 살지 못하고 있었는지라고 말해야겠지요."

리베카는 무의식을 의식으로 만들어가고 있었던 것이다.

세 번째 차원은 혼합 상태mixed bag다. 완벽하게 숨겨진 우울의 열 가지 특성 중 어떤 것은 스스로 알고 있고 또 의도적으로 하는 행동이지만, 나머지 특성들도 이 증후군에 해당된다는 사실을 조금도 알아차리지 못하고 있었다는 걸 알면 당신은 깜짝 놀랄 것이다.

자각의 세 가지 차원이 왜 중요할까? 자신의 대처 방식을 자각하고 있다고 해서 다른 이들에게 공감받을 가치가 덜하다고 생각하지 않았으면 하기 때문이다. 당신이 "자신이 무엇을 하고 있는지 아는" 사람이라 해도 당신은 자신이 대처하고자 하는 고통에 공감해야 한다. 또 당신이 '자신이 무엇을 하고 있는지 모르는' 사람이라 해도 부끄러워할 이유는 전혀 없다. 치유가 진행될수록 당신은 이 특정한 대처 방식이 '왜' 생겨났는지 점점 더 잘 이해하게 될 것이다. 당신이 처음부터 모든 것을 자각하고 있었건 이제 막 자각하기 시작했건 지금의 상태를 받아들이고 앞으로 나아가자.

성찰 23 나를 숨긴다는 사실을 얼마나 잘 자각하고 있을까?

당신의 자각은 어느 차원에 있습니까? 첫 번째 차원인 완전한 자각에 속한다면, 매일 의도적으로 스스로를 숨기며 어떤 기분이 드는지, 매일같이 압박을 받는 기분은 어떤지 써봅시다.

당신의 행동을 의식하지 못하는 두 번째 차원이라면, 한층 더 자각하기 시작한 지금은 어떤 기분이 듭니까? 퍼즐 조각을 맞추는 기분인가요? 아니면 내심 완벽하게 숨겨진 우울이라는 개념 자체에서 흠을 찾아내고 싶은 기분이 듭니까?

만약 세 번째 차원에 해당하는 것 같다면, 어떤 선택들은 무척 의도적인 것이지만 나머지는 자신도 모르게 이루어진 것이라는 사실이 혼란스럽습니까? 어떤 것들을 문제로 자각하고 있었고 어떤 것들을 자연스러운 행동이라고 생각했습니까?

부정 극복하기

당신이 스스로를 어느 차원에 놓건 간에 지금까지 완벽주의가 당신에게 끼친 해를 부정할 가능성이 높다. 이미 어마어마한 절망감에 빠졌거나 자살을 생각하는 상황까지 오지 않았다면 말이다. 부정은 자각의 반대다. 당신은 이렇게 산더미처럼 쌓인 부정 속에서 살아온 셈이다.

완벽하게 숨겨진 우울의 열 가지 특성 중 대부분은 당신이라는 존재와 밀접하게 엮여 있다. 그렇기에 이런 특성들을 변화시켜야 한다는 생각 자체를 받아들이기 어려울지 모른다.

예를 들어 당신이 첫 번째 특성에 해당하는, 즉 자꾸만 수치심을 주는 내면의 비판적인 목소리를 듣는 완벽주의자라면, 아마 이런 특성이 해롭다기보다는 당신이 잘 기능하는 데 도움이 된다고 생각할 가능성이 높다. 완벽주의 덕분에 당신은 명성을 얻었다. 언제나 남들에게 도움이 되는 사람, 일처리를 잘 하는 사람, 성실한 사람이라는 평가를 받는다. 그런데 변해야 한다고?

이렇게 생각할지도 모른다. "맞아, 내가 나한테 가혹한 건 사실이지. 하지만 내가 일처리를 만족스럽게 하는 건 내가 완벽주의자인 덕분인걸." 이렇게 말하는 당신은 건강하지 않다. 이 말은 부정의 목소리다.

부정에 대한 정서적 반응

부정을 직면한 당신은 지금까지 해온 선택들이 스스로를 위한 최선이 아니었다는 사실을 알고 각기 다른 정서적 반응을 보일 수 있다.

첫째, 이 사실을 알게 된 것이 반갑게 느껴질지도 모른다. 안심이 될지도 모른다. 오랫동안 느껴왔던, 도저히 손댈 수 없는 무언가가 잘못된 것 같다는 본능적인 느낌을 설명할 수 있어서다. 마치 퍼즐의 마지막 조각을 찾아내 전체 그림을 볼 수 있게 된 것처럼 말이다. '완벽하게 숨겨진 우울'이라는 용어 자체가 당신이 겪고 있던 증상에 이름을 붙여주고 분명한 정체성을 부여한다. 이를 통해 당신의 정신과 마음에서 일어나는 일을 알아차리고 이해할 렌즈가 생긴다. 당신에게 필요한 것은 어느 방향으로 가야 할지 판단할 수 있도록 진상을 파악하는 것이었다. 그러니 황소의 뿔을 붙잡은 셈이다. 완벽주의는 문제가 아니라고 당신을 설득하려 하는 부정을 어서 자신에게서 떼어내고 싶을 것이다.

두 번째, 압도당한 기분이 들 수 있다. 치유 과정이 너무 힘들어서, 이 책을 내려놓고 완벽하게 숨겨진 우울에 대한 생각은 그만 접어버리려는 마음과 싸울지도 모른다. 자각보다 부정이 쉽기 때문이다. 변화를 생각하자니 너무 부담스럽다. 더 이상 알고 싶지 않다. 이쯤이면 충분하다. 그러면서 당신은 치유가 가능하다는 사실을 믿지 못한 채 완벽하게 숨겨진 우울

속에 그대로 파묻혀 있을지도 모른다. 나는 그런 일이 일어나지 않기를 바라지만, 만약 그런 생각이 든다면 무슨 일에건 때가 있다는 사실을 알아주기 바랄 뿐이다. 완벽하게 숨겨진 당신의 우울을 너무 오래 외면하지만 말아주었으면 한다.

세 번째, 누군가가 이 사실을 알면 당신을 낮추어 보거나 무능하다고 여길지도 모른다는 생각으로 두려워하고 걱정할지도 모른다. 우리의 세계와 문화가 정신적, 정서적 문제에 대해 부여한 낙인을 생각하면 이상하지 않다. 당신이 다른 사람의 나약함을 약점으로 치부하곤 했다면('성찰 14 정신질환에 대한 나의 솔직한 느낌은?'을 참조할 것), 당신 자신의 정신적, 정서적 괴로움을 받아들이기가 어려울 수 있다. 어쩌면 다른 사람의 정신적, 정서적 괴로움에는 공감하면서 그 공감을 자신에게 돌리지는 못할 수도 있다. 고장 난 레코드처럼 같은 말을 반복하는 것처럼 들리겠지만, 당신은 경직된 삶에 적응되어 있기 때문에 앞으로 나가는 것이 두려운 것일 수 있다.

이런 두려움에 대해서는 계속해서 이야기하겠지만, 특히 '몰입' 부분에서 자세히 이야기할 것이다. 두려움과의 싸움에서 이기는 순간 당신은 자신이 이겼음을 알게 될 것이다. 거기서부터는 다시 되돌아갈 수 없다는 것을, 이제 자신의 마음과 정신의 반응으로부터 더는 숨고 싶지 않다는 것을 알게 될 것이다.

마음챙김

의식의 두 번째 요소는 마음챙김이다. 자각이 순간적으로 일어나며 새로운 앎을 선사하는 것이라면, 마음챙김은 지금 이 순간을 한층 더 깊이 경험하게 해주는 것이다. 『우울증을 다스리는 마음챙김 명상』의 저자들(윌리엄스 외)은 이렇게 설명한다. "마음챙김이란 철저한 집중 그 이상의 것이다. 마음챙김이란 다르게 집중하는 것, 집중하는 방식을 바꾸는 것이다… 마음챙김의 의미는 예컨대 과거의 일로 괴로워하거나 미래의 일을 걱정하는 것처럼, 우리가 거의 모든 순간 작동시키는 자동조종 모드를 의도적으로 끄고, 지금 이 순간 일어나는 일을 전적으로 자각하는 것이다."

마음챙김은 자각을 한 단계 더 멀리 가져가서 바로 이 순간이 주는 것들에 완전히 집중하는 것이다. 마음챙김이란 그 자체로 아주 넓은 영역이다. 불안이 미래를 생각하게 하고 우울이 과거에 집중하게 하는 것과 달리, 마음챙김은 지금 이 순간의 중요성과 에너지를 강조한다. 이 장의 도입부에서 인용한 앤 라모트의 글처럼, 우리는 지금 존재하는 몇 발짝 앞만 보면서도 삶이라는 여정을 모두 완수할 수 있다.

마음챙김 수행에는 또 한 가지 중요한 기능이 있다. 마음챙김을 수련하는 이들은 현재의 감정이나 생각을 알아차리고 받아들이되, 이를 어떠한 방식으로도 부추기지 않고 그저 수용해야 이 감정이나 생각이 힘을 잃는다고 가르친다. 우리가 무언가에 대해 판단을 하게 만드는 것은 그것 자체가 아니라 우리가 그것에 대해 생각하거나 믿는 바 때문이다.

나 자신의 이야기를 예로 들어보겠다. 나는 불안, 정확히 말하면 공황장애가 있다는 사실을 허심탄회하게 털어놓곤 했다. 또 아직 많이 배워야 하는 마음챙김 수행자이기도 하다. 나는 마음챙김에 좀 더 집중하려고, 내 불안을 알아차리되 현재에 집중하려고, 이 불안을 미워하거나 두려움을 부추기는 계기로 만들지 않고 그저 내버려두려고 노력하는 중이다. 나는 불안해지면 다리를 떤다. 한번은 덥고 복잡한 옷가게에 있다가 다리가 떨리기 시작했다. 아드레날린이 분출되며 심장박동이 빨라지는 것이 느껴졌다. 나는 겁에 질려서 '분명 엄청난 공황발작이 일어날 거야' 하는 생각이 들었는데 이 공황감을 부추기는 대신 그저 내 다리를 알아차렸다. 그리고 스스로에게 이렇게 말했다. '음… 다리가 떨리기 시작하는 기분이군.' 그 사실에 두려움이나 수치심을 더하지는 않았다. 그러자 공황도 다리가 떨리는 증상도 서서히 사그라졌다.

마음챙김은 현재에 몰두하는 것이다. 방금 일어난 일, 이제 일어날 일이 아니라 지금 이 순간 일어나고 있는 일에 집중한다. 연습이라는 것이 언제나 그렇듯, 지금 이 순간에 머무르는 연습 역시 많이 할수록 그것이 더 빠르게 새로운 패턴과 행동, 선택지가 될 것이다.

마음챙김과 완벽하게 숨겨진 우울

마음챙김이 완벽하게 숨겨진 우울에서 특히 중요한 건 왜 일까?

마음챙김은 전적인 감정 표현을 하는 데 핵심적인 역할을 한다. 그런데 당신은 감정 표현을 무척 어려워하는 사람이다. 당신은 강력한 감정 앞에서 통제력을 잃는 기분이 되기 때문에 분노, 슬픔, 실망, 절망, 심지어 진정한 기쁨조차 당신 가까이 다가오지 못한다. 그러나 그 감정들을 있는 그대로 느낀다면 현재에 그 감정들이 깃들 자리가 생긴다. 그 느낌은 무척 서서히 다가올 수 있다. 한 순간 분출하듯 찾아올 수도 있다. 당신은 감정들을 감당하고 허락하는 법을 배우게 된다. 당신이 견딜 수 없다고 생각했던 감정들을 느끼고 표출할 수 있다. 반면 당신 안의 완벽하게 숨겨진 우울의 목소리는 그 반대로 말한다. 고통을 느끼게 되면 결코 고통이 사라지지 않을 거라고 말이다.

감정이 바다의 파도라고 생각해보자. 각각의 감정, 파도에는 나름의 생명력이 있다. 그 감정은 저 먼 바다 깊은 곳에서 시작된다. 그러다 서서히 해변으로 밀려오면서 우리는 그 감정의 형체와 강도와 힘을 자각하게 된다. 하지만 시간이 지나고 그 감정들도 포말이 되어 사라지면 그 자리에 다음 감정의 파도가 밀려온다. 수면 아래 물결에 담긴, 한층 누그러진 감정의 에너지가 다시금 느껴질 것이다. 이 과정은 끊임없이 반복된다. 마음챙김이란, 감정이라는 파도가 품은 생생한 생명력의 모든 순간을 자각하고 끝이 날 때까지 그 파도에 몸을 맡기는 것이다.

그렇다고 해서 마음챙김의 상태에 머무르는 것, 감정의 표출을 허락하는 과정이 순조롭고 수월하리라는 건 아니다. 이 과정은 무섭고 굉장히 강렬할 수 있다. 지나치게 강렬한 감정이 밀려오거나 어떤 이유로건 안전하지 못하다는 생각이 든다면 전문가의 도움을 받아야 한다.

간단한 마음챙김 수련으로 시작해보자. 그저 감정을 있는 그대로 느끼기만 하면 된다.

성찰 24 마음챙김을 통해 호흡에 집중하기

아주 편안한 곳을 찾아 원하는 자세로 앉으세요. 오 분 타이머를 맞춥니다. 숨을 깊이 들이마시고 눈을 감은 다음 호흡에 집중하며 가만히 멈춰봅니다. 호흡에 집중해보세요. 이 경험을 판단하거나 너무 깊이 생각하지 마세요. 마음이 어딘가로 떠나간다면 조용히 데려와 다시 호흡에 집중합니다. 집중하는 데 도움이 된다면 호흡의 수를 세어보아도 좋습니다.

타이머가 울리면 다시 일이 분간 지금 떠오르는 감정을 느끼고, 그 감정의 파도가 흩어지는 모습을 바라봅니다. 마음이 놓일 수도 있지만, 이 과정이 고되어서 좌절감이 들 수도 있습니다. 눈을 뜨고 이 경험에 대해 써보세요. 잘하셨습니다!

이제는 지금 순간에 존재하고자 애썼던 대니얼의 한없이 힘겨운 여정을 읽어보자.

“ 대니얼 이야기: 이 순간 속으로 들어가기

대니얼은 아주 어렸을 때 사촌에게 성추행을 당했고, 그 사촌은 아직도 대니얼이 어린 시절 살던 집에서 대니얼의 부모님과 함께 살고 있다. 시간이 지난 뒤 대니얼은 이 문제로 사촌과 맞서 싸웠고, 부모와 형제자매에게도 무슨 일이 일어났는지 알렸다. 가족들은 그녀의 이야기를 들어주었지만 변한 것은 없었다. 사촌은 그런 일은 전혀 없었다고 부정했다.

성인이 된 대니얼은 완벽하게 숨겨진 우울과 외상후스트레스장애, 강박장애, 거식증으로 괴로워했다. 거식증이 너무 심해서 심리치료를 시작하기 전 먼저 입원해 정상적인 식이 습관을 되찾아야 할 정도였다. 대니얼은 치료를 원하지 않았고 거부했다. 그러나 남편의 지지에 힘입어 결국은 입원에 동의했다. 퇴원한 뒤에는 영양사의 도움을 받아 트라우마와 완벽주의 치유를 위한 작업을 안전하게 시작할 수 있었다.

대니얼은 상담 시간에 주제가 무엇이건 언제나 웃는 얼굴을 했고 눈물이 고여도 흐르기 전에 얼른 거두었으며 고통을 드러내는 것을 극도로 불편해했다. 상담이 진행되면서 어린 시절의 성추행 경험과 이에 대한 가족의 회피와 부정을 점점 더 구체적으로 다루게 되자, 대니얼은 자꾸만 끈질기게 되살아나는 감정을 회피하기 위해 강박적으로 집안을 청소했다. 그다음에는 식이와 운동을 꼼꼼히 체크했는데, 이 싸움에서 그녀가 언제나 이기지는 못했다. 진전은 아주 느렸다. 그러나 이 과정을 안전하게 진행하는 것이 무엇보다 중요했다.

고통스러운 감정이 더욱더 거세지던 어느 날 대니얼은 이렇게 말했다. "저는 이 감정을 견뎌내야 해요. 그러고 싶지 않아요. 두려워요. 올바른 선택을 하고 있지도 않아요. 아무것도 먹고 싶지 않고, 청소를 너무 많이 하고, 운동도 몸을 다칠 정도로 너무 심하게 하고 있어요. 가족에게도 저 자신에게도 저는 보이지 않는 존재 같아요."

우리 두 사람은 가만히 자리에 앉아 있었다. 그녀는 아무런 판단 없이 감정이 수면 위로 떠오르게 내버려두었다. 검열 없이, 수치심 없이. 그녀에게는 슬퍼할 일들이 너무 많았다. 그녀는 아주 천천히 눈물을 흘리기 시작했다. 흐느낌이 잇따랐다. 나는 그저 그녀를 꼭 안아주었다.

대니얼은 현재에 머무르며 감정이 수면 위로 떠오르길 허락한 마음챙김의 순간에 안도감을 얻었다. 수년간 숨겨왔던 감정들을 드디어 놓아줄 수 있었다.

깊은 고통을 느끼는 건 유쾌한 일이 아니다. 아프다. 극도로 나약해진 기분이 든다. 기쁨을 느끼는 것은 멋진 일이다. 그러나 기쁨 역시 결국은 지나간다. 감정이란 왔다가 사라지는 것이다. 그럼에도 감정들은 하나의 표지다. 이전에 당신에게 중요한 것이 무엇이었는지, 좋은 쪽으로건 나쁜 쪽으로건 당신이라는 사람을 만들어낸 것이 무엇이었는지 보여주는 것이다. 대니얼은 그날의 상담 이후로도 계속 나아가면서 더 깊은 차원의 두려움을 나누고 이야기할 수 있는 사람이 되었고, 중대한 변화를 이루어낼 준비를 마쳤다. 당신 역시 이미 그 과정을 시작했다.

마음챙김이란 현재와 연결되는 것임을 기억했으면 한다. 이 기법은 '행동하기'가 아닌 '존재하기'를 위한 것이다. 마음챙김의 첫 출발은 자각이다. 감정이 떠오르면 이렇게 말해보자. "나는 내가 슬프다는 것을 자각한다." "나는 내가 외롭다는 것을 자각한다." "나는 내가 안도한다는 것을 자각한다." 가물가물하기만 한 저 먼 빛을 향해 서서히 다가가는 것이다. 그 감정을 향해 안전하게 나아가는 동안 감정을 한층 더 깊이 경험하게 된다.

성찰 25 **마음챙김 수련**

마음챙김은 어느 순간에나 할 수 있습니다. 내 몸이 의자 위에 어떻게 앉아 있는지를 자각할 수도 있고, 음식을 천천히 먹으면서 맛을 음미할 수도 있습니다. 명상이란 단지 집중하는 방식 중 하나일 뿐입니다. 헤드스페이스, 캄, 10퍼센트 해피어 등 마음챙김 앱이나 명상 앱을 사용해서 자꾸만 떠오르는 자의식, 그리고 마음챙김에서 '원숭이 마음'이라고 부르는 이리저리 날뛰는 마음을 잠재워봅시다.

이 책에서 인용한, 마음챙김 전문가 존 카밧진은 웹사이트를 통해 다양한 주제와 길이의 명상 및 마음챙김 수련을 제공하고 있습니다. 웹사이트를 찾아 한 가지를 골라 수련해봅시다. 마음을 다루는 능력에 대한 자신감이 생길 것입니다. 연습을 하면 더 나아집니다. 그러나 누구도 결코 완벽해질 수는 없습니다.

우리는 앞으로도 마음챙김 수련을 언급할 것이다. 다음 장에서는 '몰입' 단계에 관해 이야기해보자. 몰입이란 완벽하게 숨겨진 우울을 치유하는 작업에서 가장 중요한 단계 중 하나다. 우리는 위험을 무릅쓰고 앞으로 나아가는 일이 가져올 수 있는 장단점을 이야기해볼 것이다.

2단계

몰입하기

"달라지는 게 무서워…
실패하면 어떡하지?"

"허는 깜깜한 복도를 내려다보다가 자신의 두려움을 알아차렸다. 저 앞에 무엇이 기다리고 있을까? 아무것도 없을까? 아니면 위험이 도사리고 있을까? 허는 자신에게 일어날지도 모를 온갖 무서운 일을 상상하기 시작했다. 겁이 나서 죽을 것 같았다. 그러다 혼자 웃음을 터뜨렸다. 두려움은 상황을 더 나빠지게 할 뿐이라는 것을 깨달았기 때문이다. 허는 두려움을 느끼지 않았더라면 했을 법한 일을 했다. 새로운 방향으로 나아간 것이다."

스펜서 존슨, 『누가 내 치즈를 옮겼을까?』

몰입에는 당신과 다른 사람 내지 다른 무엇 사이의 약속이나 계약이 필요하다. 결혼 서약, 직업이나 목적을 위한 전념, 아이들에 대한 헌신처럼 말이다. 몰입의 대상은 당신에게 중요한 어떤 것이다. 깊이 연결된 느낌을 얻기 위해, 몰입에 걸맞은 시간과 노력을 기꺼이 투자할 만큼 중요해서, 특별히 더 책임감을 느끼고 더 헌신하기 위해 스스로를 밀어붙일 만큼 말이다.

완벽하게 숨겨진 우울의 치유 작업이란 곧 스스로에 대한 몰입이다.

'성찰' 과제로 이 단계를 열어보자.

성찰 26 **몰입에 대해 성찰하기**

지금까지 잘해주셨습니다. 몰입해주셨네요! 그러면 이제 당신이 살아오면서 몰입했다고 생각한 다른 것들은 무엇이 있는지 살펴봅시다.

과거에 당신이 몰입했다고 느꼈던 생각, 단체, 신념, 사람 들이나 목적을 목록으로 만들어봅시다. 지금과 거의 비슷할 수도 있고 엄청나게 달라졌을 수도 있습니다. 이 몰입을 통해 당신이 배운 것은 무엇인지도 적어봅시다. 모든 몰입의 결과가 좋을 수는 없습니다. 반면 좋은 결과를 낳을 수 있는 것들도 있고요. 혹시 이런 몰입 중 당신의 자기돌봄을 방해한 것들이 있을까요?

몰입을 지속하는 데 도움이 된 것들은 어떤 것들입니까? 당신이 포기한 몰입은 어떤 것들일까요? 당신이 이 작업에 몰입할 수 있도록 한 것들은 무엇이었습니까?

걸림돌을 딛고 몰입으로 나아가기

앞장에서 우리는 부정이 자각과 마음챙김을 방해할 수 있다고 이야기했다. 부정과 낙인에 대한 두려움은 치유를 향한 몰입을 가장 크게 방해하는 걸림돌이다. 몰입을 향해 나아가는 길에 만날 수 있는 다른 걸림돌들은 또 무엇이 있을까?

다음은 완벽주의와 밀접한 다섯 가지 걸림돌이다.

- 몰입이 지나쳐서, 흔들렸을 때 수치심을 느끼며 그만두는 것
- 처음부터 너무 어려운 목표를 세우는 것
- 혼자 힘으로 해내려고 그 과정에서 필요한 도움을 구하지 않는 것
- 스트레스가 가중될 때 기존의 대처 전략을 포기해야 할지도 모른다는 두려움에 시달리는 것
- 두려움과 스트레스로 인해 다른 정신질환들이 악화되는 것

이제 이런 걸림돌에 넘어지지 않으려면 어떤 전략을 세워야 할지 구체적으로 이야기해보자.

엄격한 몰입에 의도라는 새 이름 붙이기

치유를 위해서는 행동의 변화가 필요하다. 그러나 변화에 대한 몰입이 완벽하게 해내야 하는 숙제가 되어버리면, 실수를 하거나 힘들어질 때 이 과정 자체를 포기하게 될 가능성이 높

다. 이 부분을 수월히 건너기 위해 우선 '몰입'을 '의도'라고 새로이 정의해보자.

몰입이란 맹세, 약속, 의무감과 관련된 개념이다. 그렇기에 성공과 실패라는 경직된 잣대가 금세 생겨나고, '난 여기에 몰입하기로 했으니 반드시 지켜야 해'라고 생각하기도 쉽다.

의도란 목표이자 목적이지만 본질적으로 보다 유연한 것이다. 의도가 꼭 선명할 필요는 없다. 의도 역시 몰입하겠다는 의지지만 어느 정도 융통성이 있다. 도중에 새로운 정보를 알게 되면 이 의도를 바꿀 수 있다.

대니얼 시겔은 『알아차림』에서 그 자신이 "친절한 의도"라고 이름 붙인 것에 초점을 맞출 때 어떤 변화들이 일어나는지 이야기한다. "의도는 정신이 악의나 친절에 대비할 수 있게 해주고, 우리의 내면세계, 우리가 맺는 관계들의 세계를 형성한다… 의도가 어떻게 빛나는가가 우리의 주의가 향하는 곳, 신경의 활동이 흘러가는 곳, 신경과 대인 관계의 연결이 자라나는 방식을 결정짓는다."

이 이야기에 담긴 신경생리학이나 철학을 너무 깊게 파고들지는 말기로 하자. 일단 나부터가 헷갈릴 것 같다. 어쨌든 당신이 과거의 몰입에 어떻게 응했는가를 생각해보는 것은 흥미롭다. 성찰 일기를 쓰면서 당신은 무엇을 알게 되었는가? 몰입이 융통성 없는 의무로 탈바꿈하지는 않았나? 완벽하지 않다는 이유로 그만두거나 숨어버린 적은?

의무가 무조건 나쁜 것은 아니다. 오해하지 말았으면 좋겠다. 몰입은 당신이 무엇에 가치를 두는가에 단단하게 뿌리내리고 있다. 이 가치가 우리를 다른 사람들과 비슷하게 또는 다르게 정의한다. 그러나 당신은 자신 안에 확고하게 새겨진 완벽주의 때문에, 자신의 무엇이 변하기를 원하는가뿐 아니라 이를 어떻게 변화시켜야 하는지도 생각해야 한다. 그것은 친절함을 통해 이루어질 수 있다.

무언가를 하고자 하는 의도가 있지만 그 일을 해내지 못할 때 당신은 수치심(나 자신이 '나쁘다')보다는 죄책감(이 행동이 '나쁘다')을 느끼게 될 것이다. 그런데 이것도 문제다. 당신 같은 완벽주의자라면 실패한 의도 역시 자기혐오의 빌미로 삼게 될지 모르니 말이다.

나 역시 평생 완벽주의로 괴로워해왔다. 이 완벽주의는 심지어 아무것도 아닌 생각이나 행동에도 끼어든다. 예를 하나 들어보자. 어느 날 저녁 나는 최근 힘들어하고 있던 친구에게 전화를 하려고 했던 것이(나의 의도가) 뒤늦게 기억났다. 그런데 온종일 환자를 보느라 말 그대로 까맣게 잊어버리고 말았다. 그 순간 스스로에 대한 경멸과 질책이 쏟아져나왔다. 너무 갑작스러운 일이라 비난하는 목소리에게(그렘린을 잊지는 않았겠지?) 휘둘리고 있다는 사실을 알아차리지도 못할 지경이었다. 그럼에도 나는 너무 늦기 전에 마음을 다잡았다. "잠깐만, 밥." 나는 이렇게 말했다. (내면의 목소리에게 어떤 이름을 붙였는지 기억나는지? 내 그렘린의 이름은 밥이다.) "메모를 해놓고 내일 꼭 전화 걸 거야. 나는 누군가가 가장 먼저 찾는 존재가 되고 싶거든. 앞으로도 사려 깊게 행동하려고 노력할 거야. 그러니까 그 입 좀 다물어!"

밥에게 사라지라고 하는 내 말 속에서 내가 나 자신에게 친절함을 발휘했다는 사실을 느낄 수 있었으면 좋겠다. 나에게는 전화 걸 의도가 있었다. 나도 인간이기에 그 의도를 잊고 말았다. 완벽주의자가 아닌 사람들은 실망감을 느끼며 오늘 못한 일을 내일 완수하겠다는 의도-의지를 새로이 다진다. 수치심이 나를 짓씹어 뱉어버리게 하는 것이 아니라.

여기서 정말 문제가 되는 것은 무엇일까? 실수를 하거나 잊어버리거나 잠시 결심이 약해졌을 때 수치심에 휩싸여 그만두는 것이다. 다시금 완벽주의적인 행동들로 되돌아가는 때가 반드시 올 것이다. 때로 당신은 감정을 표현하기조차 힘들어서, 마음챙김의 자세로 감정에 집중하기란 더더욱 어려울 것이다. 완벽하게 숨겨진 우울을 겪는 사람들은 이렇게 말하곤 한다. "시간이 너무 오래 걸려서 힘들어요. 몇 주나 했잖아요." 치유 과정에 필요한 건 시간, 아주 큰 인내심, 스스로에 대한 친절함이다.

이 일이 당신이 완벽하게 해내야 하는 또 하나의 숙제가 아니라는 점을 기억하자.

성찰 27 내 의도와 몰입 점검하기

의도와 몰입이라는 개념을 어떻게 받아들였는지 자유롭게 써봅시다. 어쩌면 이런 생각으로 가득할지도 모르겠습니다. '대체 무슨 소리야? 몰입이 나쁜 거라고? 내가 무엇에 몰입하는가는 내가 무엇에 가치를 두는가를 반영하고 있다고. 난 절대 내 가치를 포기하지 않을 거야.' 이런 생각이 든다면 이 이야기도 써보고 어떤 감정이 드는지 살펴보세요. 지나친 책임감에 시달리고 있는 당신은 좀 더 친절하고 유연한 태도를 받아들이기가 힘들 수도 있습니다.

당신이 몰입하고 있다고 믿는 것과 당신이 의도한 것들을 적어봅시다. 이 두 가지는 어떻게 다를까요? 때때로 몰입을 하지 않거나 할 수 없는 경우 당신은 어떻게 반응합니까? 그것이 당신의 완벽주의와는 어떻게 연관되어 있을까요?

스스로에게 좀 더 친절해졌을 때 어떤 기분이 듭니까? 스스로에게 수치심을 주는 말 대신 해줄 수 있는 말은 무엇이 있을까요? 잠시 이런 생각들이 가져다준 감정들을 마음챙김의 자세로 바라봅시다.

간단한 목표부터 시작하기

완벽주의자인 당신은 시작부터 최대한 어려운 목표를 세우고 싶을 것이다. 하지만 변하기로 마음먹은 이상 어려운 목표부터 시작하지 않는 것이 좋다. 쉽게 이룰 수 있고, 불완전하며 취약한 자신을 자신 있게 시험할 수 있는 작은 것부터 한 걸음씩 나아가보자. 성공할 수 있다고, 희망을 가지겠다고 마음을 다잡는 것도 잊지 말자.

목표를 정하기 위해 앞으로 되돌아가 '성찰 12'에서 완벽하게 숨겨진 우울의 열 가지 특성 중 당신이 가장 크게 의존하고 있다고 느낀 특성을 살펴보자. (단, 만약 당신이 '다른 정신건강 문제'를 1위로 꼽았다면 건너뛰고 2위에 해당하는 특성을 보기 바란다. 다른 정신장애에 대해서는 책의 후반부에서 다시 이야기할 것이다.)

이제는 이 특성을 살짝 바꾸어볼 수 있는 의도는 어떤 것들이 있을지 생각해보자. 예를 들면, "스스로를 불쌍하게 여기지" 않으려고 자꾸만 당신 인생의 좋은 점을 되새기는 습관이 있다면, 어떻게 하면 그 습관에 도전할 수 있을지 생각해보자.

지금은 그저 머릿속으로 변화하는 나의 모습을 그려보자. 그 모습을 있는 그대로 느끼자. 의도를 설정하고 이를 따라가는 나를 상상하는 동안 정서적으로 어떤 일이 일어나는가에 주의를 기울여보자.

성찰 28 **목표 수행하기**

이번에는 당신이 가장 변화시키기 쉽다고 생각한 특성을 명확하게 알아보고, 이를 대체할 수 있는 행동을 정해봅시다. 예를 들어 다른 사람들의 행복에 집중해주면서 스스로의 내면세계에는 행복하기를 허락하지 않는다는 특성을 변화시키고 싶다고 해봅시다. 이때 당신을 실망시켰거나 슬프게 한 적 있는 사건을 다른 이들에게 털어놓을 수 있습니다.

취약해지는 것이 당신의 목표입니다. 이 책을 읽고 있다고 털어놓을 의도로 친구에게 커피를 마시자고 문자메시지를 보내보세요. 괴롭다는 생각이 들거나, 아직은 도저히 스스로 취약함을 무릅쓰게 '만들' 수 없다고 해도 걱정할 필요는 없습니다. 하지만 최소한 그런 의도를 마음에 담아봅시다. "천 리 길도 한 걸음부터"를 잊지 마세요. 참을성을 잃지 말고 끈질기게 나아갑시다. 각자의 때에 목표에 도달하게 될 것입니다. 행운을 빌어요!

필요한 것 부탁하기

당신은 살면서 타인에게 부탁이라는 것을 해본 적이 거의 없을 것이다. 당신은 무엇이든 혼자 힘으로 하는 것이 익숙하다. 자족적인 사람으로 보이려고, 집단에서는 문제 해결사로 보이려고, 아니면 책임지고 일을 처리하는 사람으로 보이려고 노력해왔다. 당신은 다른 사람을 돕는 사람이고 싶다. 당신은 완벽주의적 충동 때문에 당신에게 일어나는 문제, 특히 혼란스럽거나 막막한 감정과 관련된 문제들을 숨겨왔다. 당신이 이 책을 집어들었다는 사실 자체가 작은 기적이다. 어쩌면 이 책의 도움을 받는 것이 당신이 실패했다는 증거라고 느낄지도 모른다.

하지만 혼자 해내고자 하는 마음 역시 당신의 치유 과정에 놓인 작은 걸림돌이다. 당신이 완벽하게 숨겨진 우울에 시달리는 까닭 중 하나는 당신에게 필요한 것을 신뢰할 만하고 지지해주는 타인들에게 부탁하지 않았기 때문이다. 이제 지지의 네트워크를 만들 때다.

트라우마를 마주하는 것은 굉장히 힘든 일이다. 어쩌면 당신은 '트라우마'라는 단어를 읽자마자 얼굴을 찌푸렸을지도 모르겠다. '트라우마라는 단어는 쓰지 않을래, 나에게 일어난 일에 비해 너무 드라마틱하잖아' 하고 생각할 수도 있다. 하지만 당신이 오랫동안 자신의 고통을 평가절하해왔다는 사실을 잊지 말았으면 한다. 고통을 축소시키는 일은 쉽게 그만두기 어렵다. 인생에서 일어나는 일들을 별것 아니라고 치부하는 경향이 있으니 말이다. 그런 당신을 위해 진정한 자신을 숨겨왔던 다른 사람들의 이야기를 해보려고 한다. 이야기를 읽으면서 그들의 고통과 상실, 표현 못하고 억누른 비통함이 느껴질까? 분명 그럴 거라고 생각한다. 그게 바로 트라우마다! 부탁이니

다른 사람들의 고통을 헤아리는 그 잣대를 당신 자신의 고통에도 대주길.

먼저, 당신과 마찬가지로 완벽주의 성향을 가지고 있었던 내가 이 년 전 겪었던 경험을 나누어보려고 한다.

“ 마거릿(나) 이야기: 출구 찾기

나는 여러 심리치료사들과 함께 정신건강의학과 입원치료센터를 방문했다. 센터에서 우리에게 치료 프로그램을 먼저 체험하고 활동과 수업에도 참여해보기를 권했기 때문이다. 나는 잔뜩 들떠 있었다.

첫날 밤, 저녁식사가 끝난 뒤 우리는 잠겨 있는 커다란 두 개의 문 앞에 모였다. 이제 출구가 하나뿐인 미로 속으로 들어가게 된다고 했다. 이 미로에는 분명히 출구가 있다고, 그 출구를 찾는 것이 우리의 과제라고 했다. 우리는 안대를 쓴 다음 방 안에 있던 안내자를 따라 미로 속으로 들어갔다. 손에는 밧줄 비슷한 것이 만져졌다. 규칙이 몇 가지 있었다. 밧줄을 놓거나 밧줄 아래로 지나가지 말 것. 출구를 찾을 때까지 밧줄을 따라갈 것. 그리고 말은 한마디도 하지 말 것. 출구를 찾았거나 필요한 게 있으면 손을 들고 누군가 다가오기를 기다리라고 했다.

잔잔한 음악이 흘렀다. 우리는 더듬거리다가 서로 부딪치면 불안하게 웃음을 터뜨렸다. 머릿속으로 내가 어디에서 와서 어디로 가고 있는지 패턴을 상상하려 애쓰며 나아갔지만 아무리 가도 출구는 나타나지 않았다. 나는 내가 똑똑하게도 정답을 알아냈다고 생각하며 손을 들었다.

"포기하는 것이 바로 출구인가요?" 규칙을 깨는 것이 밖으로 나가는 방법일 거라고 생각하며 내가 물었다.

"아닙니다."

나는 다시 출구를 찾아다녔지만, 어쩐지 '출구'를 찾았다고 자기들끼리 속삭이는 사람들이 늘어나는 것 같아 점점 불안하고 초조해졌다.

나는 또 한번 손을 들었다. "정답은 '출구란 존재하지 않는다'인가요?"

"아니에요, 마거릿. 계속 찾아보세요."

마음의 동요가 커지면서 감정이 격해졌다. 창피했다. 그러다가 발길을 멈췄다. 드디어 알아낸 것이다. 나는 마지막으로 다시 한번 손을 들었다.

그리고 눈에 눈물이 고인 채 속삭였다. "도와주세요."

그게 바로 출구였다. 내게 도움이 필요하다는 사실을 인정하는 것 말이다. 너무나도 단순한데도 스스로에게 허락하지 않아 보이지 않았던 출구였다. 나는 목적의식으로 가득 차 나의 자아가 인정받는 것, 내가 문제를 해결하는 것에만 집중한 나머지 타인에게 도움을 요청한다는 단순한 해답을 무시한 것이다. 그 경험은 심리치료사로서뿐 아니라 나라는 한 인간에게 큰 교훈을 남겼다. 너무나 감동적인 경험이었기에 그주 주말에는 다른 사람들에게 훨씬 더 마음을 열 수 있었다.

우리 모두 도움이 필요하다. 당신은 혼자 힘으로 해내려고 여기까지 온 게 아니다. 완벽하게 숨겨진 우울을 경험한 다른 사람이 책 속 여기저기에서 나와 당신을 도울 것이다. 그러다 언젠가는 당신 또한 다른 누군가를 돕게 될 것이다.

성찰 29 **인생이라는 미로**

일기를 펼치고, 당신이라면 미로 속에서 어떤 경험을 했을 것 같은지 써보세요. 미로 속에 들어가본 적이 있습니까? 만약 있다면 미로 속에서 당신은 불안했습니까? 다른 사람들이 길을 찾아 헤매는 모습을 볼 때 어떤 기분이 들었습니까?

좀 더 일반적인 질문으로 넘어가보겠습니다. 당신은 도와달라는 부탁을 잘 하는 사람입니까? 잘 할 수도 있고 아닐 수도 있겠지요. 과거를 돌아보며 당신이 도움을 요청했던 순간과 그러지 않았던 순간들을 떠올리고 써보세요. 왜 도움을 청하지 못했습니까? 지금은 타인에게 도움을 요청하는 일에 대해 어떻게 생각합니까?

필요한 것을 부탁하는 건 중요하다. 믿을 수 있는 한 사람과 치유의 여정을 나눌 수 있다면 어떤 기분이 들까? 당신의 몰입과 의도를 원하는 대로 이루려면 이야기를 나누고, 생각을 주고받고, 안심을 시켜주며, 도움을 요청할 상대가 반드시 필요하다. 어쩌면 아직은 준비되지 않았을지도 모른다. 그래도 괜찮다. 하지만 믿을 수 있는 사람을 찾는 게 중요하다는 사실을 염두에 두면 좋겠다. 당신도 모든 걸 혼자서 해나가려 하는 습관을 변화시키고 싶을 것이다. 조금씩 연습해나가면 타인들과 좀 더 완전하게 관계 맺는 법도 알게 될 것이다.

중요한 것은 이 여정을 누구와 시작하느냐가 아니다. 당신이 자신만의 속도로 타인과 함께하기 시작하는 것이 중요하다. 우선 당신의 이너서클에 속한 사람들 중에서 찾아보자. 아니면 심리치료사처럼 믿을 수 있는 안내자이자 지지자가 되어줄 사람과 함께하는 것도 좋다.

변화와 안정의 균형 맞추기

완벽주의와 완벽하게 숨겨진 우울이라는 익숙한 패턴에 도전하고 이를 변화시키는 전 과정 속에서 당신은 변화 욕구와 안정 욕구 사이에서 안전한 균형을 찾아야 한다. 막대기 빼기 같은 옛날 게임, 아니면 보다 요즘 게임인 젠가를 생각해보자. 이런 게임에서 이기려면 어떤 막대기나 젠가 블록을 빼내야 전체가 무너지지 않을지 신중하게 계산해야 한다.

완벽하게 숨겨진 우울을 겪는 사람은 도전에 직면하게 된다. 어디서부터 변화를 시작할지 결정하고, 스스로를 연민하는 마음으로 쓰고 있던 가면을 천천히 벗어내고, 그 자리에 한층 더 건강하고 열려 있고 보다 취약한 자기 자신을 내세우는 도전이다. 너무 서둘러 가지 않아도 좋다. 다시 말하지만 당신이 했던 행동들은 자기 자신을 숨기기 위한 것이었다. 그 행동들을 바꾸려 들면 여태 숨겨져 있던 감정들을 느끼게 되거나 고통스러운 기억을 떠올리게 될 가능성이 높다.

잠시 로라의 이야기를 나누어보자. 로라의 이야기는 새롭게 변해가는 과정이 어떤지, 이때 어떤 것들이 드러나는지 잘 보여준다.

“ 로라 이야기: 긍정적인 변화가 남긴 것

로라는 오십대 여성이다. 오랜 기간 정서적 학대를 겪었지만 평화를 유지하기 위해서 남편과의 갈등을 모두 자신 탓으로 돌렸다. 그녀는 열심히 아이들을 키우고, 지역사회 여러 기관에서 자원봉사를 하고, 리모델링 전문 인테리어 디자인 업체를 운영했다. 로라의 업체를 이용할 비용이 없는 사람들에게 무료 서비스를 제공한 적도 여러 번 있어서, 그 도시에서 마음이 넓은 사람으로 이름을 날렸다.

로라는 치유의 시작으로 과도한 책임감을 떠맡는 습관을 바꾸는 데 도전했다. 로라는 이렇게 말하며 웃었다. “대단치 않을지는 모르지만, 이달에 전문경영인기구 회의에 갔어요. 곧 있을 입찰식 경매를 맡을 자원자가 있느냐고 묻더군요. 물건을 모으고 경매 행사의 전반적인 준비를 맡는 일이요. 저는 손을 들지 않고 엉덩이 아래에 두 손을 깔고 앉은 채로 가만히 있었어요. 말 그대로 제 손을 깔고 앉아 있었다니까요."

회의가 끝난 뒤 어떤 일이 일어났는지도 말해주었다. "차에 탔는데 갑자기 눈에 눈물이 고였어요. 부끄러웠죠. 다른 사람들도 바쁜 건 마찬가지잖아요. 그렇다면 저도 제 몫을 했어야 했다는 생각이 들었어요. 하지만 거기까지 생각하고 그만뒀어요. 저는 왜 늘 제가 더 많이 일해야 한다는 기분이 드는 걸까요?"

이 질문에 대한 답은 곧 드러났다. 로라는 어린 시절 입양되어 부모의 사랑을 듬뿍 받으며 자라났다. 하지만 부모는 로라가 정말 운이 좋았다고, 만약 자신들에게 입양되지 않았더라면 지금 누리는 것들을 하나도 누리지 못했을 거라고 자꾸 되새겨주었다. 로라의 가치는 그녀 안에 있는 것이 아니라 자신들의 관대함에 달려 있는 거라는 메시지를 어린 로라에게 끊임없이 심어주었던 것이다. 그 논리에 반박할 길은 없었다. 합리적으로 판단하면 그 말은 사실이었다. 그들이 로라를 입양했으니까. 그래서 로라는 자신을 입양해준 부모에게 끊임없이 고마워해야 했다.

로라가 타인을 위해 끝없이 에너지를 투자하고자 했던 것은 어린 시절 느낀 불안함 때문이었다는 사실을 깨달은 것은 바로 그때였다. 마침내 로라는 자신이 아무것도 증명할 필요가 없음을 깨달았다. 그녀는 사랑받을 가치가 있었다. 그저 엉덩이 아래에 두 손을 깔고 가만히 앉아 있었던 경험이 굉장한 통찰과 자기자비를 향한 길을 열어주었다.

이 여정을 거치는 동안 당신에게도 로라처럼 연결의 순간들이 일어날 것이다. 이 새로운 계시와 연결을 만들어나가는 방법, 그 고통에 대처하는 방법은 나중에 다시 이야기하도록 하자. 지금은 변화하고자 하는 욕망과 안정적이고자 하는 욕구 사이에서 균형을 맞추는 과정 중 일어날 수 있는 문제들을 살펴보겠다. 우선 작지만 무척 중요한 단계들을 축소하고자 하는 경향에 대해 살펴볼 것이고, 다음으로는 어떤 변화에서든 흔히 일어나는 일인, 기분이 나아지기 전 나빠지는 현상에 대해 알아보자.

작지만 꼭 필요한 변화 인정하기

다시 한번 말하지만, 당신은 완벽주의자이므로 작은 변화들을 대단치 않은 것으로 평가절하하기 쉽다. 그러나 그렇게 해서 얻을 것은 수치심뿐이며, 수치심 때문에 가던 길을 멈추게 될 공산도 크다. 부탁이니 당신이 하고 있는 일이 별것 아니라고 치부하지 않았으면 한다. 당신이 이루어내는 변화들이 당신

눈에 아무리 '작은' 변화더라도 중요하다는 사실을 인정해주자.

로라의 이야기에서, 그녀가 자신이 해낸 새롭고 상당히 놀라운 행동을 "대단치 않을지는 모르지만"이라며 평가절하했다는 사실을 당신도 알아차렸을까? 이런 태도는 당신의 몰입과 의도를 엇나가게 만들 수 있으니 주의하기 바란다. 이런 어려움은 완벽하게 숨겨진 우울을 겪는 사람들에게는 아주 크게 느껴질 수 있다. 이 어려움이 자기 자신을 생각하는 방식과 다른 이들이 당신을 바라보는 방식을 '재건'하는 벽돌이라고 생각했으면 좋겠다.

성찰 30 이 책을 읽기 시작한 뒤 새로이 드러난 것들

'성찰 9 내 정서적 벽장에는 무엇이 들어 있을까?'로 돌아가 읽어 보세요. 지금은 그 상자에서 아무것도 꺼내지 않아도 됩니다. 하지만 스스로 이런 질문을 해보았으면 합니다. 처음 이 책을 읽기 시작했을 때는 보이지 않았던 상자들 중 지금은 보이는 것들이 있나요? 아니면 그때 그렸던 상자들을 바꾸고 싶다는 생각이 드나요?

그린 상자들을 지우거나 바꿀 필요는 없습니다. 일기에 새로 쓰거나 그리면 됩니다. 지난번 답변과 지금 답변이 다를 수도 있습니다. 달라진 점이 없어도 괜찮고요.

기분이 나아지기 전에 나빠질 수 있다는 사실 깨닫기

심리치료를 하다 보면 이런 말을 들을 때가 많다. "상담실에 처음 들어왔을 때보다 기분이 더 나빠졌어요." 심리치료나 내 도움의 효과가 미심쩍게 들리겠지만, 변화란 원래 그렇게 일어난다. 감정의 도가니를 휘저으며 익숙한 신념 체계에 서서히 도전하다 보면 스트레스를 받을 수밖에 없다. 자기 자신에 대한 확고한 통제를 포기하기로 했으니까. 불편함, 초조함, 혼란을 겪을 수 있다. 지금까지 알고 있다고 생각했던 것들을 모르게 된다. 당신의 삶과 선택에 관한 지금까지의 생각을 의심하게 된다. 그런 만큼 한동안 불편해지는 것이 당연하다.

이 지점에서 스트레스가 심해 심리치료를 그만두는 사람들도 있다. 각자 위치한 지점이 바로 그곳이기에 나는 그 선택을 존중하고 지지하려 한다. 그렇기는 해도 기분이 나아지기 전에 일단 기분이 나빠지는 일은 치유 과정에서 당연히 겪고 지나가야 하는 부분이다.

이 여정은 오로지 당신의 것이기에, 새로운 존재 방식을 만들기 위해 애써 책을 읽고 일기를 쓰는 당신은 기분이 나빠진다는 사실이 무척 실망스러울지도 모르겠다. 당신의 파트너나 배우자도 그 실망감을 알아차릴지도 모른다. "평소에는 밝았잖아, 무슨 일 있어?"

이런 상황에서 사람들은 링에서 내려와 익숙한 곳으로 돌아가고 싶어한다. 다음 과제를 하면서 속상한 기분에 굴하지 않고 처음 다짐을 되새기고 앞으로 나아갈 수 있기를 바란다. 이 장의 도입부에 인용한 허의 이야기가 기억나는지? "허는 두려움을 느끼지 않았더라면 했을 법한 일을 했다. 새로운 방향으로 나아간 것이다." 겁이 나도 괜찮다. 하지만 두려움에 당신이 지배되지 않기를 당신 역시 바랄 것이다.

성찰 31 나의 만트라 사용하기

우리는 맨 처음 과제에서 만트라를 만들었습니다. 당신에게 의미가 있고, 당신이 나아갈 새로운 방향을 기억하게 해주는 말을요. 지금 그 만트라를 다시 읽어봅시다.

그 후로 많은 것들을 새로이 알게 된 당신은 만트라를 바꾸고 싶어할 수도 있고, 이 만트라가 아직 당신에게 꽤 유효할지도 모릅니다. 처음에는 떠오르지 않았던 만트라가 지금은 떠오를지도 모르고요. 당신의 만트라를 욕실 거울이든, 회사의 데스크톱 컴퓨터든, 스마트폰이든, 이 중요한 당신의 목표를 잘 상기시켜줄 만한 곳이라면 어디든 붙여주세요. 이런 식의 자기 확인은 단기적이거나 일시적인 괴로움이 몰려올 때 당신이 어디로 나아가려 하는지 떠올릴 수 있도록 도와줍니다.

당신이 겪고 있는 다른 정신질환 해결하기

기억하겠지만, 완벽하게 숨겨진 우울의 열 가지 특성 중 하나는 다른 정신장애를 동반할 가능성이다. 식이장애, 불안장애, 강박장애, 중독은 모두 통제, 통제를 잃는 것에 대한 공포, 불안을 회피하고자 하는 욕구의 일부다. 그렇기에 이런 질환들은 치유되고자 하는 당신의 의도에 영향을 미칠 수 있다. 따라서 당신에게 다른 정신질환이 있는 경우 이를 반드시 해결해야 한다.

앞장에서 등장한 대니얼은 이 작업을 하는 동안 정신질환이 더 심해질 수 있다는 것을 잘 보여준다. 만약 당신이 스트레스 해소법으로 지나친 걱정, 강박, 거식증을 비롯해 건강하지 못한 식이, 중독을 택한다면 안정 상태를 유지하기가 훨씬 더 어려울 수 있다. (앞서 이야기했듯 점점 더 불안정해지는 것 같다면 즉시 전문가의 도움을 받기 바란다.)

필요한 정신질환 치료를 별도로 받지 않았거나 현재 이 질환에 시달리는 중이라면 이 작업에 더 깊이 들어가기 전 먼저 해당 질환에 대한 치료부터 받기 바란다. 자신에게 솔직해져서 완벽하게 숨겨진 우울에 집중하겠다며 주객을 전도하는 것은 아닌지 살펴보기 바란다. 물론 완벽주의가 그 자체로 파괴적이지 않다거나 위험하지 않다는 뜻은 아니다. 그 부분은 이미 살펴보았다. 여기서 말하는 건 치료, 특히 자기주도적인 치료를 시작하기 전에 가능한 한 감정과 정신이 안정적인 상태인 것이 좋다는 것이다.

성찰 32 내가 안정되어 있는지 알아보기

잠시 시간을 들여 당신의 감정과 정신 상태가 어떤지 알아봅시다. 다음 질문에 대한 답을 일기장에 써보세요. '지금 당장 신경써야 하는 인생의 위기를 겪고 있는가? 만약 그렇다면 그 위기는 무엇이고 그 위기의 영향력을 줄이는 데 유용한 통제 가능한 것은 무엇인가? 내가 겪고 있는 정신장애는 무엇인가?'

잘 모르겠다면 잠시 시간을 들여 알아봅시다. (이 장애들의 진단 기준을 알고 싶다면 4장을 먼저 읽어도 좋습니다.) 당신은 자기주도적 여정을 계속할 수 있을 만큼 충분히 안정적인 상태입니까? 만약 당신에게 강박장애, 불안장애를 비롯해 다른 질병이나 중독이 있다면, 이 질환이 감당하기 어려워지기 전에 알아차릴 수 있는 경고 신호는 무엇일까요? 의료나 정신건강상의 도움을 받아야 하는 시점은 언제부터일까요?

대니얼의 이야기를 다시 한번 떠올려보세요. 대니얼은 청소에 지나치게 집착했고 거식증이 심했습니다. 대니얼에게는 그것들이 경고 신호였습니다. 만약 당신이 치료를 받는 중이라면, 완벽하게 숨겨진 우울을 치유하는 동안 안정된 상태를 유지할 수 있도록 의사나 심리치료사들과 상의하기를 권합니다.

다음 장에서는 당신의 기존 사고방식을 살펴보고 당신이 만들고자 하는 삶과 맞지 않는 신념들에 도전할 세부 단계들을 논의할 것이다. 당신은 새로운 존재 가능성을 스스로 열어가고 있다. 설레는 것을 넘어 짜릿하기까지 한 일이다.

3단계 나만의 규칙들 직면하기

"난 정말 나에게 너무 가혹해"

"우리는 부정적인 사고만큼 소위 긍정적인 사고라는 감옥에도 쉽게 갇힌다. 긍정적인 사고 역시 사람을 옭아매고 파편적이고 부정확하고 환상에 불과하며 틀릴 수 있다."

존 카밧진, 『존 카밧진의 왜 마음챙김 명상인가?』

'직면' 단계에서는 마음챙김을 활용해 지금까지 당신이 어떤 규칙들을 얼마나 경직된 방식으로 따라왔는가 자각해볼 것이다. 규칙을 따르는 것은 상자 속에서 사는 것과 같다. 처음에는 그저 정서적으로 생존하기 위해 필요했던 '꼭 해야 하는 것'과 '절대로 해선 안 되는 것'의 목록이 어느새 당신의 삶을 지배하게 되었다. 이 규칙들은 당신 주위에 벽을 세워 괴로운 감정이나 경험이 찾아오지 못하게 막아주었지만, 동시에 당신을 오도 가도 못하게 했다. 이 단계에서는 생각을 더 적극적으로 실천하고, 인생에서 선택의 감각을 자아낼 수 있도록 당신에게 용기를 불어넣어줄 것이다. 이 단계에서 하게 될 과제들은 시간이 상당히 오래 걸릴 수 있는데, 자각이 확장될수록 여러 번 다시 읽어보며 다른 변화들을 불러일으키게 될 것이다. 고된 작업이 될 테니 심호흡을 하며 마음을 정화시킨 다음 일기를 꺼내 시작해보자.

성찰 33 지금 이 순간에 존재한다는 것은 어떤 기분일까?

이 단계를 진행하는 동안 당신의 정신과 마음속에서 무슨 일이 일어나는지 시간을 들여 글로 써봅시다. 그리고 이렇게 말해봅시다. "오늘 나는 내가 생각하는 방식에 도전해볼 것이다." 그다음에는 당신의 비판적인 목소리이자 스스로를 의심하는 목소리가 뭐라고 속삭이는지 귀 기울여봅시다. "너무 어려워"라고 말합니까? 아니면 "인생이 너무 복잡해질 거야"라고 하나요?

두려움이나 불안감을 알아차리면서도 이를 감정적으로 부채질하지 않도록 노력해봅시다. 두려움을 살펴보고 이에 대한 합리적이고 논리적인 반응을 일기에 기록해봅시다. 예를 들면 "맞아, 힘들지. 하지만 예전에도 힘든 일을 해봤어" 아니면 "내 인생이 잠깐 복잡해질지도 모르지만 지금 내가 살아가는 방식은 너무 끔찍한걸"일 수도 있습니다.

당신의 만트라를 다시 읊어보아도 좋고요.

앞서 이야기했듯, 이 단계가 당신의 감정 상태와 밀접하게 연관되어 있다는 사실을 꼭 기억했으면 한다. 정신과 감정을 분리하는 것은 어렵지만, 이 책에서 말하는 치유 작업을 성공적으로 끝내기 위해 우리는 그 어려운 일을 시도해볼 것이다. 당신이 만들어내는 정신적 변화는 아마 새로운 감정과 불완전하다는 느낌을 자아낼 것이다. 그런 감정들이 중요한 단서가 된다. 지금은 이렇게 새로 느끼게 된 감정적 반응을 일기장에 기록해두자.

나의 규칙과 신념 직면하기

신념과 규칙의 차이를 알아보자. 규칙은 행동을 지배한다. 신념은 당신이 사실이라고 받아들이는 것들을 가리킨다. 신념과 규칙은 상호작용하는 개념이다. 신념이 규칙을 만들어낼 수도 있고, 규칙이 당신의 신념을 제약하거나 확장시킬 수도 있다. 당신의 규칙이 '나는 어떤 상황에서든 미소를 잃지 않는다'라면, 이 규칙은 '사람들은 내가 웃지 않으면 싫어할 것이다'라는 신념과 연결되어 있다.

당신의 완벽하게 숨겨진 우울을 규정하는 신념은 무수히 많다. 당신의 신념은 당신 고유의 것으로, 당신의 종교, 가족, 문화, 멘토, 국적, 성별, 성적 지향, 경험, 트라우마를 비롯해 당신이 믿는 것을 믿고 당신이 보는 것을 보게끔 영향을 준 그 모든 것들로 인해 만들어진 것일 터이다.

이 단계의 목표는 나의 규칙이나 신념이 건설적이고 유용한지를 알아보는 것이다. 다시 평가했을 때도 당신이 충만한 삶을 살도록 돕는 신념이라면 버리지 않고 계속 가져가도 좋다. 만약 그렇지 않다면, 그 신념이 당신을 옭아매고 있음을 인지하고 그 신념에 도전해 이로부터 자유로워지는 법을 배울 것이다.

이 단계는 앞으로 평생 해야 할 작업이다. 만약 당신이 이 책의 다른 부분은 무시하고 당신에게 도움이 되지 않는 신념들에 도전하기만 한다고 해도 나는 행복할 것이다. 이 변화는 그 정도로 중요하다.

새로이 선택해야 할 방향은?

완벽하게 숨겨진 우울이 불러온 왜곡된 규칙들을 따르지 않는다고 할 때 당신이 삶에서 얻고자 하는 것은 무엇인가? 당신이 어디로 가는지 아직 잘 모를 수도 있다. 그래도 원치 않는 것이 무엇인지는 알 것이다. 당신의 새로운 신념은 정확히 어디를 향한 것일까? 당신은 어느 방향으로 나아가고 있을까? 더 이상 자신을 숨기지 않아도 되는 곳으로 가려면 어떤 길을 따라가야 할까?

다음 문장의 빈칸을 채워보자. "내가 따르던 규칙을 바꿈으로써 나는 ______________________로 나아가고 싶다."

내 만트라 하나를 소개하겠다. "무엇을 하는가는 무언가를 한다는 사실 자체만큼 중요하지 않다." 중요한 것은 과정이고, 여정이며 그 여정 속에서 당신이 알게 되는 것들이다. 당신이 자기 자신과 삶을 더 새롭고 충만하고 관대한 방식으로 경험하기 시작했다는 사실이 여정의 종착지보다 중요하다.

이 과정이 수월하리라 착각하지 말자. 당신의 오래된 규칙은 갑자기 툭 튀어나와 관심을 달라고 요란하게 떠들 것이다. 이 규칙들이 수면 위로 불러 올리는 과정 자체가 힘겨울 것이다. 심지어 이 규칙들에 의문을 제기하는 것 자체가 잘못하는 것 같고, 마치 누군가나 무엇을 배신하는 것처럼 느껴질지도 모른다. 우리는 이렇게 당신이 마주칠 수 있는 걸림돌들에 대해 이야기했다. 이제 당신은 지금껏 당신을 보호했던, 당신의 현실을 만들어왔던 신념과 규칙을 새로이 평가하게 될 것이다. 이 규칙에 도전하는 것이 위험하고 두렵게 느껴질 수도 있다. 머릿속이 텅 비는 경험을 할지도 모른다.

다음 과제를 통해 도움이 되는 구조를 만들어보자.

성찰 34 나는 어디로 가는가? 그곳에 도달하려면 어떤 규칙을 따라야 할까?

다음 표에 나오는 것은 당신이 나아갈 열 가지 방향으로, 완벽하게 숨겨진 우울의 각 특성에 따른 바람직한 변화들의 예시입니다.

왼쪽 열에 나오는 신념은 당신에게 익숙할 수도 있는 자기파괴적인 예시들이며, 오른쪽 열에 나오는 신념은 당신에게 좀 더 도움이 되는 자기구성적인 예시들입니다. 이 예시들을 당신의 삶에 맞게 고쳐보아도 좋습니다. 중요한 것은 앞으로 나아가는 것임을 잊지 마세요. 우리가 초점을 맞추어야 하는 것은 목적지가 아니라 여정 자체입니다.

우리가 나아갈 열 가지 방향

		자기파괴적 신념	자기구성적 신념
01	나는 완벽주의의 통제를 느슨하게 만들고 싶다.	매사에 유능해 보여야 한다.	내가 실수를 한다는 사실을 받아들일 수 있다.
		불안한 것은 괜찮지만 우울하다는 사실을 인정할 수는 없다.	우울감이 든다는 사실을 인정할 수 있다.
		수치심은 내가 규칙을 지킬 수 있게 해준다.	수치심은 나를 앞으로 나아가지 못하게 한다.
		끊임없이 압박받는 상태를 유지하지 못하면 나태해질 것이다.	성취하기 위해 스스로를 밀어붙일 필요는 없다.

		자기파괴적 신념	자기구성적 신념
02	나는 다른 사람에게 주도권을 넘겨주고 싶다.	책임감을 느껴야 한다.	보조적인 존재인 것이 좋고, 팀의 일원이 되는 경험을 하고 싶다.
		타인을 실망시킬 수는 없다.	싫다고 말해도 된다.
03	나는 정서적 고통을 용인하고 싶다.	고통이 느껴지기 시작하면 영영 멈추지 않을 것이다.	나는 감정적 고통을 다룰 수 있다.
		감정 같은 건 중요하지 않고 이 상태가 좋다.	감정을 느끼는 것이 두렵더라도 그 두려움을 마주할 수 있다.
04	나는 태연해지고 싶고 걱정하지 않고 싶다.	나의 걱정은 내가 사랑하는 사람들을 안전하게 지켜준다.	나의 걱정은 내가 이 순간에 존재하지 못하게 만든다.
		통제를 잃은 모습을 보이면 약해 보일 것이다.	통제력이 있는 모습으로 보이려고 노력하면 할수록 나는 외로워진다.
05	나는 창의성과 놀이로 내 인생을 풍요롭게 하고 싶다.	긴장을 풀 수가 없다.	내 몸에 귀를 기울이고 휴식하는 법을 배우고 싶다.
		답이 있는 문제들이 좋다.	나의 창의력을 더욱더 알아가고 싶다.
		해야 할 일이 반드시 있어야 한다.	이 순간에 집중하는 법을 배우고 싶다.

		자기파괴적 신념	자기구성적 신념
06	나는 다른 사람이 내 정서적 세계에 들어오도록 허락하고 싶다.	다른 사람들은 내 문제를 부담스러워할 것이다.	나는 타인에게 내 말에 귀 기울일 기회를 줄 수 있다.
		내 가치는 내가 타인을 위해 무엇을 하느냐에 달려 있다.	건강한 관계에서는 주고받는 것 모두가 존재한다.
		자기 자신에게 집중하는 것은 이기적인 일이다.	자기를 자각하는 것과 이기적인 것은 다르다.
07	나는 자기자비를 실천하고 싶다.	나에게 일어난 일은 다른 사람들이 감당해야 하는 일에 비하면 아무것도 아니다.	나에게 일어난 일은 중요하다.
		과거는 과거다.	나는 과거의 고통을 느낄 수 있다. 그것은 중요하다. 나는 중요하다.
		고작 한 번 있었던 일일 뿐이다.	내게 일어난 일을 존중할 것이다.
08	나는 내 건강 문제를 받아들이고 관리하고 싶다.	내 불안은 내가 충분히 통제할 수 있다.	나는 내 증상이 얼마나 심각한지 알아차릴 수 있다.
		심리치료를 받는 것은 나약하다는 뜻이다.	나의 문제를 드러낼 힘을 받고 있다.

		자기파괴적 신념	자기구성적 신념
09	나는 긍정적인 것과 부정적인 것 모두를 보고 싶다.	자기연민을 거부한다.	장점에는 반드시 단점이 뒤따르고 얻는 것이 있으면 잃는 것도 있다.
		긍정적이기에 나는 맑은 정신으로 살아갈 수 있다.	경직된 긍정은 내가 스스로의 취약함을 느끼지 못하도록 막는다. 나는 취약함을 선택하고 싶다.
10	나는 관계 속에서 취약함과 친밀감을 쌓고 싶다.	진짜 삶은 텔레비전에서 보는 것과 다르다.	진짜 삶은 어수선한 것이다. 그래도 괜찮다.
		지금 우리의 관계를 바꾸는 것은 부당하다.	건강한 관계는 변화하고 성장하는 것이다.

자기구성적 신념들을 읽을 때 어떤 기분이 드는지 일기에 기록하고 되뇌보세요. 어떤 기분이 드나요? 생각이 변화하는 것을 자각할 수 있나요? 아까 이야기했던 "내가 따르던 규칙을 바꿈으로써 나는 ______________________를 향해 나아가고 싶다"라는 문장을 다시 살펴보세요. 지금 당신의 답변은 무엇입니까? 일주일 뒤, 한 달 뒤, 일 년 뒤에는 이 질문에 어떻게 대답할 수 있을까요?

경직되고 스스로를 제한하며 파괴적인 신념 알아보기

여러 다양한 책에서 인지행동치료Cognitive behavioral therapy 전문가들은 우울증 환자들에게서 눈에 띄게 나타나는 비합리적인 신념을 설명했다. 인지행동치료를 단순하게 설명하면 당신이 스스로에게 하는 말, 당신이 무언가에 대해 믿는 바에서 어떤 감정이 발생하는가를 보는 것이다. 스스로에게 하는 부정적이고 비합리적인 말들—당신이 믿는 것들—을 바꾸면 그 생각과 연결된 감정이 바뀐다. 그러면 그 바뀐 느낌이 당신의 행동에 큰 영향을 주고 그런 식으로 보다 건강한 안녕을 향해 나아가게 된다.

인지행동치료에 대한 고전적인 안내서를 꼽자면 데이비드 번즈의 『필링 굿』과 마이클 얍코의 『우울증 패턴 깨기』를 들 수 있다. 이 두 책은 모두 우울증으로 이어지는 왜곡된 사고를 인식시키고 이를 인지행동치료에서 말하는 '합리적' 사고와 신념으로 대체하라고 권한다. 이미 전문가들이 훌륭하게 연구하고 논의한 이야기를 이 책에서 반복할 필요는 없을 것 같다. 앞서 말한 두 권의 책을 찾아보고, 당신의 사고 속에서 어떤 왜곡이 일어나는지 알아보았으면 한다.

완벽하게 숨겨진 우울을 치료하기 위해 우리는 인지행동치료와 가족체계치료의 개념과 기법을 결합할 것이다. 가족체계치료는 아주 단순하게 설명하면 당신의 원가족이 당신의 과거에 어떤 영향을 미쳤고 그 여파가 오늘날 어떻게 남아 있는가에 집중하는 기법이다. 이 두 개의 거울을 완벽하게 숨겨진 우울 앞에 들이댔을 때 어떤 일이 일어나는지 알아보자.

내가 가진 신념 평가하기

이제 당신이 가진 신념을 검토할 네 가지 기본 수단을 알아보자. 각 기준마다 새로운 사실들이 드러나고 설명될 것이다.

① 내가 하는(하지 않는) 행동 이면의 명시적이거나 암묵적인 규칙 알아보기

규칙은 당신이 배운 바 또는 당신이 괜찮기 위해 해야 한다고 결정한 행동에 따라 생겨나는 경우가 많다. 이 규칙에는 당신의 정서적 생존 전략이 담기게 된다. 예를 들면 당신은 '하루에 두 번 이를 닦아야 한다'와 '동생에게 잘해주어야 한다' 같은 명시적인 규칙을 배웠을 것이다. 다른 규칙들은 이렇게 직접 들은 것이라기보다 '이해된' 것들이다. 우리 가족의 암묵적인 규칙으로는 "분노를 대놓고 표현해서는 안 된다"가 있었다. 실제로 누가 그 말을 입 밖에 낸 것은 아니지만 우리 집에서는 아무도 화를 내지 않았다. 또 화를 내면 "착하게 행동할 때까지" 방 안에 있어야 했다. 일곱 살 무렵 엄마와 아빠가 말다툼하는 소리를 들었을 때는 분명 두 분이 이혼할 거라고 확신했다.

문화, 종교, 학교 환경 같은 곳에서 얻은 신념과 규칙 역시 계속 가져가게 된다. 남성 또는 여성으로서 어떻게 행동해야 한다든지, 문화적 관습에 따라 어떤 규칙을 지켜야 한다든지 같은 것들 모두 잘 탐구해보자. 이때 이 중 어떤 신념과 규

칙은 긍정적이며 도움이 된다는 점을 기억하길 바란다. 당신이 할 일은 완벽주의, 당신 인생을 괴롭히는 강한 압박과 외로움, 정서적 고통에 대한 부정이 어디에서 왔는지 찾는 것이다.

잠시 트라우마에 관해 이야기해보자. 당신이 학대를 당했거나, 트라우마를 겪었거나, 방치된 경험이 있다면 당신은 자기 자신과 타인에 대해 무엇을 믿어야 하는가를 두고 가혹하고 비판적인 메시지를 흡수했을 것이다. 당신은 이렇게 생각할지도 모른다. '아무도 못 믿겠어… 난 이런 취급을 당해도 마땅해… 내게 일어난 일이 그렇게 심각한 일은 아니야… 전부 내 잘못이었어.' 이런 신념이 얼마나 깊이 스며들어 있는가를 결정하는 요소는 여러 가지다.

학대 가정에서 생긴 명시적이거나 암묵적인 규칙은 끔찍하며 당신을 극도로 조종하는 것일 수 있다. 이 규칙은 통제하기 위한 규칙이기 때문이다. 합리적이지 않은 규칙이다. 부모가 화가 나서 당신에게 '나쁜 아이'라는 꼬리표를 붙이고 '나쁜 아이는 밥을 먹을 수 없어'라고 말했을지도 모른다. 당신은 '착한 아이'가 되려 애쓰는 순간에도 배를 곯았을 것이다.

때로 규칙은 혼란스럽고 예고 없이 무작위적으로 바뀌기도 한다. 어떤 날에는 컴퓨터를 사용해도 괜찮았다가 다음날에는 사용할 수가 없는데, 그 차이가 무엇인지는 도저히 알 수 없다. 이렇게 자꾸만 바뀌는 규칙에 따르지 않으면 심한 벌을 받기에 당신은 혼란스럽고 겁에 질리고 말았다.

어떤 규칙은 학대나 방치 상황을 숨기기 위한 규칙이다. 아무도 아빠가 술을 마신다는 사실을 입 밖에 내지 않으며, 당신 역시 그런 말을 하지 않는 게 좋다는 사실을 은연중 '알고 있었다.' 냉장고에 음식은 없고 맥주만 가득해도 불평하지 않아야 한다는 사실을 알고 있었다.

당신이 학대를 겪었다면, 이 작업을 할 때 학대의 기억에 갇힌 신념과 감정을 처리하는 데 도움을 줄 심리치료사와 함께하기를 추천한다. 이 책이 성적, 육체적, 정서적 트라우마에 특별히 초점을 맞추는 책이 아니라는 사실을 알아주기를 바란다. 이 책의 초점은 완벽주의다. 그러나 그렇다고 해서 트라우마와 완벽주의 사이에 연관성이 거의 없다고 착각해서는 안 된다. 오히려 그 반대다.

암묵적인 규칙은 어디에나 존재하며, 이 규칙에 도전하거나 규칙을 깼을 때는 커다란 정서적 반응이 이어질 수 있다. 마크는 가족과 '함께해야' 한다는 자신의 규칙을 자신과 완전히 다른 배경에서 자라난 아내의 눈으로 본 뒤에야 처음으로 의심하게 되었다.

마크 이야기: '함께'란 무엇일까

마크는 어린 시절 매년 겨울마다 온 가족과 함께 스키 여행을 갔다. 조부모님에 친척 아주머니, 사촌에서 육촌까지, 친지 중 걸을 수 있는 사람이면 전부 산으로 함께 휴가를 가는 것이 가족의 전통이었다. 이 여행의 규칙은 모두가 모든 일을 함께하는 것이었다. 점심을 어디서 먹을지, 어떤 활동을 할지 등 모든 결정을 다 함께 내렸다. 같이 게임을 하고, 모닥불 앞에 모여 앉고, 요리와 청소를 나누어 했다. 어린 마크는 정말 즐거웠다. 마크에게 매년 떠나는 스키 여행은 가족에게 커다란 친밀감과 동지애를 느끼는 전통으로 기억에 남았다. 그래서 어른이 된 마크는 자신의 아이들에게도 같은 경험을 선사하고 싶었다.

마크의 아내는 마크에 비해 독립적인 가정에서 자라난 사람이었다. '모두가 하나를 위해, 하나는 모두를 위해' 같은 정신이 성가시다고 생각했던 아내는 어느 해의 스키 여행 도중에 며칠만이라도 아이들만 데리고 다른 곳으로 휴가를 다녀오자고 했다. 마크는 아내의 제안을 받아들이면서도 스스로가 배신자가 된 것 같은 기분이 들었다. 온 가족이 함께한다는 소중한 선물에 감사할 줄 모르는 건 아닌지, 이기적인 것은 아닌지, 부모의 감정을 무시하는 것은 아닌지 생각했다. '모두가 모든 일에 참여해야 한다'가 가족의 암묵적인 규칙이었다. 그렇기에 마크는 자기 아내, 아들, 딸과만 시간을 보낸다는 사실에 수치심을 느꼈다.

그 일에 대한 가족의 반응은 간접적으로 다가왔는데, 실망감을 드러내놓고 표현하지 않는 것 역시 마크 가족의 암묵적인 규칙이어서였다. 나중에야 마크는 어머니가 며느리의 가족은 서로 '친하지' 않다고 불평했다는 것을 알았다. 오붓한 시간을 즐긴 마크와 아내, 아이들은 다시 온 가족이 모인 곳으로 돌아왔다. 여전히 모든 것이 유쾌했지만, 가족 중 누구도 어떻게 지내다 왔는지 묻지 않았다. 마크는 뭐라 설명하기 힘든 감정을 느꼈다. 그는 이렇게 말했다. "꼭 유령과 싸우는 것 같은 느낌이 들었어요. 보이진 않지만 분명 생생한 기대감이 존재했다는 것을 알 수 있었거든요." 그러면서도 마크는 이상하게도 반가운 해방감을 느꼈다.

명시적 규칙, 암묵적 규칙 모두를 알아내고 이해하는 것이 중요하다. 어린 시절 당신의 집에는 어떤 규칙이 있었나?

성찰 35 명시적인 규칙, 암묵적인 규칙 알아차리기

참을성이 필요한 과제입니다. 규칙들을 하나하나 알아차리는 동안, 당신이 충분히 안전하고 강하다고 느껴야 알아차릴 수 있는 다른 규칙들이 재차 튀어나올 수도 있기 때문입니다. 시간을 들여 당신이 속한 가족이나 문화, 종교에서 배운 명시적인 규칙과 암묵적인 규칙들을 써보세요. 한 페이지에 한 가지씩 규칙을 쓰면 좋습니다. 이어지는 과제들에서 각각의 규칙에 따라 새로운 글을 쓰게 될 테니까요.

목록을 다 만들었다면, 이번에는 당신이 더 이상 따르지 않는 규칙이나 신념을 괄호 안에 넣어봅시다. 당신이 아직 굳건히 따르고 있는 규칙 옆에는 별표를 그려보세요. 이 규칙들을 쓰고 나니 어떤 기분이 드나요? 휴… 고생하셨습니다!

② 지금 여기에서 내게 도움이 되는 규칙 내지 신념인지 가늠해보기

왜곡된 사고 때문에 당신 눈에 문제없어 보이는 규칙들도 있을 수 있기에 이 단계는 까다롭다. 사실 당신은 고통을 부정하는 것에 너무 능해서 모든 규칙을 건강하거나 건설적으로 보이게끔 만들 수 있다. 그렇기에 여기에서는 다음과 같은 질문을 스스로 해보는 것이 좋다. 이 신념을 내 딸이나 아들, 아니면 친한 친구에게도 권할 것인가?' 만약 그 대답이 '절대 안 돼!'라면 이 규칙은 당신 삶에도 적용해선 안 된다. 만약 왜곡된 사고 때문에 이 규칙이 합리적인지 아닌지 평가하기 힘들다면, 믿을 수 있는 친구에게 객관적인 피드백을 달라고 부탁해보는 것도 좋다.

자기파괴적인 규칙에는 대개 '반드시, 꼭, 해야 한다, 언제나, 절대로' 같은 절대적 표현이 들어간다. 사실 건강한 반응은 언제나 상황의 영향을 받으며, 앞서 말한 표현들은 흑백의 언어다. 분명 당신의 규칙이 최선의 방식인 순간들도 있을 것이

고, 이 규칙이 객관적으로 도움이 되는 때와 장소를 가려내게 될 수 있을 것이다. 그러나 당신에게 꼭 필요한, 당신을 치유할 수 있는 사실은 이제 과거에서 온 명령보다 당신의 선택이 더 중요하다는 사실이다. 도입부에서 인용한 존 카밧진의 말마따나 경직된 사고는 긍정적일지라도 부정적인 사고만큼 파괴적일 수 있다. 이때 무엇이 지금 여기서 도움이 되는지 또는 되지 않는지를 판단해야 한다.

이런 점이 잘 드러난 옛이야기를 하나 들려주겠다.

개브리엘이 포장지에서 햄을 꺼내 맨 바깥쪽을 두껍게 썰어내 버린 다음에 남은 것만 굽는 모습을 남편 제프가 보고 물었다.

"왜 그렇게 해?"

"그러게, 잘 모르겠어. 엄마가 늘 이러셨거든."

개브리엘은 궁금해져서 어머니에게 전화를 걸어 물었다. "엄마, 햄을 굽기 전에 왜 바깥쪽을 잘라내는 거예요? 바깥쪽은 부드럽지 않아서요?"

어머니가 대답했다. "그러게, 나도 모르겠구나. 할머니가 그렇게 하시기에 나도 똑같이 했지."

그래서 개브리엘과 어머니는 할머니에게 여쭤보기로 했다. 두 사람의 질문을 들은 할머니는 껄껄 웃음을 터뜨렸다. "옛날에 갖고 있던 하나뿐인 프라이팬이 너무 작아서 그런 거야. 햄을 잘라야 들어갔거든."

우스운 이야기지만 이야기에 담긴 의도는 진지하다. 언제 어디서 무엇을 어떻게 왜라는 질문이 우리의 행동과 신념을 명확하게 해준다는 것이다. 당신에게 전해졌거나 무의식적으로 흡수한 규칙을 맹목적으로 따르고 있다는 사실을 알게 된 순간 어마어마한 해방감을 느끼게 될 것이다. 당신이 먹을 수 있는 햄도 훨씬 더 많아지니 얼마나 기분 좋은 일인가?

성찰 36 **지금 이 순간 나에게 도움이 되는 신념은?**

이제부터 당신이 따르고 있는 규칙들을 신중하게 살펴볼 것입니다. '성찰 35'에서 떠올린 규칙을 하나씩 살펴보면서 지금 여기에서도 도움이 되는 규칙은 무엇인지 판단해봅시다. 이 규칙은 어떤 상황에서 도움이 될까요? 또 어떤 상황에서 도움이 되지 않을까요?

금세 알아차릴 수도 있고, 자각하기까지 많은 시간과 에너지가 필요할 수도 있습니다. 끈기를 가지세요… 결국 알아차릴 수 있을 거예요.

③ 낡고 파괴적인 규칙 대신 새로운 선택권 마련하기

하나의 신념을 완전히 바꾸거나 축소하거나 아예 없애기 위해서는 다른 선택을 하는 식으로 변화해야 한다는 것을 우리는 여러 번 목격했다. 지금 이 순간 당신 자신이 믿는 바에 따라 선택을 새롭게 하면 비합리성으로부터 자유로워질 수 있다. 예를 들면 내가 가족에게 분노를 드러내기로 하고 그 일을 적절하게 해낸다면, 나는 옛 신념을 새로운 눈으로 보게 되고, 더 이상 옛 규칙에 얽매여 살고 싶지 않다는 사실을 깨달을 수 있다.

기존의 신념 체계에 도전하고 이를 부수는 이들의 영화들을 떠올려보자. 2018년 오스카상 수상작 〈그린 북〉은 오래된 신념 체계에 도전한 경험이 자기 자신과 세계에 대한 인식을 어떻게 바꿔놓는지를 근사하게 보여준다. 규칙의 합리성과 신념 체계의 경직성에 도전해 이루어낸 변화는 무척 감동적이고 강력하다.

유용하고 당신을 보호해주는 것 같지만 실제로는 그렇지 않은 신념들 중 당신을 꼼짝도 하지 못하게 만드는 것도 있고('누구에게도 진짜 나를 보여줄 수 없어, 내 새아버지가 나에게 무슨 짓을 했는지 결코 입 밖에 내선 안 돼'), 그렇게 심각하지는 않지만 당신의 현재가 과거에 지배받고 있음을 보여주는 것도 있다. 사고의 왜곡이 심할수록 이 규칙들을 더 절박하게 따르게 된다.

'누구에게도 진짜 나를 보여줄 수 없어'라는 신념을 예로 들어보자. ②에서 우리는 지금의 신념이 건설적인지 질문했다. 만약 그렇지 않다면 다음 할 일은 새로운 규칙을 만들고(예를 들면 '나는 사람들을 나의 내면세계에 접근할 수 있게 하겠다고 마음먹을 수 있다') 이 새로운 규칙이 어디로 이어질지 구체적으로 선택하는 것이다. 예를 들면 '나는 이 책을 읽는다는 사실을 누군가에게 말할 것이다' '부담스럽다는 사실을 숨기지 않겠다' '일터에서 내게 요구하는 모든 일을 해내지 않아도 된다' 같은 말을 할 수 있다. 새로운 규칙은 이제 어떤 선택으로 이어질까? 이렇게 마음먹을 수도 있다. '일터에서 주어지는 업무를 무조건적으로 받아들여 불안해하는 대신, 내게 시간적 이유가 얼마나 있는지 상사에게 솔직하게 밝히고, 다음주까지는 해낼 수 있지만 지금은 불가능하다고 말할 것이다.'

이 과정을 다시 한번 되짚어보자. 먼저 (명시적이든 암묵적이든) 규칙을 떠올린다. 그 규칙이 지금 나에게 도움이 되는지 판단한다. 만약 그렇다면 그대로 좋다. 만약 그렇지 않다면 어떻게 바꾸고 싶은가? 이를 위해서는 어떻게 행동해야 할까? 자신이 객관적인지 확신하기 어렵다면 믿을 수 있는 사람에게 물어보기 바란다. 그다음은 행동에 나설 때다. 이 새로운 규칙을 나의 행동에 적용해보자.

줄리엣의 이야기를 읽어보자. 줄리엣의 이야기는 사소해 보일지도 모르지만, 비합리성이 다양한 층위로 존재할 수 있음을 보여주기 위해 책에 실었다. 줄리엣의 이야기를 통해 당신이 은연중 흡수했던 규칙이나 신념을 알아차릴 수 있기 바란다.

“ 줄리엣 이야기: 속눈썹이 뭐라고

십대 때 줄리엣의 어머니는 줄리엣이 속눈썹을 말지 않으면 졸려 보인다고 말했다. “그래서 전 매일매일 몇 년 동안 하루에도 몇 번씩 바보같이 속눈썹을 말아댔어요. 그렇게 살다가 막 걸음마를 시작한 제 아이가 온 사방을 돌아다니던 어느 날 아침, 저는 속눈썹 마는 기구를 쓰레기통에 던져버리고 이런 건 이제 신경쓰지 않겠다고 다짐했죠.

그 뒤로 며칠간 저는 분명 다른 사람들이 저한테 커피를 건넨다든지 잠을 못 잔 거냐고 물어올 거라고 확신했어요. 하지만 그런 일은 일어나지 않았어요. 엄마는 그저 제가 속눈썹을 말고 다니기를 바랐던 거예요. 여자라면 언제나 ‘최상의 모습’을 보여야 한다는 것이 엄마의 규칙이었고, 그 규칙을 제게 그런 말로 전했던 거죠. 저는 엄마 말을 말 그대로 받아들였고요. 제가 받아들인 이상한 신념들이 또 뭐가 있을지 그때도 궁금했고 지금도 궁금해요.”

줄리엣은 자신의 행동을 지배하던 규칙들이 무엇인지, 그중 어떤 것들에 맞서고 무엇을 변화시켜야 할지 알아차리게 되었다.

지니고 있던 신념과 규칙을 재평가하는 과정은 마치 삶을 재부팅하거나 새로 고침 하는 것 같은 기분을 느끼게 한다. 유지해도 되는 규칙과 신념도 있다. 그런 규칙과 신념은 앞으로도 당신의 삶과 행동을 구조화해줄 수 있다. 그러나 더 필요 없는 신념은 변화시켜도 좋다. 만약 십 년 전에 언젠가 내가 책을 쓸 거라 믿을 거라는 소릴 들었더라면 난 신나게 웃어버렸을 것이다. 지금 나는 성장할 수 있다는 새로운 신념을 갖게 되었다. 당신이 갖고 싶은 새로운 신념은 무엇일까?

성찰 37 새로운 규칙, 새로운 선택, 새로운 나날

이제 당신의 새로운 규칙과 여기에 자연히 따라오는 새로운 선택 사항들을 글로 써볼 시간입니다. 할 수 있는 만큼 많이 만들어보고, 가급적 시작하기 쉬운 것들로 시작해 어려운 것으로 나아가는 것이 좋습니다. 물론 '규칙은 필요 없다'고 마음먹을 수도 있지만, 그건 좀 멀리 나간 것 같군요. 당신의 삶에서 자신과 타인에게 적용하고 싶은 새로운 규칙과 신념은 어떤 것들이 있을까요? 반드시 예전 규칙과 정반대일 필요는 없지만, 정반대여도 좋습니다. 기준은 당신이 편안한 선에 맞추세요. 언제든지 다시 돌아와 규칙을 새로 만들 수 있어요.

④ 나만의 규칙을 선택했을 때의 감정 느껴보기

새로운 규칙에 따라 살기 시작하면 과거의 당신을 지배했던 두려움, 죄책감, 수치심, 회피 등이 명확하게 드러날 것이다.

마크와 줄리엣이 느꼈던 자유가 기억나는가? 처음에는 두 사람 모두 불편해하고 혼란스러워했다. 당신 역시 이들처럼 자유로워질 수 있다.

로라의 이야기도 떠올려보자. 로라는 새로운 책임을 떠맡곤 했던 행동을 그만두었을 때 죄책감을 느꼈다. 또 "나는 항상 자원한다"라는 규칙을 따름으로써 회피해왔던 감정들에 부딪치게 되었다. 자신의 자리가 어디인지 알 수 없었고 불안했다. 로라는 내심 이전의 자신이 말하고 행동했던 모습으로 돌아가고 싶은 기분을 느꼈다.

익숙한 고통은 낯선 고통보다 견디기 쉽다. 마크처럼, 줄리엣처럼, 로라처럼, 당신 역시 낯선 고통을 선택하게 될 것이다. 그 과정은 힘들 것이다.

오랫동안 자신을 인질로 잡아왔던 규칙이나 신념을 놓아주고 낯선 길을 선택하는 경험은 강력할 것이다. 이는 여러 면에서 무척이나 긍정적임에도 극도로 어색하고 '잘못된' 것 같은 기분을 선사할 수도 있다.

다음 단계에서 이런 감정들과 어떻게 가까워질지 또 이를 지나갈 수 있을지 자세히 이야기해보자.

4단계

치유를 위해 정서적 고통과 가까워지기

"감정을 느끼기가 힘들어"

"그게 다야, 그렇지 않아?" 그가 말했다. "뭐가?" 내가 물었다. "느끼거나 견뎌내거나, 둘 중 하나 아니야? 고통 말이야. 느끼거나 견뎌내야지. 네가 하려던 말이 그거 아니었어?" "더 쉬운 선택지가 있었으면 좋겠어." 내가 그에게 말했다. "정말 그랬으면 좋겠어."

테렌스 리얼, 『나는 그 이야기를 하고 싶지 않아』

지금까지 당신의 일상을 지배하던 신념 체계와 규칙에 도전하느라 정말 고생했다. 그런데 당신은 아마 상당히 불편한 무언가를 자각하게 되었을 것이다. 바로 취약함이다. 웃는 가면 아래 숨겨두었던 당신의 진짜 감정과 가까워지는 일은 두려울 수 있다. 통제된 모습을 보이는 것, 타인을 즐겁게 해주는 것, 언제나 한 발을 액셀 위에 두는 것 같은 일들은 모두 당신을 보호해주었다. 취약함이란 전투 도중 갑옷을 벗는 것과 같다. 수치심을 똑바로 마주보고 분노를 가까이 하고 피로를 인정하는 건 너무 어려운 일이다. 너무 나약한 태도다. 무방비 상태가 된 듯한 느낌에 두려워지기 쉽다. 그렇기에 (앞에서 했던 거북이 비유를 가져오자면…) 껍데기 안으로 숨어버리고 싶다.

이 책에 실린 다른 사람들의 이야기 속에서 조용한 '아하'의 순간들이 나타날 수 있다는 사실을 읽어냈을 것이다. 새로운 통찰을 통해—이제는 자기파괴적이라는 사실을 알게 된—오래된 패턴을 선명하게 볼 수 있을 것이다. 하지만 이 '아하'의 순간은 당신 안에 깊이 새겨진 습관에 묻혀버리기 쉽다. 매일의 책임이라는 산만한 소음 속에서 감정을 회피하는 습관 말이다. 자, 고투의 순간이다. 과제 하나를 더 끝마치는 데 매달리겠는가, 아니면 멈추고 취약함과 정면 돌파하겠는가? 손을 내밀어 진짜 감정들과 가까워지겠는가, 아니면 이대로 숨어버리겠는가?

당신이 택한 것이 취약함과의 연결이기를 바란다. 감추기, 숨기, 부정하기처럼 당신을 '안전하게' 해주었던 모든 일은 이제 위태로운 것이 되어버렸기 때문이다.

그렇다면 이토록 오랫동안 숨겨두었던 감정들과 어떻게 연결될 수 있을까?

또 다른 이야기를 해주고 싶다. 1990년대 초반에 나는 빌 클린턴의 대통령 취임식에서 마야 안젤루의 연설을 들었다. 그때 나는 마야 안젤루라는 존재에 완전히 사로잡히고 말았다. 당시 대학원을 갓 졸업한 상태라 책을 읽고 싶은 마음은 조금도 없었다. 하지만 마야 안젤루의 가르침을 얻고 싶다는 생각이 들었다. 그 길로 서점에 가서 마야 안젤루가 쓴 책 중에 아마도 가장 짧은 책일 『이제는 떠날 때 아무것도 가져가지 않으리』(1993)를 샀다. 아칸소주로 이사해 심리상담소를 열기 직전이던 그 시절, 나는 다른 사람들 눈에 단정한 사람으로 보여야 한다는 생각에 사로잡혀 있었다.

그 책에 실린 어떤 에세이를 읽고 한 방 맞은 것 같았다. 마야 안젤루는 〈뉴욕포스트〉에서 '이 주의 인물'로 선정된 뒤 동네 술집에 가서 진탕 마셨던 이야기를 풀어놓았다. 수많은 사람들의 축하를 받으면서도 그녀는 너무나 외로웠다. 남자들이 앉아 있는 테이블로 비틀거리며 다가간 그녀는 갑자기 자리에 앉아서는 어째서 남성이라는 성별이 그녀를 받아들이지 않느냐며 질문을 쏟아냈다. "나는 남자 한 명 한 명 오랫동안 마주보았고 그 뒤에 한 행동 때문에 이십 년도 더 지난 지금도 그 일을 떠올릴 때마다 이름을 바꾸고 이민이라도 가야 하는 게 아닌지 심각하게 고민해보게 된다."

이름난 계관시인 마야 안젤루조차 살면서 부끄러웠던 순간을 털어놓으면서 다른 사람과 마찬가지로 완벽하지 못한 자신의 모습을 그려낸다. 그녀는 수치심에 관해 있는 그대로 솔직하게 이야기하고 있었다. 그것도 관심을 끌기 위한 극적인 방식으로가 아니라 허심탄회하게 말이다. 나는 그 글을 읽으면서 오랫동안 내가 짊어지고 살아가던 수치심과 완벽주의의 무게를 그 어느 때보다도 완전히 알아차리면서 눈물을 흘렸다.

마야 안젤루는 자신의 취약함을 우리에게 보여주었다. 너무나도 강렬하게.

이 장에서 당신에게 전하고자 하는 교훈도 비슷하다. 우리는 강점뿐 아니라 약점까지 내보일 때 평온해지고 받아들여질 수 있다. 이제 감정을 절제하지도 숨기지도 않게 된 당신은 불편한 기분이 들지도 모르겠다. 하지만 이제 다시 진짜 감정을 느낄 수 있게 되었다. 질투심, 억울함, 화, 두려움, 슬픔, 수치심, 심지어 완벽해 보이고 싶은 욕망까지 이제는 인정할 수 있고 이런 감정들의 존재에 연민을 느낄 수 있다.

이 장의 첫 부분에서 인용한 글이 말하듯, 이 감정들은 느끼거나 견뎌내는 수밖에 없다. 고통과 연결되거나 숨기거나 둘 중 하나다. 고통과 연결되지 않으면 당신은 고통이 당신에게 영향을 미치고 있다는 사실조차 자각하지 못한 채 맹목적으로 견디는 대가를 치르게 된다.

타샤의 이야기는 자기자비의 태도를 발휘해 감정들이 드러나도록 허락할 때 우리의 삶이 얼마나 나은 모습으로 변화할 수 있는지 보여준다.

“ 타샤 이야기: 완벽한 순응

타샤의 어머니는 심각한 알코올중독자였다. 그녀의 부모는 이혼한 상태였다. 그러나 이혼 후 일 년쯤 지나 어머니의 상태가 악화일로를 걷자, 아버지는 자녀들을 두고 떠났다는 사실에 죄책감을 느꼈다. 아버지는 다시 돌아와 어머니와 재혼했다. 그 뒤로 타샤의 아버지는 딸을 구제하려 자신이 희생했다는 사실을 거듭 자각시켰다. 타샤는 아버지에게 고마움을 표현하기 위해 아버지가 원하는 모습을 보여주어야 했다. 아버지는 정이라고는 없는 사람이었지만 타샤는 아버지를 즐겁게 해주느라 많은 시간을 쏟았다. 그 압박은 어마어마했다.

타샤는 완벽한 아이처럼 보였으나 고등학생 때 자살을 시도했다. 그 사실을 아는 것은 부모뿐이었지만 그들은 병원으로 타샤를 데리러 왔을 때도 그녀가 다시 등교하기 시작했을 때도 무엇이 문제인지 묻지 않았다. 그들은 끝내 아무것도 묻지 않았다.

어머니의 음주가 점점 심각해지고 나아가 딸을 질투하는 데 이르렀을 즈음 타샤는 아버지가 만든 거푸집 속에 들어가 있는 것처럼 살고 있었다. 타샤는 아버지의 작은 법률 사무소에서 파트너로 함께 일하게 되었다. 그녀는 이렇게 말했다. "저는 한 번도 꿈을 가진 적이 없었어요. 꿈이라는 게 어떤 건지도 몰랐죠."

타샤는 결혼을 했다. 자녀가 둘인 데다 잘나가는 변호사이고 (타샤의 아버지와 거의 비슷하게 정이 없고 통제욕이 강했지만) 충실한 남편까지 있는 타샤의 삶을 보면서 모두가 완벽하다고 입을 모았다.

상담을 진행하면서 타샤는 오랫동안 봉인해두었던 감정들을 찾아냈다. 그녀는 부모에 대한 분노를 인정했다. 자신에게 익숙한 가정을 또다시 만들었을 뿐임을 깨닫게 된 그녀는 공허한 결혼생활 앞에서 눈물을 흘렸다. 그녀는 스스로에 대해 판단하지 않았다. 아버지가 시키는 대로 고분고분 따르던 어린 소녀에게 연민을 느꼈다. 오랜 세월 자신에게 묵시적으로 영향을 미치던 감정들이 무엇이었는지 깨닫게 되었다.

타샤는 다른 사람들의 눈을 극도로 두려워하면서도 그 두려움을 이기고 남편과 이혼했다. 당연히 아이들은 놀랐고 충격받았다. 타샤가 한 번도 불행해 보인 적이 없었기 때문이다. 그러나 타샤가 감정을 더 잘 표현하는 엄마이자 여성으로 변해가는 모습을 보며 아이들 역시 엄마를 이해하게 되었다.

이제 경험과 감정의 로드맵을 만들면서 인생을 바꾸는 자기자비의 구조가 되어줄 네 가지 과정에 관해 알아보자.

감정의 자각과 성장을 위한 타임라인 만들기

다시 질문해보자. 나는 내 감정에 어떻게 다가가야 할까? 당신이 나아갈 길은 네 가지 과정으로 이루어진다.

① 연민: 따뜻하면서도 민감한, 타인을 바라볼 때 사용하는 것과 똑같은 렌즈로 나를 바라보기.
② 인정: 나의 감정이 평범한 것이며 상황에 따른 결과임을 알아차리기.
③ 마음챙김을 통한 연결: 감정이 떠오르도록 가만히 내버려 두고 그 감정과 연결되기.
④ 자각: 내가 발견한 것들을 받아들이기.

이 과정은 그 어떤 갑옷보다 힘이 세다. 처음에는 나약하다 느낄 수 있겠지만 사실 그 나약함이 우리를 안전하게 해준다. 우리가 자각하기 때문이다. 우리가 이 순간 존재하기 때문이다. 이제 과거의 어떤 것도 당신을 놀라게 하거나 다치게 할 수 없다. 하지만 엄청난 위험을 무릅쓴다는 느낌이 들 수 있다. 이 과정을 도와줄 구조를 짜보자. 그 구조를 타임라인이라고 한다. 감정의 타임라인은 우리의 삶과 기억을 정돈하고 감정적 경험을 위한 로드맵이 되어준다.

타임라인이란 무엇일까? 타임라인은 우리의 삶에서 중요한 지표가 되는 강력한 사건과 경험을 시간순으로 정리해보는 것이다. 타임라인을 만들 때는 당신이 당신이라는 사람이 되는 데 결정적으로 기여했던 경험들을 행복한 것이든 고통스러운 것이든 모두 적어보게 될 것이다. '멘토를 만났다' '유독 잘해주던 선생님이 있었다' '대회에서 상을 받았다' '원하는 대학에 떨어졌다' '사랑하던 강아지가 세상을 떠났다' '친한 친구가 먼 곳으로 이사를 갔다'—이런 식으로 당신에게 영향을 미친 사건들을 전부 생각해보자.

타임라인 정리는 당신이 원하는 방식대로 하면 된다. 한 가지 방법은 가로선을 긋고 그 선을 연도별로 나누는 것이다. 그 다음에는 선 위에 긍정적인 경험을 쓰고, 아래에는 트라우마나 고통을 준 경험을 쓴다. 한눈에 들어오게 만들면 보기 편하다.

타임라인을 만들면 과거의 고통과 감정적으로 가까워지는 데도 도움이 되고, 이런 사건들을 무시하거나 부정함으로써 현재까지 받아온 영향을 알아차리는 데도 도움이 될 것이다. 이 작업을 할 수 있는 마음 상태를 만들려면 어떻게 해야 할까? 이때 앞에서 이야기한 네 가지 방법을 따르도록 하자.

① 연민: 공감의 렌즈로 나 바라보기

자기자비란 무엇일까? 다른 사람들에게 베푸는 친절함을 나 자신에게도 베푸는 것이다. 이는 관대한 마음을 자신에게까지 확장시키는 것으로, 스스로를 피해자로 바라보는 자기연민과 다르다. 당신의 삶에서 어떤 일이 일어났건 당신에게 주어진 일에 어떻게 대처했건 당신이 한 행동이 건강했건 그리 건강하지 않았건, 자기자비는 판단하지 않고 오로지 지금 이 순간 그 행동의 영향만을 알아차리는 것이다. 이 알아차림에서 다음 과정인 인식이 일어날 수 있다.

타임라인을 만들 때 자기자비를 실천하려 애써보자. 타임라인 역시 완벽하게 만들고 싶은 충동을 느낄 것이다. 그 유혹을 이겨내기 바란다. 어린아이를 도와 이 작업을 해낸다는 마음으로 스스로를 다정하게 대해주자. 정서적 벽장 속에 넣어둔 기억을 꺼내려고 애쓰지 않아도 된다. 사실 가장 먼저 떠오르는 기억들을 떠올리는 쪽이 더 좋다. (벽장에는 나중에 다시 다가갈 테니까.) 다시 말하지만 스스로에게 친절해지자. 이 작업이 고문처럼 느껴져서는 안 된다.

어린 시절에 대한 기억이 많을지도 모르고 그렇지 않을지도 모른다. 어떤 기억은 다른 기억보다 흐릿하다. '대단한' 기억이 별로 없다는 기분이 들 수도 있다. 하지만 대단하게 느껴지지 않는 기억이라도 어떤 의미에서건 의미가 있다면 타임라인에 넣어보자. 당신의 기억을 대단치 않은 것으로 축소해서는 안 된다. 스스로를 자기자비의 렌즈로 바라보아야 한다는 사실을 잊지 말기를.

어떤 기억도 타임라인에 들어가기에는 사소하지 않다는 것을 보여주는 예가 있다. 나는 스물여섯 살 때 어머니가 내 앞에 와서 앉았던 기억을 영원히 잊지 못할 것이다. 어머니는 걱정스러운 투로 말했다. "해야 할 이야기가 있어." 예전에도 어머니는 '이야기'를 해야겠다며 다가온 적이 아주 많았지만 그렇게 심각한 태도는 처음이었다. 그러더니 폭탄을 떨어뜨렸다. "네 체중이 이제 통제 불능이구나." 당시에 나는 결혼을 한 직후였고, 체중이 3.5킬로그램쯤 늘어 (지금은 거의 기억나지도 않는 먼 옛날의 몸무게인) 54킬로였다. 그 삼 분짜리 짧은 대화에서 나는 수치심을 느꼈고 거식증이 다시 시작되었다. 지금 돌아보면 그 기억은 어머니가 겪고 있던 식이장애와 고통스러울 정도의 완벽주의를 보여준 실마리라는 생각이 든다. 하지만 그 사실을 깨달은 건 오랜 시간이 지난 뒤였다. 자기자비가 필요한 것이 바로 이 지점이다. 그 경험에서 수치심을 걷어내는 자기자비를 통해 그 경험이 준 영향이 무엇인지 한층 더 분명히 알 수 있었던 것이다.

성찰 38 나의 타임라인 만들기

이 과제를 하려면 공간이 충분해야 할 테니 일기장 외에 다른 종이를 사용해도 좋습니다. 과거로 돌아가서 기억을 떠올려보세요. 지금의 당신을 만드는 데 결정적인 계기가 된 대화, 사건, 경험은 어떤 것들이었습니까? 세상이 안전하다는 것을, 안전하지 않다는 것을, 친절하다는 것을, 친절하지 않다는 것을, 논리적이라는 것을, 비논리적이라는 것을 깨달은 계기는 무엇이었습니까?

머릿속에 떠오르는 의미 있는 경험들을 시간 순서대로 메모해보세요. 어린 시절의 경험만 쓸 필요는 없습니다. 어른이 된 뒤의 기억도 계속 써보세요. 시간을 충분히 들이기 바랍니다. 이 과제를 하다 보면 삶의 어떤 기간에는 기억나는 것들이 많지 않은 반면 어떤 기간에는 이미 의식하고 있었던 것과 그렇지 않았던 기억들이 빽빽하게 들어찰지도 모릅니다. 어쩌면 당신은 스스로에게 '이런 기억들은 그리 대단치 않아' 하고 말할지도 모르겠습니다.

의미 있는 기억들을 다 적어본 다음 좀 더 깊이 파고들어보면 좋겠습니다. 아직 쓰지 않았다면 당신이 구획화했던, 즉 정서적 벽장 속에 묻어놓았던 기억들도 꺼내보세요. 기억을 떠올리는 것이 괴롭다면 '성찰 9'와 '성찰 30'으로 돌아가봅시다. 앞의 과제에서 썼던 글이 타임라인을 채우는 데 도움이 될 것입니다. 쓰고 싶은 만큼 쓰세요. 많이 써도 괜찮습니다. 당신에게 중요한 긍정적인 경험들과 부정적인 경험들을 써내려가는 동안 이 일기장이 더 필요할지도 모릅니다.

기억 속에서 다른 경험들이 계속 떠오를지 모르니 이 작업에는 며칠, 심지어 몇 주가 걸릴 수도 있습니다. 이렇게 찾아낸 기억과 감정적으로 연결될 수도 있고 아닐 수도 있습니다. 경험에서 분리된 것처럼 느낄 수도 있고, 기억을 떠올리는 순간 예기치 못한 강렬한 감정을 느낄 수도 있습니다. 만약 이 과제를 하는 동안 느끼는 감정이 감당하기 어려워진다면 꼭 전문가의 도움을 받기 바랍니다.

타임라인이 지금의 당신을 만들어낸 중요한 경험들을 어떻게 정리하고 (아마도 처음으로) 알아차리게 해줄 수 있는지 숀드라의 이야기를 통해 알아보자.

숀드라 이야기: 자동조종 모드

숀드라는 자신을 무척 지지해주는 가족들 속에서 자랐다. 어린 시절 입양된 숀드라는 다른 형제들과 마찬가지로 사랑과 관심을 받았다고 느꼈다. 원하던 대학교에 합격했을 때는 뛸 듯이 기뻤다. 그런데 언제나 의지하던 가족과 떨어지고 나자 불안감은 예상했던 것보다 더 컸다. 재학생 모두가 학업 능력이 뛰어났다. 그녀는 스스로에게 정신 차리라고 되뇌며 마음을 다잡았다. 학부모 방문 주간에 숀드라를 찾아온 부모님이 피곤해 보인다고 걱정하자 그녀는 "전 괜찮아요, 진짜 잘 지내고 있어요" 하고 대답했다.

마커스라는 남학생이 그녀에게 관심을 기울이자 숀드라는 그에게 푹 빠졌다. 마커스는 강의 시간 외에는 늘 같이 있고 싶어했다. 숀드라는 그의 곁에 있어주었다. 마커스는 그리 화목하지 않은 가정에서 자랐고, 숀드라는 그가 애정결핍인 것 같다고 생각했다. 그래서 그녀는 그의 결핍을 채워주는 것이 자신의 몫이라고 여기게 되었다.

마커스 그녀를 함부로 대하면서 그녀가 원치 않는 성적 행위를 하고 그녀를 모욕적인 호칭으로 부르기 시작했을 때도 숀드라는 과거의 고통 때문에 그럴 거라고 합리화했다. 마커스가 용서를 빌면 받아주었다. 하지만 마커스는 점점 더 그녀를 힘들게 했고 요구하는 것 역시 점점 도를 넘어섰다. 두 사람이 사귀던 삼 년 동안 숀드라의 친구들 눈에 그녀는 성취욕이 강하고 개방적이며 쾌활한 모습에서 폐쇄적인 모습으로 변해갔다. 여전히 미소를 짓고 높은 성취를 거두었지만 그것은 자동조종 모드 같은 행동이었다.

숀드라는 상처와 고통을 숨겼다. 그녀는 마커스가 바람을 피우고 있다는 사실을 안 다음에야 벗어날 수 있었는데 이미 생긴 상처는 사라지지 않았다. 그 순간 숀드라는 다시는 누구도 자신에게 상처주지 못하게 하겠다고 다짐했다. 앞으로 평생 통제력을 잃지 않겠다고 말이다.

숀드라가 택한 해결책은 감정적으로 단단한 벽을 세우는 것이었다. 남편과의 성관계는—약한 모습을 내보이면서 생기는—진정한 친밀성과 거리가 먼, 의무적인 일이라도 되는 것처럼 치러졌다. 이런 문제 때문에 두 사람은 자주 다퉜다. 행복한 인생에 필요한 모든 것을 다 가진 뒤에야 숀드라는 무언가 너무나 잘못되었다는 사실을 깨달았다. 무시무시할 정도로 외로웠던 것이다.

여태까지 숀드라는 친밀한 성관계가 불편한 것이 육아의 피로와 힘겨운 업무 일정 때문이라고 여겼고, 마커스가 준 상처의 여파라는 사실을 전혀 깨닫지 못했다. 그러나 타임라인을 만들자 마커스가 그녀에게 성적 학대에 가까운 행위를 했던 것이 삶의 전환점이 되었다는 사실을 알 수 있었다. 그때 느꼈던 수치심 때문에 그녀는 위축되고 타인을 불신하게 되면서 관계에서 자신을 열어 보이기 힘들어하게 되었다. 숀드라는 이런 기억을 남편에게 솔직히 털어놓았고, 두 사람은 예전에는 할 수 없었던 완전히 새로운 방식으로 친밀한 관계에 대해 대화할 수 있게 되었다.

다시 말하지만 시간은 얼마든지 들여도 좋다. 당신은 연민을 발휘해 자기 삶을 생각하는 일, 과거를 돌아보며 당시에 느꼈던 감정을 찬찬히 떠올리는 일이 익숙하지 않을 것이다. 하지만 그 경험들은 당신이 스스로를 숨기고 지금의 생존 전략을 만들도록 한 것들이다. 기억이 잘 나지 않거나 기억의 파편들만이 떠오른다면 그 시절 가장 친했던 친구, 가족, 옛 남자친구나 여자친구, 아니면 당신을 잘 알았던 선생님에게 연락해보는 것도 좋다. 퍼즐 조각들을 맞추는 데 도움이 되는 정보들을 가지고 있을지도 모르니까. 물론 그러기 위해서는 그 사람들을 당신의 여정에 초대해야 한다. 하지만 다른 사람들에게 손을 뻗는 것 자체가 지금의 당신이라는 존재를 만들어낸 경험들을 알아보는 가치 있는 노력으로, 당신을 한층 더 나아가게 해줄 것이다.

② 인정: 내가 받은 메시지가 무엇인지 알아차리기

이 단계를 진행하기 전에 탓하기와 인정하기의 차이를 짚고 가야 한다. 심리치료는 지금의 자신이 가진 문제를 부모나 과거 탓으로 돌리는 것이라고 보는 사람들이 정말 많다. 이는 절대 사실이 아니다. 무언가를 탓하는 데 사로잡혀 있는 사람은 점점 더 억울해질 뿐이다. 탓하기는 아무 도움이 되지 않는다.

심리치료에서 중요한 것은 탓하기가 아니라 인정하기다. 인정한다는 것은 알아차린다는 것이다. 무언가가 존재했거나 존재한다는 사실을 인정하는 것이다. 치유를 향해 나아가는 과정은 인정하기와 이를 통해 얻는 힘이다. 당신이 누군가를 탓하고 있다는 생각 때문에 혼란스러워지더라도 마음을 다잡기 바란다. 이 단계를 따라가는 당신은 절대 타인을 탓하고 있는 게 아니다.

우리는 경험으로부터 우리 자신에 대한 메시지를 흡수한다. 여기서는 그 메시지가 무엇이었는가를 인정할 것이다. 당신의 타임라인에 등장하는 경험들은 의도가 있었건 없었건 긍정적이건 고통스럽건 어떤 메시지를 당신에게 전해주었다. 예를 들면 교통사고로 가장 친한 친구가 죽었다는 사건에서 당신이 (무의식적으로) 얻은 메시지는 '내가 사랑하는 사람들이 갑자기 내 인생에서 사라질 수도 있다' 또는 '누군가를 사랑하면 상처 입을 수 있다' 같은 것들일 수 있다.

우리를 가장 상처입히는 메시지들은 우리가 사랑받는지, 가치 있는지, 안전한지, 보호받고 있는지를 알려주는 내용일 때가 많다. 이런 기억들은 대개 방치, 상실, 학대, 잘못된 부모 노릇과 연관된다. 그렇기에 타임라인 속 경험들에서 이 메시지들을 뽑아내는 게 도움이 된다. 과거의 사건과 그 사건이 당신에게 보냈던(어쩌면 아직도 보내고 있는) 메시지를 연결시키는 순간, 앞에서 여러 번 이야기했던 '아하'의 순간이 왕왕 올 것이다. 지금까지 읽은 다른 사람들의 이야기를 떠올려보자. 타샤가 받은 메시지는 '내 가치는 우리 아버지가 원하는 모습에 맞추는 것에 따라 정해진다'였고, 토니가 받은 메시지는 '내가 인기인이 되면 계속 사랑받을 수 있을 것이다'였다.

조금 더 세세하게 들어가보자. 타임라인 속 기억들이 당신에게 보낸 메시지를 인식할 수 있도록 각각의 기억마다 두 가지 질문을 던져보자.

1. 이 경험을 통해 나 자신 또는 인생에 대해 어떤 메시지를 받았는가?
2. 이 경험을 통해 내가 사랑받고 안전하고 가치 있으려면 어떻게 해야 한다고 믿게 되었는가?

이제 내 체중에 대한 우리 어머니와의 대화를 예로 들어 답해보겠다.

1. 이 경험을 통해 나 자신 또는 인생에 대해 어떤 메시지를 받았는가?
⇨ 마른 몸매를 가지지 않으면 엄마에게 인정받을 수 없다는 것이었다.

2. 이 경험을 통해 내가 사랑받고 안전하고 가치 있으려면 어떻게 해야 한다고 믿게 되었는가?
⇨ 다른 사람이 원하는 모습으로 나를 바꾸면 사랑받을 수 있을 것이다.

이 메시지가 무엇인가 하는 질문에 정답은 없다. 그 메시지는 오로지 당신의 것이다. 더불어 인간이 공유하는 경험의 일부이기도 하다. 우리 모두 의도가 있었건 없었건 그런 메시지들을 흡수하며 살아왔다. 이 과정이 괴롭다면 믿을 수 있는 친구와 대화해보거나 심리치료사와의 상담을 고려해보아도 좋다.

이 메시지가 가진 힘이 얼마나 센지 알 수 있을 것이다. 이 메시지들은 고통을 숨기기 위한 생존 전략을 만들게 했다. 당신은 메시지의 힘을 인식해야 한다. 왜? 이 메시지는 당신의 인생을 좋은 쪽으로 만들어줄 수도 있지만, 완벽하게 숨겨진 우울처럼 자기파괴적이고 해로운 방향으로 이끌 수도 있기 때문이다.

나는 어머니와의 짧은 대화를 끝낸 뒤 그 메시지가 가진 힘에 밀려 예전에 겪었던 거식증이 다시 시작되도록 허락했다. 그다음에는 부모님에게 내 괴로움을 절대로 내보일 수 없을 것 같아 몇 년 동안 그분들에게서 더 완벽하게 숨어버렸다. 내가 방금 '허락'이라고 표현한 것을 유심히 보아주기를 바란다. 그 메시지가 중요하다는 것과 나에게 무척이나 현실적으로 다가왔음을 인식하면서도 내 몫의 책임 또한 인식하는 것이 중요하다. 당신도 그렇게 해보면 좋겠다. 당신이 그 메시지가 머무르고 스며들도록 얼마나 허락했는지 살펴보자.

어쩌면 당신은 아직도 이 과정이 타인 탓하기라고 생각하고 있을지도 모르겠다. 만약 그렇다면 이 책 앞부분에서 이야기했던 방법을 응용해보자. 스스로에게 이렇게 물어보자. '가장 친한 친구가 살면서 이런 경험을 겪었다고 이야기한다면, 나는 그가 어떤 감정을 느꼈을지 이해할 수 있을까?' 그렇다! 당신은 어떤 경험을 깎아내리거나 부인하지 않고 인정한다는 커다란 발전을 이루는 중이다. 공감의 렌즈로 스스로를 바라보면서 당신이 흡수한 메시지를 그럴 법하다고 인정하고 있다. '아, 당연히 그런 감정을 느끼지. 그런 메시지를 받았다면 누구라도 그런 감정을 느꼈을 거야.' 만약 지금에 와서 당신이 흡수했던 메시지가 틀린 것이거나 실수였다는 사실을 깨닫는다면, 그것 역시 치유가 될 수 있다.

성찰 39 기억과 메시지 결합하기

이제 드디어 타임라인으로 돌아가 각 사건으로부터 받은 메시지가 무엇인지 인정할 순서가 되었습니다. 이미 시작했는지도 모르지만요. 타임라인에 등장하는 각각의 기억을 두고 앞에서 이야기한 두 가지 질문을 해보세요. '이 경험을 통해 나 자신 또는 인생에 대해 어떤 메시지를 얻었는가? 이 경험을 통해 내가 사랑받고 안전하고 가치 있으려면 어떻게 해야 한다고 믿게 되었는가?'

다시 말하지만 사건이나 경험의 정도에 따라 시간이 걸릴 수 있습니다. 일기장에 답을 쓰고 나중에 다시 읽어보세요.

당신이 받은 메시지가 무엇인지를 알아차리기 위해 조금 깊이 생각해야 할지도 모릅니다. 완벽하게 숨겨진 우울이 불쑥 고개를 들고 이렇게 말할지도 모르니까요. "저기, 미안한데 그렇게 나쁘지는 않았어. 그렇게 심각하지도 그렇게 지독하지도 않았다고."

하지만 벌써 여기까지 왔다는 사실을 기억하세요! 당신은 이 목소리에 맞설 수 있습니다. 당신이 자신에게 비난과 수치심을 가하도록 만든 신념이 무엇인지 알아내는 것은 건강하지 못하고 자기파괴적이었던, 어쩌면 아직 그럴지 모르는 메시지를 인식하는 또 하나의 과정일 수 있습니다. 여기서 드러난 것들이 있다면 일기장에 기록하세요. 기억과 메시지를 연결하는 과제를 통해 당신은 지금 커다란 한 걸음을 내딛고 있습니다. 잘하셨습니다!

③ 마음챙김을 통한 연결: 지금 이 감정을 견뎌내기

이번에는 당신이 받은 메시지를 완전히 인정한 뒤 감정이 수면 위로 떠오르도록 허락해볼 것이다. 당신이 흡수한 메시지가 정서적으로 미친 영향을 느끼는 것이다. 만약 이 메시지가 상을 받았던 경험이나 가족이 방과 후 당신을 위해 시간을 내주었던 기억처럼 긍정적인 경험에서 비롯하는 것이라면 이런 메시지가 될 수 있다. '열심히 노력하면 많은 것을 성취할 수 있다.' '나는 존재한다는 이유만으로도 사랑받는다는 기분을 느꼈다.' 이런 메시지가 자아내는 감정은 자긍심이나 안정감일 것이다. 이렇게 긍정적인 감정들은 고통스러운 감정보다 더 허락하기 쉽다. 하지만 당신이 감정의 구획화를 너무나 잘해내는 바람에 행복한 기억이건 고통스러운 기억이건 강렬한 감정들은 모두 벽장 속 깊은 곳에 숨겨져 있을지도 모른다. 어떤 감정이건 깊이 느끼는 것이 당신에게는 힘들지도 모른다.

특히 그 메시지가 해롭거나 모욕적인 경우에는 그것이 자아내는 감정과 가까워지기가 더 힘들어진다. 당신은 오랫동안 고통을 외면해왔다. 스스로 이렇게 말할지도 모른다. '난 슬프거나 화나거나 두려워하고 싶지 않아. 잘못된 느낌이 들어.' 하지만 어떤 감정을 느낀다 해도 당신이 '나쁜' 사람이 되는 것은 아니다. 그저 당신의 감정이 수면 위로 떠오르게 허락하고 감정의 존재에 마음을 기울이면 그것이 당신에게 어떤 영향을 미쳐왔는지 더 잘 인식하게 될 것이다.

이 장 앞부분에 나왔던 인용문을 잊지 말자. "느끼거나 견뎌내거나." 분노를 느끼는 게 불편할 수도 있다. 차오르는 눈물을 억지로 참을 수도 있다. 하지만 감정을 외면하면 그 감정은 부메랑이 되어 예기치 못한 방식으로 다시금 당신에게 영향을 미칠지도 모른다. 당신은 지금 감정을 기억과 메시지에 연결하기 시작했다. 감정이 수면 위로 떠오르도록 하는 것이 지금에 집중하는 데 아주 중요한 역할을 한다.

'지금에 머무른다'는 말은 무슨 뜻일까? 감정이 현재에 머무르게 한다는 것은, 감정을 회피하거나 부정하거나 감정으로부터 도망치지 않고 그저 흐르게 허락하는 것이다. 우리의 치유 과정 중 여기에서 마음챙김 수련이 핵심적인 역할을 한다. 당신을 어지럽히는 생각들을 조용히 비운 뒤 그 사건이나 경험의 순간을 떠올리면서 다가오는 감정을 느껴보자. 처음에는 오래 걸릴 수도 있다. 괜찮다. 그저 그 자리에 있는 감정이 차차 떠오르도록 허락하기만 하면 된다.

따뜻한 봄날 소나기를 맞으며 서 있는 상상을 해보자. 스스로에게 허락하기만 한다면 그 경험에 온몸을 흠뻑 적실 수 있다. 비의 냄새를 맡고 살갗에 닿는 물의 감촉을 느끼고 고요한 비의 리듬을 들을 수 있다. 아마 콘서트나 영화, 연극을 감상할 때나 책을 읽을 때도 비슷한 상상을 할지도 모른다. 음악이나 이야기에 빠져들면 바로 그 속에 있는 것처럼 생생하게 느껴진다. 당신은 경험을 멀리서 바라보거나 그 경험을 하고 있는 자기 자신을 구경하는 것이 아니라 그 경험 속으로 들어간다. 그것이 바로 지금에 머무른다는 것이다. 그것이 바로 마음챙김이며 지금 당신이 할 일이다.

하지만 그 감정이 고통스러울 정도로 강렬하다면 감정에 짓이기는 것 같은 기분이 들 수도 있다. 만약 그런 기분이 들거나 그럴지도 모른다는 걱정이 된다면, 아래 네 가지 방법이 도움이 될 것이다.

- 머릿속으로 당신이 안전하다고 느끼는 공간을 적극적으로 그려본 다음, 필요할 때 그 공간으로 들어가는 상상을 한다.
- 고통을 촉발시키는 대신 고통을 알아차리고 놓아줄 수 있도록 명상을 활용한다.
- 글쓰기를 통해서도 안전해질 수 있다. 감정이 점점 힘을 얻어 당신을 파괴적인 곳으로 데려가려 할 때, 글쓰기는 이 고통에 형태와 모양, 시작과 끝을 만들어줄 수 있다.
- 다른 사람에게 함께 있어달라고 부탁한다.

말하자면 이 과정에서 벗어나 잠시 휴식을 가지라는 이야기다. 오랫동안 하지 못해 아쉬웠던 일을 해보자. 산책을 하거나 기분 좋게 몸을 움직여보자. 영화를 고르거나 긴장을 풀어줄 음악을 준비하자. 그런 것들은 건강하고 건설적인 방식으로 머리를 식히게 해준다.

감정과 존재한다는 이 작업이 당신이 할 수 있는 일인 것은 분명하다. 그렇긴 해도 혼자 했을 때 안전하지 않을 수도 있다는 사실은 아무리 강조해도 지나치지 않을 것이다. 만약 당신이 과거에 트라우마, 학대, 방치를 겪은 적이 있다면 이런 역동에 대한 경험이 있는 심리치료사를 만나는 것은 권장 사항이 아니라 필수다. 스스로에게 전문가의 도움을 허락해주기 바란다. 지지적인 심리치료사를 만났을 때 다른 사람들에게서는 얻을 수 없는 안전을 얻게 될 것이다.

성찰 40 **내 타임라인이 불러온 감정들**

이제 타임라인의 사건 하나하나를 살펴보며 그것이 준 메시지를 알아봅시다. 감정에 대해서 단순히 기록하는 데 그치지 말고 글을 쓰는 동안에도 감정을 느껴봅시다. 앞에서 인용했던 연구서의 표현대로 감정을 **묘사**하는 데 그치지 말고 **표현**해보는 거죠. 떠오르지 않는 감정은 건너뛰고 다음 감정을 느껴보았다가 나중에 앞의 감정으로 돌아가도 좋습니다.

다음에는 당신의 삶과 당신이 받은 메시지들을 보면서 어떤 감정이 어떻게 느껴지는지 기록해보세요. 예상치 못한 감정이 있었나요? 예상했던 감정은 무엇이었는데요? 전반적으로는 어떤 감정이 들었나요? 만약 이 감정을 통해 자기자비를 느낄 수 있었다면 어떻게 그런 일이 일어났는지도 써봅시다. 타임라인을 만들기 전에는 명확하지 않았지만 이제는 이해할 수 있는 감정들도 있나요?

여전히 아무것도 느낄 수 없다면?

당신은 두뇌 사용 능력이 뛰어나며 마음과 친해지는 것보다 머리로 생각하는 일에 능하다. 내가 만난 환자 중에는 긴장이 풀리기 직전이나 감정이 수면에 떠오르기 직전에 갑자기 정신을 차린 듯 화제를 바꿔버리는 사람도 있었다.

당신도 그런 사람이라면 스스로에게 이런 질문을 해보자. 어떻게 하면 내 감정에 다가갈 수 있을까? 우선 '성찰 3'으로 돌아가서 당신이 두려워하는 감정들이 무엇인지 생각해보자. 느껴서는 안 된다고 생각했던 감정은 무엇이었나? 어쩌면 혼란이었을 수도 있다. 두려움. 실망. 기쁨. 분노. 슬픔. 만족. 수치심.

그 감정을 떠올리는 것만으로도 불편하다면 지금 이 순간이 불편함에 머물러보자. 마음챙김을 통해 이 순간을 들여다보자. 굉장한 단서가 잡힐 것이다. 당신의 정신과 마음이 어떤 감정을 데려왔나? 혹시 타임라인 속에 등장했던 어떤 메시지가 그 감정에 붙어 있는 건 아닐까? 그 감정을 위한 시간과 공간을 주자.

이 감정이 불러오는 불안함과 불편함은 당신이 알아왔던, 또 아직도 잘못 믿고 있는 메시지가 무엇인지 알려줄 것이다. 이는 당신의 정서적 성장을 위해 너무나도 중요한 일이다.

아직도 어렵다면, 메시지는 알 수 있지만 감정에는 다가갈 수 없는 기억을 하나 꺼내보자. 그다음에는 과거로 시간 여행을 떠나자. 그 상황을 아주 자세히 묘사해보자. "부모님이 이혼하신 직후였다. 기억 속 엄마는 이상하게 행동하기 시작하면서 나이에 맞지 않게 훨씬 젊은 사람이 입는 옷을 입고 친구들과 놀러 다녔던 반면, 아빠는 어딘가 넋이 나간 사람처럼 슬퍼 보였다. 아무도 내게 관심을 쏟지 않았다. 이 기억이 내게 준 메시지는, '넌 우리에게 신경 쓸 만한 가치가 없는 존재야'였다. 부모님의 감정은 기억난다. 나는 어떤 감정을 느꼈더라?" 과거의 시간과 공간 속으로 돌아가면 당신이 느꼈던 감정을 보다 구체적으로 알아차릴 수 있다. 당신은 자신의 감정을 숨기고 타인의 감정에 신경을 쓰는 데 익숙해져 있다. 자신의 감정에 집중하고 이와 연결되기까지 인내심이 필요할 것이다.

감정을 방해하는 생각은 세 가지다. 첫째, 당신은 약한 모습을 보이기 싫어한다. 감정을 드러내는 것이 약하거나 통제력을 잃은 증거라고 본다. 예를 들어 앞에서 나는 눈물을 흘리는 것은 감정이 강렬하다는 것을 보여준다고 했다. 당신이 기뻐서, 슬퍼서, 화가 나서 울 때 그 눈물은 당신의 감정이 얼마나 깊은지 보여준다. 감정을 드러내는 것이 약한 모습을 보이는 것이라는 냉정한 신념을 버리면 취약함을 어느 정도 내보일 용기가 생긴다. 천천히 꾸준하게 당신을 에워싼 벽을 허물어보자.

둘째, 당신은 감정이 제대로 된 판단을 방해한다고 믿는다. 그때그때의 감정이 판단을 좌우해서는 안 된다. 하지만 감정지능emotional intelligence이라는 것도 있다. 감정지능은 우리의 감정이 충만하고 생산적인 삶에 기여한다는 것을 두드러지게 보여준다. 호기심, 원하는 것과 필요한 것을 구분하는 능력, 공감, 열정은 전부 감정지능에 해당한다. 감정지능은 판단을 방해하는 것이 아니라 좋은 판단을 하는 데 꼭 필요한 것이다.

셋째, 당신은 신체가 당신에게 보내는 메시지에 둔감하다. 때로 감정이 생겨난다는 것을 몸이 알려주기도 한다. 심장이 뛰고 배가 조여든다. 아니면 반대로 긴장이 씻은 듯 날아가고 호흡이 편안해진다. 신체로부터 해리되면 몸이 당신에게 무슨 말을 하는지, 지금 어떤 감정이 느껴지는지 알아차리기 무척 어려워진다. 감정을 누그러뜨리기 위해 알코올이나 마리화나를 사용한다면 결코 자신의 감정에 다다를 수 없다.

성찰 41 보다 안전한 감정들과 다시 연결되기

강렬한 감정들이 아직 힘들다면 조금 더 느끼기 쉬운 감정들부터 시작해봅시다. 예를 들면 주 선수권 대회에서 당신의 농구팀이 졌을 때 실망감을 느낀 적이 있다면, 아마 그 기분은 쉽게 떠올릴 수 있을 것입니다. 스스로에게 이 감정에 대해 질문들을 해보세요. '이 감정이 느껴지는 신체 부위는 어디일까? 이 감정은 무슨 색깔, 무슨 모양일까?' 가만히 앉아서 실망감이라는 감정을 차분히 느껴보세요. 그 감정을 완전히 떠올릴 수 있다면 좀 더 힘들고 강렬한 감정을 느끼는 연습이 되었을 것입니다. 당신이 가진 모든 감각을 사용해 감정과 한껏 가까워지세요. 그다음에는 다시 한층 더 강렬한 감정을 놓고 같은 과정을 반복하세요.

아무리 노력해도 감정과 연결할 수가 없다면, 혹시 감정 표출이 밋밋하고 무딘 것이 특징인 임상적 우울증을 겪고 있는 것이 아닌지 생각해볼 필요가 있다. 다시 2장으로 돌아가 자신의 상태를 판단해보고, 심리치료사나 의사를 찾아가 상의해보았으면 한다.

그 밖의 유용한 활동

감정을 불러일으키는 데 도움이 되는 활동 몇 가지를 소개한다.

- **감정 목록 살펴보기** 감정 목록을 보면 지금 내가 느끼는 감정이 정확히 무엇인지 파악하는 데 도움이 된다. 감정을 느끼지 않는 데 익숙해진 나머지 이 감정들의 이름을 모를 수도 있기 때문이다. 이런 일들은 당신이 자각하는 것보다 더 흔히 일어난다. TherapistAid.com 같은 웹사이트에서 비슷한 목록을 무료로 내려받을 수 있다.
- **치료 모임에 들어가기** 당신만의 지지 모임을 만들어도 좋다. 솔직하고 열려 있으며 앞으로 나아가는 데 도움될 만한 일들을 궁금해하는 사람들과 함께하면 그 무엇보다 도움이 된다. 이런 모임은 당신을 지지해주면서 당신이 놓치고 있는 것들을 지적해줄 수도 있다. '알코올중독자 부모의 성인 자녀들' 같은 전국 규모의 단체도 있고, 지역 심리상담소나 교회에서 학대, 방치, 슬픔, 이혼, 자기계발 관련 모임을 운영하고 있으니 찾아보자.
- **신뢰하는 친구에게 연락하기** 친구들에게 당신의 기억들을 털어놓아보자. 친구들이 공감의 눈빛으로 이야기를 들어주면 감정을 털어놓기가 수월할 것이다.
- **감정을 불러일으키는 영화 보기** 〈죽은 시인의 사회〉에서 〈더 임파서블〉, 〈컬러 퍼플〉, 〈룸〉에 이르기까지 이런 영화

들은 아주 많다.

◦ **감정을 불러일으키는 음악 듣기** 나는 새뮤얼 바버의 〈현을 위한 아다지오Adagio for Strings〉를 들을 때마다 슬픔이 생생하게 되살아나는 것만 같다. 컨트리 장르의 곡을 듣는 것도 도움이 된다. 미란다 램버트의 〈나를 만들어준 그 집The House That Built Me〉이나 트레이스 앳킨스의 〈그리워하게 될 거야You're Gonna Miss This〉 등을 들어보자.

◦ **마음을 안정시키는 접촉 및 신체적 긴장 완화하기** 『몸은 기억한다』에서 베셀 반 데어 콜크는 우리의 감정을 달래고 나아가 한층 더 깊이 느낄 수 있는 신체 접촉의 중요성을 이야기한다. "우리가 가지고 있는 가장 근본적인 진정 기술인 신체 접촉은 많은 의사들이 처방하는 요법이다. 당신이 자신의 몸을 편안하게 느끼지 못한다면 완벽한 회복은 어렵다. 그렇기에 나는 나의 환자 모두에게 치료 목적의 마사지건 펠든크라이스 재활 요법이건 두개천골 요법이건 신체 접촉 요법을 받으라고 권한다." 어떤 종류의 접촉이건 당신의 신체는 분명 이에 반응할 것이다. 접촉 또한 치유를 위한 방식이다.

◦ **적극적인 행동으로 분노 표현하기** 오래된 메이슨 병을 벽에 집어던져 깨뜨려도 좋고, 당신 인생의 누군가를 상징하는 동물 인형을 사서 마구 때려도 좋고, 킥복싱 수업을 받아도 좋다. 이 모든 행동이 당신의 분노를 구체적이고 현실적인 방식으로 표현할 수 있게 해준다. 당신에게 맞는 행동을 찾아보자.

이런 행동을 하고 나면 대청소거리가 생길지도 모르겠지만, 확실히 엄청난 카타르시스를 가져다줄 것이다.

④ 자각: 무의식의 패턴과 관계 알아차리기

당신의 의식 패턴에 대한 자각과 통찰을 발전시키는 이 과정은 무척 짜릿할 것이다. 먼저 당신의 타임라인 속 사건과 경험이 당신에게 어떤 영향을 미쳤는지 생각해보자. 이런 질문으로 시작해도 좋겠다. X가 일어나지 않았더라면, Y가 일어났을까? 아니면, 지금 Y가 일어난 까닭은 과거에 X가 일어났기 때문일까? 이런 연관 관계는 숀드라의 사례에 아주 잘 나타나 있었다.

잠시 타임라인에서 한 발짝 물러선 다음 타임라인 속 경험, 연관 메시지, 감정이 어떻게 당신을 만들었는지 생각해보자. 이 경험들은 서로 어떤 관계를 맺고 있을까? 한 가지 사건이 다른 사건으로 이어지는 것처럼 보이는가? 당신의 사고와 행동에 어떤 주제나 반복되는 패턴이 있다는 것이 눈에 띄는가? 지금 당신에게 드는 감정이 과거의 감정과 연결되어 있음을 파악할 수 있을까? 우선 생각에 잠겨보면서 당신의 마음이 향하는 방향을 자연스레 따라가보자.

제프리는 자신의 패턴을 분명하게 알아차렸다. "저는 어머니로부터 동생들을 책임감 있게 돌봐야 한다는 메시지를 지속적으로 받았어요. 여섯 살 땐 동생들에게 저녁을 차려주었고 아홉 살 때는 동생들의 등교 준비를 시켜주었지요… 그래서 저는 결혼을 하면 제가 가족을 경제적으로 책임져야 한다고 생각했고 배우자가 일을 할 거라고 기대하지 않았습니다. 그런데 지금은 그 사실에 화가 나요."

어떤 주제들은 현저히 두드러져서 한 사건이 다른 사건에 어떻게 반영되고, 현재가 과거를 어떻게 모방하며, 각각의 사건에 대한 당신의 정서적 반응이 얼마나 비슷한지 쉽게 알 수 있을 것이다. 이때 이런 연결을 할 수 있을 것이다. 그 일이 일어나지 않았다면 이 일도 일어나지 않았을 거야. 아니면 반대로, 그 일이 일어났기 때문에 나는 이런 관점을 가지고 이런 선택을 하게 된 거야.

성찰 42 주제와 패턴 알아차리기

행동에 녹아 있는 기본적인 주제와 패턴을 글로 써봅시다. 이때 주제란 '거절당하리라는 두려움' 또는 '슬픔을 느낀다는 것에 대한 수치심' 같은 것이 될 거예요. 이 주제들은 당신이 어린 시절이건 성인기건 이전에 받았던 메시지와 내재적으로 연결되어 있습니다.

당신의 타임라인 속에서 얼마나 많은 사건들이 같은 주제로 묶일 수 있는지 살펴보세요. 이 타임라인을 친구에게 보여주면 좋습니다. 그들이 당신의 삶에서 어떤 주제를 읽어낼 수 있는지 이해하면 또 다른 기회가 올지도 모릅니다. 백지장도 함께 들면 낫다고 하니까요.

이런 비유는 어떨까? 당신은 거울 앞에 서 있다. 아주 바짝. 당연히 거울이 잘 보이지 않는다. 하지만 한 발짝 물러서면 훨씬 잘 보인다. 부분이 아니라 전체가 더 잘 보일 것이다. 타임라인 살펴보기가 이와 같다. 친구들과 함께 이 작업을 하는 게 그래서 좋다. 당신을 당신으로 만든 것이 무엇인지를 더 폭넓게 바라보게 해주는 것이다.

멀로리의 이야기를 읽으면서 이 과정에서 무엇을 얻을 수 있을지 알아보자.

"멀로리 이야기: 감정적 연결고리 만들기

멀로리의 어린 시절은 극도로 혼란스러웠다. 어머니는 자녀들에게 열광적인 관심을 기울이다가도 다음 순간 돌변해 학대하듯 가혹한 비난을 쏟아붓곤 했다. 아버지는 어머니가 저지른 일들을 수습하려는 데 여념이 없었다. 멀로리는 자신을 괴롭히던 이웃 남자아이들에게 성추행을 당한 기억이 어렴풋이 남아 있다. 어머니는 그 사실을 알면서도 아무 조치도 취해주지 않았던 것 같다. 멀로리는 다른 사람들은 부정하는 문제를 느낀 스스로를 탓했고, 자신이 이 집의 아이들 중 혼자 검은 양인 것 같은 느낌으로 자라났다. 이제 어른이 된 멀로리는 부모를 돌보고 형제자매와 좋은 관계를 유지하며 성공적인 삶을 살고 있다.

멀로리가 심리치료를 받게 된 이유는 어린 시절부터 감

각을 무디게 하기 위해 운동을 강박적으로 해왔는데 그때마다 위통과 복통이 점점 심해져서였다. 멀로리는 타임라인을 만들면서 어린 시절의 고통을 이해하고 표현할 수 있었다. 힘들었다. 쉽게 마음을 열 수가 없었다.

멀로리는 성추행을 당했던 경험, 그리고 다른 사람들에게 그 사실을 부정당했던 경험이 주었던 혼란과 고통을 바라보기 시작했다. 아버지에게 분노와 애정을 느꼈다. 어머니를 향해서는 경멸과 동정심 둘 다 느꼈다. 부모가 자녀들을 다룬 방식에 내재되어 있던 메시지가 무엇인지를 알아차렸다. 스스로에게 붙였던 검은 양이라는 비판적인 꼬리표 역시 대면했다. 그러고 나니 자신이 사랑하거나 양육하기 어려운 아이였다는 증거는 하나도 없었다는 사실을 알 수 있었다. 부모의 곤란함이 자기 탓이라고 생각하기를 그만두었다. 멀로리는 우는 것을 싫어했지만 때로 잠깐 눈물을 내비치기도 했다. 그녀는 이제 자기 자신의 가치를 믿기 시작했다.

타임라인이 자신에게 좋은 면과 고통스러운 면에서 어떤 영향을 미쳤는지 알아본 뒤 그녀는 현재를 바라보았다. 문득 그녀는 자신이 아이를 양육하는 태도가 일관적이지 않다는 사실을 알게 되었다. 멀로리는 이렇게 설명했다. "아이들이 저를 찾거나 이야기를 하고 싶어할 때 저는 제가 좋은 엄마라는 기분이 들어요. 하지만 아이들이 제가 곁에 있어주기를 바라고 제게 의지한다는 사실에 금세 부담을 느끼죠. 당장 자리를 박차고 일어나 방으로 가버리고 싶은 충동을 애써 억누르곤 해요. 그 싸움에서 대부분은 이기지만 지금까지는 왜 그런 기분이 드는지 몰랐어요. 지금은 제가 엄마에게서 받은 영향이 저를 짓누르고 있다는 사실을 알게 되었어요. 정서적으로 타인이 나를 원한다는 것, 타인에게 무언가를 해줄 수 있다는 것을 편하게 느끼는 방법을 모르는 거예요."

멀로리는 자신의 과거와 감정을 받아들이자 위통이 사라졌고 다시 편안한 마음으로 운동을 즐길 수 있게 되었다.

우리도 이 작업을 해보자. 멀로리의 이야기에서 중요한 것은 그녀가 지금의 모습이 될 수 있었던 것이 오로지 타임라인 분석 덕분은 아니라는 것이다. 그녀에게는 어린 시절의 자신을 느끼고 그 아이에게 공감해주는 과정이 필요했다. 타임라인 속 사건들을 살펴볼 때, 당신이 받았던 강한 메시지를 확인할 때, 어린 시절의 또는 성인기의 내가 느꼈음 직한 기분을 느낄 때, 감정들이 수면 위로 떠올라 당신이 믿어왔던 바를 드러낼 때, 이 패턴이 지금 당신의 삶과 대인 관계에서 되풀이되고 있음을 알 수 있을 것이다. 이제 오래된 메시지가 당신의 머릿속에 떠오르면 통찰력을 발휘해 알아차릴 수 있을 것이다. 그 통찰이 진정한 변화를 가져다줄 것이다.

다음 단계이자 치유의 마지막 단계는 아마 별도의 설명이 필요 없을 것이다. 다음 단계는 바로 '변화'다. 이 단계에서는 당신이 겪게 될 어려움과 탐색이 주는 해방감, 그리고 그 변화를 시작하고 유지하는 데 드는 다양한 에너지에 대해 이야기할 것이다. 그 과정에서 당신이 위험을 무릅쓰고 해야 하는 특정한 행동들 몇 가지를 제시할 텐데, 어떤 위험을 무릅쓸지 직접 정해보아도 좋다.

벌써 여기까지 오다니 정말 대단하다! 필요하다면 아마 3단계와 4단계로 돌아가 일기장에 글을 쓰며 시간을 조금 보내야 할지도 모른다. 시간을 충분히 들였으면 한다. 당신은 완벽한 불완전을 향해 서서히 다가가고 있다.

5단계

완벽함에서 진정한 행복으로 관점 바꾸기

"자기수용이라는 도전을 해보고 싶어. 내 여정은 어디로 나아갈까?"

이것은 아메리카 토착민 사이에서 전해 내려오는 풍유담에서 가져온 것이다. 체로키인 노인이 어린 손주에게 인생에 대해 이렇게 말한다. "인생이란 늑대 두 마리의 치열한 싸움이란다. 한 늑대는 악하단다. 그 늑대는 분노, 질투, 슬픔, 후회, 탐욕, 오만, 자기연민, 죄책감, 억울함, 열등감, 거짓말, 거짓된 자긍심, 우월감, 그리고 자만심이야. 다른 한 마리는 착하단다. 그 늑대는 기쁨, 평화, 사랑, 희망, 평온, 겸손, 친절, 자비, 공감, 너그러움, 진실, 연민, 믿음이야. 네 안에서도 똑같은 싸움이 벌어진단다. 모든 사람의 마음속에서 말이야." 아이는 잠시 생각하더니 노인에게 물었다. "그럼 어느 늑대가 이겨요?" 노인은 그저 이렇게만 말했다. "네가 먹이를 주는 쪽이 이긴단다."

크리스틴 네프, 『러브 유어셀프』

인용한 체로키인의 교훈은 아주 단순하다. 당신 안에서 성장하는 부분은 당신이 먹이를 준 부분이라는 것이다. 당신 안의 어떤 부분에 먹이를 준다는 것은 무슨 의미일까? 바로 당신이 어떤 것에 집중하느냐, 당신의 정신과 마음이 어디에서 거하며 어디에서 시간을 보내는가 하는 것이다. 당신은 지금까지 자기비난 속에서 살아왔다. 실수를 하고 어떤 식으로건 삐끗할지도 모른다는 두려움 속에서 살아왔다. 당신은 끊임없는 압박 속에서 살아왔다. 하지만 이 책을 한 장 한 장 넘기고 과제를 하나하나 해나가고 정서적 연결을 지으면서, 당신은 당신 내면의 착한 늑대에게 먹이를 주기 시작했다.

변화를 무릅쓰며 발견하게 되는 것들

「들어가며」에서 나는 당신이 위험을 무릅쓰고 하나씩 도전해나갈 때마다 꾸준한 변화라는 희망을 얻을 수 있다고 이야기했다. 그 희망은 더 많은 도전과 변화를 불러와 치유에 주기를 만들어낸다.

'변화'라는 제목을 붙인 이 장에서는 더 많은 도전에 초점을 맞춘다. 앞에서는 친구와 타임라인을 공유하거나, 신뢰할 수 있는 누군가에게 이 책을 읽고 있다는 사실을 털어놓는 등 한층 더 솔직해야 할 수 있는 일들을 해보라고 이야기했다.

그러나 삶을 완전히 바꿀 준비가 되었는지 편안한 마음이 드는지 확신하지 못한 당신은 아직 날개를 펼치지 못하고 있다. 지금까지 책을 읽고 글을 써나가면서 당신은 지금까지의 삶이 처음부터 건강하지 않았고 지금도 그러한 수많은 규칙에 지배당하는 제한적인 삶을 살고 있음을 깨달았을 것이다. 또 당신은 적절한 감정만을 표현하도록 허락했고, 당신의 정체성이나 괴로움을 드러낼 보다 강력한 감정들은 단단히 가두어왔음도 알게 되었다. 하지만 완전히 새로운 존재로 나아가려면 어떻게 해야 할까? 그것도 지금처럼 깔끔하고 단정해 보이지 않는 삶의 방식이라면?

벅찬 과제가 될 것이다. 먼저 두려움을 무찔러야 한다.

두려움을 무찌르는 법

변화가 도움이 되리라고 믿기는 쉽지 않다. 당신은 여태 완벽주의에 의지해 살아남았다. 배를 타고 가다가 물에 빠졌는데, 내가 아직은 보이지 않지만 더 튼튼하고 좋은 구명조끼가 손에 잡힐 테니 우선 입고 있던 구명조끼를 벗으라고 외친다면 당신은 그 말대로 할까? 아마 미친 사람 보듯 나를 쳐다볼 것이다. 도대체 어떻게 더 나은 구명조끼가 생길 거라고 믿을 수 있지? 혼자 파도에 맞서자마자 공포가 들이닥칠 텐데 어떻게 대처하라고?

처음에는 믿기 힘들겠지만, 당신 안에 깊이 새겨져 있던 생존 전략을 버리고 새로운 전략을 택하면 안전한 느낌과 안녕 모두 훨씬 깊어질 것이다. 당신 안에서 두 개의 목소리가 싸우고 있다. 악한 늑대가 더 완벽해지고 더 꽁꽁 숨으라고 명령하는 동안 착한 늑대는 조용히 오래 힘을 기른다. 착한 늑대는 더 충만하고 자유로운 삶을 위해 싸운다. 착한 늑대는 "취약함에 대한 두려움에 의지하는 위험을 무릅쓰라"고 말한다.

착한 늑대는 당신이 악한 늑대가 만들어낸 융통성 없는 요구에 깔려 죽을 수도 있다는 것을 안다. 그 늑대는 선한 목소리로 아무리 열심히 싸우더라도 당신이 이 싸움에서 질 수 있다고 경고하고 있다.

부디 이 경고에 귀를 기울이기 바란다. 당신의 두려움을 인정하기 바란다. 억눌러온 감정이 당신을 향해 다가가는 동안 두려움을 차례차례 느껴보았으면 한다. 내가 "두려움을 없애라"라고 하지 않았다는 걸 당신도 알아차렸을까? 아니, 두려움은 그대로 두자. 두려움과 공존하고 느끼면서 가능할 때 조금씩 놓아주자. 당신이 두려움으로부터 도망치지도 두려움을 피하지도 않으면 두려움은 당신을 통제하지 못한다.

젠가 게임 비유가 기억나는지?

젠가를 하고 있다고 생각해보자. 당신이 블록을 하나 빼내도 더미는 무너지지 않는다. 또 하나 빼내면 한 조각이 떨어질 수는 있지만 전체적으로는 꽤 안정적이다. 블록을 빼낼 때마다 위험을 무릅쓰고 도전하게 되고, 그러다 보면 쌓여 있던 블록들이 우수수 무너질 수도 있다. 당신이 변화에 도전하고 감정과 가까워지고 당신 삶의 어떤 사건이나 경험이 자아낸 정서적 충격을 알아차리는 내내 마치 삶이 무너져내리는 것만 같을 수도 있다. 그러나 당신의 의식 속으로 새로운 감정들이 강하게 쏟아져들어올 것이다.

당신이 무릅써야 할 위험과 앞으로 다가올 것을 모른다는 모호함은 결코 사라지지 않는다. 그러나 위험을 무릅쓰고 착한 늑대의 목소리에 귀를 기울이고 스스로에게 자신의 취약함을 경험하도록 허락하면서 당신의 삶이 달라질 것이다.

취약함을 받아들이는 법

완벽주의를 포기하기 위해서는 위험과 잇따르는 취약함을 받아들여야 한다. 당신은 완벽하지 않다. 완벽하게 보일 필요도 완벽하게 행동할 필요도 없다. 당신의 약점은 타인에게 보일 것이다. (타인의 약점 역시 당신에게 보이니까.)

취약함을 받아들인다는 것은 당신 안에 착한 늑대와 악한 늑대 둘 다 존재한다는 것을, 당신이 할 수 있는 최선은 두 마리 중 사랑과 공감 편에서 싸우는 늑대에게 먹이를 주는 것임을 인정한다는 뜻이다. 때로는 질투심을 느끼고 자기연민에 휩싸이고 무심해지거나 과잉 반응할 때도 있다. 우리 모두 가끔 그런 감정을 느끼고 행동을 한다. 그래서 우리는 모두 불완전한 존재다. 그 감정들을 인정하고 견뎌내고 다른 사람에게 솔직히 보여주려면 취약함이 필요하다.

취약함을 받아들이는 예로 내가 책을 쓰기 시작할 때 경험을 이야기하려 한다. 절반쯤 썼을 때 글문이 막혀버리자 텅 빈 화면만 바라보며 며칠을 보냈다. 왜 그렇게 두려웠을까? 감정을 붙들고 씨름하던 어느 이른 아침, 책의 어느 부분에 실어야 할지, 책에 넣을 수 있을지 없을지조차 모르는 상태로 미래의 독자인 당신을 향해 이런 글을 썼다.

"이 책을 쓴다는 벅찬 일을 하는 내내, 나는 세상에 변화와 성장 과정에 대한 지혜가 너무나 많고 내가 아는 것은 극히 일부에 불과하다는 사실을 끊임없이 깨달았다. 집필 시간이 무궁무진하면 좋겠다는 생각을 여러 의미로 하고 있다. 책을 완성하자마자 새로운 지식을 배우거나, 깜박 잊고 하지 않았던 이야기가 기억나거나, 처음 보는 훌륭한 인용구를 알게 되거나, 당신의 여정에 도움을 줄 만한 무언가를 발견한 환자를 만날지도 모른다는 두려움 때문이다. 하지만 이런 생각이 드는 것은 자꾸만 내 귓가에 속삭이는 내 안의 완벽주의, 그리고 취약함에 대한 불편함 때문이다. 그 속삭임이 당신의 귀에도 들릴까? 분명 그럴 것 같다. 그러니까 나는 이 책이 당신의 불완전함을 한결 편안하게 여길 수 있도록 도와주는 불완전한 안내서가 되리라는 사실을 받아들이는 수밖에 없다. 아이러니하게도 나 역시 나의 취약함을 받아들여야 한다. 그리고 견뎌내야 한다."

이 글을 쓴 뒤 더 이상 막힌 기분이 들지 않았다. 취약함을 받아들이고 나면 도전하기가 더 쉬워진다. 실패하거나 힘겨워

한다 해도, 성공처럼 실패나 힘겨움도 당신이라는 사람을 정의하지는 않기 때문이다. 당신은 실패로부터 배운다. 실패를 숨길 필요가 없다.

취약함을 받아들일 때 자유가 함께 온다.

슬픔에서 자유로 나아가는 느리지만 꾸준한 여정

완벽하게 숨겨진 우울과의 싸움에서 자기수용은 낡은 규칙에 갇혀 있던 당신에게 자유를 가져다준다. 통제력을 잃지 않으려 생활을 꼼꼼히 감시하며 극도의 신중함과 경계 속에서 살아오다 긴장이 풀리며 찾아오는 자유다. 지금 이 순간 진짜 감정을 솔직하게 표현할 수 있는 자유다. 사랑하는 사람과 진정한 친밀성을 쌓는 자유다.

집필을 끝낼 수 있는 자유이기도 하고.

이 여정에는 느리지만 꾸준한 에너지와 끈기가 필요하다. 이 말은 무슨 뜻일까?

습관과 행동을 바꾸기 시작했을 땐 그저 흡족했을지도 모른다. 새 직장에 들어가거나, 아기가 태어났을 때를 생각해보자. 오로지 새롭다는 감각이 홍수처럼 쏟아져 그것만으로도 에너지가 넘쳐서 잔뜩 신이 날 것이다. 그러다가 차차 현실을 깨닫게 된다. 새로운 직장까지의 통근 시간이 생각보다 길다거나, 당신을 채용한 상사가 회사를 떠나버린다. 아기가 배앓이를 하거나, 관심을 빼앗긴 두 살짜리 딸이 심통을 부릴지도 모른다.

조금 전까지 신나던 일들이 순식간에 힘겹게 느껴진다.

앞서 이야기했듯, 성장하는 과정에서는 기분이 좋아지기 전에 나빠질 수 있다. 브레이크를 놓고 감정이 다가오도록 내버려두다 보면 당신에게 밀어닥치는 감정의 힘이 너무 세서 온몸에 힘을 주거나 누군가에게 도움을 요청해야 할지도 모른다. 지금까지 당신이 얼마나 오랫동안 감정을 숨겨왔는지 떠올려보자. 화가 나면 억눌렀고 슬플 때는 일부러 더 바빠졌다. 아니면 아예 감정을 느끼지 않았다.

어쩌면 당신은 도대체 애초에 왜 이 책을 읽기 시작한 건지 모르겠다고, 지금까지 읽은 내용을 다 잊고 예전의 완벽해 보이는 페르소나로 돌아가고 싶다고 생각하고 있을지도 모르겠다. 외롭지만 완벽해 보이던 모습, 우울하지만 완벽해 보이던 모습으로 말이다. 지금까지는 한 번도 마주할 일 없던 감정들이 당신을 압도할지도 모른다. 그리고 처음 그런 감정을 겪을 땐 예전보다 더 우울해질 수도 있다.

이때 당신이 느끼게 될 '더 나쁜 기분' 중 하나가 깊은 애도다. 오랫동안 숨어 있던 당신에 대한 애도. 완벽하게 숨겨진 우울 때문에 잡지 못했던 기회들에 대한 애도. 당신의 완벽하게 숨겨진 우울을 만들어낸 상황이나 트라우마에 대한 애도. 애도는 모든 종류의 치유에서 거쳐야 하는 단계다. 당신의 삶의 방식이 달랐더라면 어떤 일이 일어났을지를 알아가는 과정에서, 여태까지 숨어 있던 긴 세월이 아무 소용도 없었단 생각에 화가 나거나 슬퍼질 수 있다. 일어난 일에 대해서도 일어나지 않은 일에 대해서도 안타까워할 수 있다.

자기자비가 필요한 순간이 바로 이때다. 숨어 있던 나날이 아무 소용 없었던 것은 아니다. 당시에는 필요했던 일이다.

환자가 분노나 절망, 슬픔이나 냉소 가득한 눈빛으로 "왜 예전에는 몰랐던 걸까요? 지금 아는 걸 그때의 나는 왜 몰랐던 거죠?" 할 때마다 5센트씩만 받아 챙겼더라도 지금쯤 부자가 되었을 것이다.

그때는 그럴 수 없었다. 이유는 그뿐이다. 자신의 취약함을 알아차리고 치유하는 경험, 지혜, 용기를 얻으려면 하루하루 살아나가는 수밖에 없는 것이다. 다시 말하지만, 당신의 목표는 자신을 받아들이는 것이다. 그리고 이런 자기수용에는 오래전 알았더라면 좋았을 것들을 받아들이는 일도 포함된다.

성찰 43 애도 허락하기

완벽해 보이는 가면 속에 갇힌 채 보낸 긴 시간을 충분히 애도해 봅시다. 완벽하게 숨겨진 우울이 당신의 정서, 신체, 영혼, 관계에 미친 영향이 무엇인지, 이를 완전히 깨달은 지금은 어떤 기분이 드는지 글로 써봅시다.

이 과정을 해나가다 필요하면 글쓰기를 잠시 멈추고 쓴 글을 다시 읽어본 다음 애도하는 마음이 숨쉬는 공기만큼 생생해질 수 있도록 허락해봅시다. 이 과제뿐 아니라 치유 과정 중간중간 애도가 찾아올 수 있습니다. 분노일 수도 슬픔일 수도 있습니다. 애도의 감정이 찾아오면 감정 속에서 감정으로 숨쉬어봅시다. 이미 일어난 일을 애도하는 힘들게 얻은 이 순간을 통해 이 감정을 놓아주고 새로운 방향으로 나아갈 수 있을 것입니다.

스펜서는 가장 큰 비밀을 털어놓은 뒤 깊은 애도의 감정을 느끼게 되었다.

“ 스펜서 이야기: 애도의 발견

스펜서가 심리치료를 받기 시작한 것은 오랫동안 부모님에게 동성애자라는 사실을 말하지 못하다 말할 방법을 고민하는 과정에서였다. 그녀는 배제당하는 것이 극도로 두려웠다. 파트너인 클레어와 삼 년 넘게 동거하면서도 원가족이 찾아오면 두 팔 벌려 반길 수 있는 자기 집을 따로 두었을 정도였다.

이십대 후반의 쾌활하고 영리하며 성실한 여성 스펜서는 재직 중인 법무법인에서 클레어와 함께 보낸 주말 일과에 대해 이야기하곤 했다. 그러나 스펜서는 그곳에서도 배제당할까 두려웠다. 그녀는 인기 있는 사람, 사람들이 배를 잡고 웃음을 터뜨리게 만드는 유쾌한 사람이었다. 그러나 클레어의 집으로 가지 않는 밤이면 스펜서는 조금도 유쾌하지 않은 밤을 보냈다. 어둠 속에 앉아 걱정하고 과잉 반응하면서 밤을 보내곤 했다.

부모님은 스펜서를 사랑했지만, 스펜서가 성공할 정도로 똑똑하지 않다고 생각한다고 오랫동안 암시해왔다. 그녀는 부모님의 생각이 틀렸음을 증명하고 싶었다. 게다가 스펜서의 가족은 보수적인 기독교인 집안이었고, 부모님이 동성애자를 혐오하는 발언을 한 적은 없었지만 그런 주제는 애초 대화거리조차 된 적이 없었다. 부모님은 결혼하지 않은 딸이 걱정스럽다는 이야기를 종종 했다. 사귀는 사람이 있는지 물어보면 스펜서는 항상 애매하게 대답했다.

어머니는 딸에게 자기 고민을 지나칠 정도로 전부 털어놓았고, 그럴 때마다 스펜서는 몇 시간이나 의무적으로 귀 기울이고 조언해주었다. 삶의 큰 부분이 비밀이었기에 할 말이라고는 직장 이야기밖에 없었던 스펜서가 어머니의 말에 귀 기울이기는 어렵지 않았다. 반면 가족에게 두 사람의 사이를 알리고 지지받고 있던 클레어는 점점 참을성을 잃어갔다.

드디어 준비가 되었다는 생각이 된 날, 스펜서는 가족에게 편지를 보냈다. 며칠 뒤 부모님의 전화가 걸려왔다. 부모님이 지지해주자 그녀는 충격을 받았다. 두 분 모두 이렇게 말했다. "네가 혼자가 아니라니 다행이다." 다음 주말, 부모님은 스펜서와 긴 대화를 했고 클레어를 만나고 싶다고 전했다. 몇 주 뒤 성사된 부모님과 클레어의 만남은 이보다 더 좋을 수 없을 정도로 흘러갔다. 클레어와 스펜서는 결혼 준비를 시작했다.

스펜서의 애도가 모습을 드러낸 것은 바로 그때였다. 왜 그토록 오랜 시간과 노력을 들여 스스로를 숨긴 걸까? 지금까지 낭비한 시간과 잃어버린 기회를 되새기던 그녀는 너무 화가 나서 이렇게 고함을 질렀다. "다른 사람들이 기대한다 생각한 모습이 되려고 애쓰느라 소중한 인생을 십 년이나 낭비해버렸어요." 스펜서는 결혼 준비를 시작하기 전 우선 애도와 관련된 모든 과정을 받아들여야 했다.

스펜서의 이야기는 진짜 삶과 감정을 가두어버린 비밀에 대한 이야기다. 어쩌면 당신에게도 비슷한 비밀이 있을지 모른다. 만약 누구라도 그 사실을 '알면' 당신을 배제할 거라 믿는 비밀 말이다. 하지만 이 이야기가 진정으로 전하고자 하는 바는, 애도는 당신이 시간을 낭비하고 기회를 잃었다고 느끼는 순간이 올 때를 기다린다는 것이다. 스스로에게 수치심을 가하려는 성향이 여기저기에서 분출되며 당신의 사고 속에 스며든다. 부탁이니 그러지 않았으면 좋겠다. 그저 만약 이랬더라면 어떤 일이 일어났을지 당신은 알 수 없었다는 사실을 알아차렸으면 한다. 당신이 모르는 가능성이 너무나 많기에, 확실히 알 수 있는 것은 실제로 일어난 일뿐이다. 애도가 찾아오면 애도를 글로 쓰고 애도에 관해 이야기하고 애도를 느껴보자.

성찰 44 가면을 쓰고 지내던 시간 존중하기

당신이 가면을 쓰고 지내던 시간을 존중하세요. 그 기간 동안 배운 것들을 글로 써보면 치유에 도움이 될 것입니다. 그 시기는 어떤 의미가 있습니까? 연민의 마음으로 스스로를 바라보기 바랍니다. 무엇을 배우고 어떤 일을 겪었습니까? 그리고 지금 가면을 벗고 진짜 당신을 드러내기로 한 것은 무엇 때문입니까?

삶을 바꾸는 이 작업이 예전에는 불가능했을지 모른다는 점도 잊지 마세요. 이 작업이 가능해진 것은 지금 당신이 가진 지지의 네트워크가 더 튼튼해져서일 수도 있고, 자녀들이 더 자라서, 힘든 몇 년을 드디어 이겨내서인지도 모릅니다. 어쩌면 당신이 성숙해진 덕분인지도 모릅니다. '성찰 43 애도 허락하기'의 연장선에서 이 질문들이 불러오는 감정들도 기록해봅시다.

지금까지의 단계들에서 많은 통찰을 얻었기 바란다. 당신은 당신의 감정을 소리내어 말하기도 하고, 다른 사람의 부탁을 거절하기도 했을 것이다. 만약 그랬다면 축하한다고 말하고 싶다! 그러지 못했다 해도 괜찮다. 모든 사람에겐 나름의 여정이 있기 때문이다. 다만 희망은 통찰만으로 얻을 수 있는 것이 아니다. 도전이 필요한 것은 이 때문이다. 당신의 실제 선택과 행동이 변하는 것을 스스로 확인할 때, 잠자리에 누웠다가 '절대 못할 줄 알았던 일을 오늘 해냈어' 하고 깨달을 때 희망이 찾아온다. 변화하는 모습을 스스로 확인할 수 있기 때문이다. 숨지 않아도 된다는 증거이자 위험을 무릅쓰고 도전할 때마다 더 많은 자유가 찾아온다는 증거를 얻은 셈이다.

변화의 핵심

지금까지 우리는 두려움을 직면해야 한다고, 취약함을 받아들여야 한다고, 애도를 헤치고 자유를 향해 가야 한다고 이야기했다. 이제 자각의 힘을 이용해 행동으로 힘차게 나아갈 때다—이미 시작했는지도 모르겠지만 말이다. 통찰은 멋지고 유용한 일이다. 하지만 희망은 새로운 행위와 행동의 변화에서 나오는 것임을 기억하자. 이제 행동을 할 때다.

3단계에서 훑어보았던 열 가지 방향(186쪽)으로 돌아가보자. 우리는 이 열 가지 방향을 이정표로 사용할 것이다. 그다음에는 당신이 마음의 준비를 하고 특정한 도전이 필요한 세 가지 삶의 상황을 찾아보라고 질문할 것이다. 예시를 들겠지만 도전 과제는 당신이 직접 정하게 될 것이다. 당신이 결정한 도전 과제를 잘 알아볼 수 있도록 일기장에 목록으로 적어두자.

완벽주의의 통제를 느슨하게 만들기

완벽주의 그 자체

완벽주의자인 당신이 가장 두려워하는 것은 무엇일까? 무능력해 보이는 것, 단정하지 못한 모습을 보이는 것, 어쩌면 당신에게서 완벽한 모습을 기대한다고 믿는 사람을 실망시키는 것이리라. 당신은 완벽하지 않은 건 실패와 똑같다고 여긴다. 물론 이제는 당신 삶 전반에 해당되는 이야기가 아닐지도 모른다. 이제는 민낯으로 식료품점에 갈 수 있을지도 모른다. 어떤 문제를 상사와 터놓고 이야기할 수도 있을 것이다. 하지만 당신에게 정말 중요한 것에 대해서는 다른 잣대를 들이대고 만다. 당신 안의 비난의 목소리는 당신을 가혹하게 재단하고 수치심 속으로 밀어넣으려고 기다리고 있다.

성찰 45 **'무능력'이라는 꼬리표에 도전하기**

일기장을 펼친 뒤 당신에게 '통제를 벗어났다'는 꼬리표가 붙을 것 같아 두려운 행동을 세 가지 써보세요. (도전 과제는 스스로 정해야 한다는 것을 기억하길 바랍니다.) 그다음에는 당신이 위험을 무릅쓰고 해볼 도전이 무엇이 있는지 생각해봅시다. 예를 들면,

"다음번 위원회 회의를 마무리할 때, 앞으로의 진행 방향을 제안해달라고 부탁할 것이다—그러면서 내가 최선의 방향을 확신하지 못하는 것처럼 보이는 위험을 무릅쓸 것이다." 아니면 "주말에 동창회에 가서 십대 청소년인 내 아이가 약물에 손을 대기 시작했다고 솔직하게 털어놓을 것이다—그러면서 나쁜 부모로 보이는 위험을 무릅쓸 것이다." 아니면, "오늘 오후 스테이시가 놀러오지만 개지 않은 세탁물을 식탁 위에 그대로 둘 것이다—그리고 정리정돈을 안 하는 사람처럼 보이는 위험을 무릅쓸 것이다."

지금 든 예는 전부 당신이 완벽주의라는 자신의 관념으로부터 벗어나는 행동들입니다.

이제 세 가지 행동 중 어떤 것이 제일 쉬울지 정해봅시다. 그다음에는 용기를 끌어모아 실행해봅시다. 이렇게 당신은 두려움에 지배당하지 않고 스스로 선택한 삶을 살아가기 시작합니다. 주변 사람들이 조금 놀랄지도 모르겠네요. 하지만 기억했으면 합니다. 이 행동을 하는 건 그들이 아니라 당신을 위해서라는 사실을요.

수치심을 주는 목소리

오래전 지도교수에게 이런 말을 들은 적이 있다. "수치심은 유익한 감정이다—십 초 뒤 행동 변화를 이끌어내는 경우에만." 심리치료사로 살아보니 정말 맞는 말이었다. 문제는 지나치게 비판적인 수치심이 끊임없이 지속될 때다.

그러면 이제 스스로에게 수치심을 주는 행동을 변화시켜 보자. 먼저 수치심을 주는 목소리가 '중요하지 않다' '충분히 생산적이지 않다' 또는 '오늘의 계획에 어긋난다'고 말할 만한 사소한 일들을 해보자. 이 순간 느껴지는 기분이나 느낌에 충실하게 행동하는 것이다. (세탁물을 찾아와야 하지만) 세탁소를 그대로 지나쳐서 아이스크림을 사 먹자. 일요일 아침에 눈을 뜬 다음 그 순간 즉흥적으로 하고 싶은 일을 해보자. 정신건강을 돌보기 위해 하루 휴가를 낸 다음 그 하루를 할 일 목록으로 채우는 대신 스스로에게 무언가 멋진 일을 해주자. 좋다… 하루 종일을 쓸 수 없다면 오후 반차라도 써보자.

당신은 모든 것을 '올바른' 방향으로 이끌고자 하기에, 당신 안의 비판적인 목소리는 당신이 지금 이 순간에 머무르지 못하게 방해한다. 차에 올라타서 말 그대로 아무 데나 가보자. 당신이 어디에 도착하는지 그저 지켜보자. 그러다 폭풍우를 마주한다면 웃으면서 당신이 원했던 것이 바로 폭풍우였다고 생각하자. 폭풍 속에서 고개를 내밀고 "정말 멍청한 생각이었어" 하고 말하는 비판적인 목소리('밥'이라는 친구)를 약 올리는 연습으로 시작하자.

하루 중 세 번의 시간을 정해 일기장에 써두세요. 그다음에는 휴대폰 알람을 맞춥니다. 화요일 정오여도 좋고, 토요일 세 시여도 좋습니다. 알림이 울릴 때마다 지금 이 순간의 자기 자신을 살펴보세요. 자신에게 주의를 기울이면서 이 순간 여기서 당신이 하고 싶은 대로 해보세요.

어떤 느낌이 듭니까? 어떤 기분입니까? 스스로에게 이렇게 물어봅시다. **나는 지금 뭘 하고 싶은지?** 판단하지 마세요. **지금 해야 할 일은 따로 있는걸** 같은 생각은 접어두세요. 커피를 한 잔 마시는 사소한 행동이더라도 당신이 중요한 순간으로 정한 바로 이 순간 당신에게 필요한 것, 당신이 원하는 것을 무엇이든 해보세요.

다른 사람에게 주도권 넘겨주기

당신은 언제나 지나친 책임을 떠맡는 경향이 있다. 이제 통제 내려놓기에 도전하자. 당신 자신, 당신의 시간, 당신의 얼마 남지 않은 에너지를 존중하면 새로운 자유가 찾아와 '할 만큼 했어' 하고 말할 것이다.

책임을 내려놓을 때 어떤 불편함이 생길 수 있을까? 타인의 시선도 두렵겠지만 무방비 상태가 된 것만 같고 혼란스러워질 수도 있다. 정말 자유 시간이 생겨버리면 어떡하지? 당신은 바쁘게 움직이면서 스스로를 숨겨왔는데 말이다. 또 다른 사람이 한 일이 당신이 한 일처럼 잘 이루어지지 않는다면 분노나 실망감이 느껴져 불편해질 수도 있다. 아니면 구경꾼 노릇을 하면서 불안감을 느낄지도 모른다. 애초부터 내가 별로 필요 없었던 게 아닐까? 내 노력이 인정을 받았었나?

새로운 도전을 할 때마다 감정이 솟구쳐들어올 것이다. 그럼에도 도전해볼 가치는 있다. 이 도전을 통해 선택의 자유가, 무겁기만 하던 책임감에서 놓여나는 해방감이 찾아올 테니까.

성찰 47 내 시간을 어떻게 쓸지 정하기

자유 시간을 만들기 위한 세 가지 도전을 해볼 때입니다. 당신이 **해야 하는** 일이 아니라 **하고 싶은** 일을 정해봅시다. 예를 들면, '지역 푸드뱅크 위원장 자리를 내려놓겠다' 아니면 '손을 엉덩이 밑에 깔고 앉는 한이 있더라도' (로라의 이야기가 기억나겠지요?) '학교 행사에 자원하지 않겠다' '캠페인을 이끌어달라는 부탁을 받으면 싫다고 말할 것이다' 같은 행동입니다.

자유 시간에 무슨 일을 할지 생각할 때 신나고 해방감이 느껴질 수도 있습니다. 그러나 쉰다는 것, 휴식을 즐긴다는 것이 무엇인지를 아주 오랜만에 떠올리게 됐거나, 어쩌면 처음으로 알아가야 할지도 모릅니다. 이번에도 셋 중 가장 쉬운 도전부터 실행해봅시다. 그다음에는 결과가 어땠는지 써보세요.

정서적 고통 용인하기

이제 당신은 과거에 상처가 된 사건, 그리고 현재 상처가 되는 사건을 사소하다고 깎아내리지 않는 법을 배워야 한다. 트라우마, 학대, 방치를 있는 그대로 이름 붙이고, 고통을 더 잘 다루게 되는 것이 당신의 목표다. 당신은 오랫동안 고통을 외면해왔다. 이제는 수치심이 아니라 자기자비로 고통을 헤치고 나아가야 한다.

그렇다. 불편하거나 익숙지 않은 감정을 있는 그대로 느껴보라는 뜻이다. 나아가 살면서 느껴온 고통을 한쪽으로 치워버리지 말고, 어떻게 하면 더 가까이 다가갈 수 있을지도 생각해보았으면 한다. 연습이 필요하겠지만 할 수 있다.

성찰 48 고통 느끼기 연습

이번 과제는 수치심의 해독제인 자기자비를 한층 더 발달시키는 데 도움이 됩니다. 먼저, 다양한 나이대의 당신 사진들을 꺼내보세요. 그 나이의 당신에 대해 기억나는 것들은 무엇인가요? 사진 속에 보이는 것과 당신이 기억하는 것들을 글로 써보세요. 친구에게 사진을 보여주어도 좋고 타임라인에 붙여보아도 좋습니다.

다음으로, 어린 시절의 당신에게 편지를 써보세요. 그 시절의 당신에게 어떤 이야기를 해주고 싶습니까? 누군가가 해주어야 했지만 그 누구도 해주지 않았던 이야기는 무엇입니까? 이 질문에 대해 많은 사람들이 "그건 네 잘못이 아니었어"라고 답합니다. 그 아이가 당신에게 답장을 쓴다면 정말 의미 있을 것 같네요. 어린 당신이 지금의 당신에게 알려주고 싶은 자기 이야기는 무엇일까요? 아이의 답장은 평소에 잘 사용하지 않는 손으로 써봅시다. (이런 접근법에 대한 다양한 이론 가운데 한 이론에 따르면 주로 쓰는 두뇌가 아닌 다른 쪽 두뇌를 사용하면 새로운 감정과 기억을 끌어낼 수 있다고 합니다.) 그렇게 생각지 못한 답장이 쓰일지도 모릅니다.

마지막으로, 고통스러운 일이 일어난 장소를 찾아가면 당신에게 고통을 준 그 일에 더 가까이 다가갈 수 있습니다. (〈포레스트 검프〉에서 제니가 감옥 같았던 자신의 집을 향해 돌을 던지며 주체할 수 없이 흐느끼는 장면을 떠올려보세요.) 혼자가 아니라 누군가와 함께 가는 것도 좋습니다.

이 과제를 할 때는 주의하기 바랍니다. 해리 증상이 있거나 외상후스트레스장애 진단을 받았다면 친구와 함께 가더라도 위험할 수 있습니다. 그런 경우라면 믿을 수 있는 심리치료사의 도움을 받으며 이 경험을 진행하기를 바랍니다.

당신의 고통 속을 거닐어보는 데 도움이 되는 다른 행동들도 떠올려봅니다. 예를 들면 가족이나 오래된 친구에게 질문을 할 수 있을 것입니다. 하지만 지금은 그 행동들을 실제로 실천하기 보다는 일단 머릿속으로 생각해봅시다.

이렇게 생각한 행동들을 가장 쉬운 것에서 어려운 것순으로 실행해보세요. 트라우마에 시달리고 있다면 절대 혼자 해서는 안 된다는 점을 잊지 마시고요. 다른 과제와 마찬가지로 새로운 경험을 일기장에 기록해봅시다.

태연해지고 걱정하지 않기

우리는 모두 다음 순간 무슨 일이 일어날지 모르는 채 살아간다. 당신 자신과 사랑하는 사람들을 상상 가능한 모든 위험으로부터 지키려 애쓴다면 불안감은 지붕을 뚫을 정도로 치솟고 말 것이다. 바로 이 불안감이 당신을 괴롭히고 있을지도 모른다. 걱정하는 습관을 버리기는 쉽지 않다. 나는 걱정을 통해 상황을 통제하고 있다고 느껴. 무슨 일이 잘못될 거라고 생각하고 이를 막는 행동들을 해. 이런 말은 당신의 과도한 걱정에 대한 합리화다. 사실 걱정은 당신을 위험으로부터 지켜주는 것이 아니라, 당신이 생각에 사로잡혀 다른 감정을 느끼지 못하게 만들 뿐이다.

걱정을 도무지 내려놓을 수가 없는 당신을 위해 비유를 하나 해보려고 한다. 손에 펜을 한 자루 들고 있다고 상상해보자.

처음에는 펜을 최대한 꽉 잡아본다. 힘이 들어가는 바람에 손이 떨린다. 그다음에는 다시 놓치지 않을 정도로 느슨하게 잡아본다. 둘 중 어떤 방법이 더 힘이 들까? 전자다. 갑작스러운 일이 일어날 때 더 재빠르게 대처할 수 있는 것은 어느 쪽일까? 후자다. 마음이 평온할 때 우리는 후자처럼 생각하게 된다.

성찰 49 태연함의 기술 배우기

걱정을 줄이거나 보통 수준으로 낮추기 위해 하고 싶은 세 가지 행동을 정해봅시다. 아이디어를 조금 드리겠습니다. 성찰 일기와 별개로 '걱정 일기'를 써보는 건 어떨까요? 매일 같은 시간에 자리에 앉아 십 분간 이 걱정 일기에 당신 머릿속의 모든 걱정을 써 내려가는 것입니다. 그다음에는 걱정 일기를 덮고 스스로에게 말하세요. **이제 내일 이 시간까지는 더 이상 걱정하지 않을 거야.** 생각대로 잘 되지 않는다면 걱정이 될 때 핸드폰을 꺼내 기록해봅시다. 하지만 이 또한 다음날까지는 더 들여다보지 않아야 합니다. 이런 연습을 통해 당신은 자신의 걱정을 존중하는 동시에 한곳으로 몰아넣을 수 있습니다.

'성찰 4 나는 걱정이 ______________라고 믿는다'를 돌아보면서 당신이 걱정에 대해 어떻게 생각하고 있는지를 다시 한번 살펴보아도 좋겠습니다. 하지만 이번에는 행동에 초점을 두어야 한다는 사실을 기억하세요! 이런 도전은 어떨까요? "걱정을 멈추는 법에 대한 책을 한 권 사겠다." "걱정을 하지 않겠다는 결심을 계속 떠올릴 수 있게 손가락에 끈을 묶어두겠다." "명상 앱을 다운로드해서, 내일 이십 분 일찍 일어나 아침 명상을 해보겠다." 스스로에게 약속해보세요. 용기를 내 호흡을 하면서 시작해봅시다.

창의성과 놀이로 내 인생을 풍요롭게 하기

보도블록 위를 깡충깡충 뛰는 장난을 마지막으로 쳐본 게 언제일까? 글쎄, 이제부터 알아보자. 지금부터 당신은 놀이를 통해 창의성을 찾아갈 것이다. 성취를 통해 자존감을 찾을 수 있지만, 균형 없는 성취는 혹독한 노예 감시인이나 마찬가지다. 그러니 이번에는 당신에게 균형을 찾아줄 수 있는 목록을 만들어보자. 지금은 스스로에게 할 만큼 했어라고 말한 뒤, 어떤 압박감도 기대감도 느끼지 않으면서 놀고 즐기고 창의적이고 싶어로 나아갈 때다.

어쩌면 노는 게 편하지 않을지도 모른다. 이런 생각이 들지도 모른다. 집에서 아무것도 안 하고 있는 나를 보면 남들이 뭐라고 생각할까? 아니면 프로젝트에서 내 몫을 끝내지 못했다는 걸 아는 친구의 눈에 소풍을 즐기는 내가 어떻게 보이겠어? 아니면 그림이나 그리다 하루가 다 가버리면 어쩌지? 당신의 완벽주의적인 사고방식으로 재단할 때 이런 행동은 당신을 한량이나 쓸모없는 사람으로 만들 것이다. 또다시 이분법적 사고와 흑백논리를 들이대는 일이다.

성찰 50 노는 법 배우기

비판적인 사고에 지지 말고 다음 목록을 만들어봅시다. 당신이 즐기는 것 중 재미있거나 창의적이거나 즐거운 행동이라면 무엇이라도 좋습니다. "일주일에 두 번은 삼십 분 일찍 퇴근해서 요가 수업을 듣겠다." "옛날에 쓰던 피아노 악보를 꺼내서 피아노를 연주할 것이다." "언제나 내게 웃음을 주는 친구에게 전화를 걸어서 같이 무언가를 해보자고 할 것이다."

이제 시작해봅시다! 당신이 하고 싶은 창의적이거나 재미있는 일 열 가지를 목록으로 만들어보세요. 그다음에는 가장 쉬운 것을 골라 최대한 빨리 실행해봅시다. 어쩌면 처음으로 놀이의 즐거움을 깨달을지도 모를 당신이 너무나도 기대되는군요. 이 경험에서 알게 된 것을 글로 써봅시다. 참, 보도블록 위에서 뜀뛰기하기도 잊지 마세요. 정말 재미있거든요.

다른 사람이 내 진짜 세계에 들어오도록 허락하기

당신은 다른 사람이 당신을 진정으로 이해할 수 있도록 내면에 들여보내준 적이 없었을 것이다. 지금은 당신을 아끼는 사람들에게 그들이 당신에게 얼마나 많은 것을 줄 수 있는 존재인지 알려줄 기회다. 누군가가 의지하는 대상이 되는 게 얼마나 기분 좋은 일인지, 당신이 그들의 의견을 얼마나 귀하게 생각하는지, 당신과 그들의 관계가 갈등을 딛고 얼마나 더 단단해지는지 사랑하는 사람들에게 알려주자.

당신이 타인에게 솔직해질 때 상대가 어떤 반응을 보일 수 있는지, 이에 어떻게 대처하면 좋을지는 이 책의 마지막 장에서 조금 더 자세히 이야기할 것이다. 아직 다른 사람에게 마음을 열 준비가 되지 않았다면, 마지막 장을 먼저 읽어보고 와도 좋다.

성찰 51 **마음 열기**

마음을 열 수 있는 세 가지 기회를 골라봅시다. 이런 결정을 해보아도 좋겠습니다. '파트너에게 우리 관계에서 바꾸고 싶은 것을 이야기하겠다' '오늘 나는 상사에게 어머니가 아프시다고 말할 것이다. 업무에 영향을 받고 있으면서도 지금까지는 숨기려 했다' '며칠 전 나를 보고 '괜찮아?' 라고 물었던 친구에게 전화를 걸겠다. 그때 나는 웃으면서 아무렇지 않은 척했다. 오늘 나는 친구에게 전화를 걸어서 네 말이 맞는다고, 괜찮지 않다고 말하겠다.'

마음을 여는 방법을 배울 기회입니다. 바로 오늘입니다. 스스로에 대해 무언가를 털어놓을 때마다 어떤 기분이 들었는지 글로 써보세요. 할 수 있습니다!

자기자비 실천하기

본격적인 행동을 통한 도전도 이미 절반을 넘어섰다! 당신이 만들어내고 있는 변화들이 당신에게도 흥미진진하게 느껴졌으면 좋겠다. 스스로를 자랑스러워해주길.

자기자비의 기술들은 무엇일까? 그중 하나는 스스로에게 주의를 기울이며 신체적, 정신적, 정서적, 영적 느낌을 확인하는 것이다. 그다음에는 그 정보들이 중요하다는 것을 받아들여야 한다. 당신이 중요하기 때문이다. 당신은 이미 했던 수치심을 주는 목소리에 맞서는 도전, 당신이 그 순간 하고 싶은 일을 해보는 도전을 통해 이 과정을 즐겁게 해내기도 했다. 피곤하거나 아플 때, 머릿속이 뿌옇게 흐려질 때, 감정적으로 소진된 기분이 들 때, 영적으로 조화되지 못할 때 자기자비를 실천하려면 스스로에게 집중해야 한다.

물론 자기자비를 이루는 다른 요소도 있다. 그중 두 가지만 꼽자면 스스로를 용서하는 것과 스스로를 사랑하는 것이다. 하지만 여기서는 행동에 초점을 두기로 한다. 자신을 더 건강하게 보살피는 기술을 다지기 위해, 오늘 할 수 있는 일들은 어떤 것들이 있을까?

성찰 52 **내가 중요해**

당신이 다음달까지 자신에게 할 수 있는 친절하고 다정한 일 세 가지를 써봅시다. 무엇이라도 좋습니다. 마사지 받기도 좋고, 서점 가기, 놀러 다니기, 클라이밍 수업 시작하기 같은 것들이면 됩니다. 당신의 기분과 몸과 마음을 가꿀 수 있는 무엇이라도 좋습니다. 그것이 바로 당신이 나아가고자 하는 방향이기 때문입니다.

그다음에는 그중 하나를 선택하고 실행해봅시다! 다시 일기를 펼치고 스스로를 중요하게 여겼을 때 어떤 기분이 들었는지 기록해보세요.

내 건강 문제를 받아들이고 관리하기

당신은 정신이나 신체 건강상의 문제를 겪는다는 사실을 쉽사리 인정하지 못한다. 지쳐 있으면서도 이게 정상이라고 스스로에게 말한다. 강박적으로 온라인 쇼핑을 하면서도 재미있어서 하는 거라고 믿고 싶어한다. '건강한' 식생활을 하지만 사실은 친구들 사이에서 가장 마른 몸매를 가진 사람이라는 사실에서 스스로의 가치를 찾는다. 마음을 진정시키기 위해서 약에 의존한다. 하지만 다들 그런 거 아니야?

이제는 당신의 건강을 현실적으로 평가해볼 때다. 이를 위해 당신은 객관적인 태도를 가져야 한다. 이때 불편감이 치밀어오를 수도 있다. 의료인을 찾아 당신의 문제를 솔직히 털어놓는 게 취약한 일처럼 느껴지니까. 당신을 통제하던 수단들을 빼앗기거나, 이런 수단들에 대해 질문받는 것이 싫으니까. 하지만 이제는 당신의 진정한 안녕을 위해 싸우는 목소리에 귀를 기울여야 한다. 그 목소리가 하는 이야기를 잘 들어보자.

성찰 53 내게 필요한 것 살펴보기

다음 달까지 당신을 장기적으로 더 잘 돌보기 위해 할 수 있는 일 세 가지를 써봅시다. 지금 필요한 것은 응급처치가 아니라는 것을 잊지 마세요. 모든 면에서 몸과 마음의 건강을 향해 나아가려면 어떻게 해야 하는지 잘 생각해봅시다.

건강검진을 받으러 가서 여태 별것 아니라 치부했던 아픔이나 불편감을 주치의에게 솔직하게 말하세요. 심리치료사를 찾아가세요. 당신의 몸과 마음에서 일어나는 일에 관한 책이나 정보를 찾아보세요. 체육관에 등록하세요. 영성 상담을 받아보거나 멘토를 만나보세요. 잠을 더 많이 자세요. 영양사를 만나거나, 더 잘 먹으려고 노력해보세요. 이 과제의 주제는 균형을 벗어난 것들을 바로잡을 방법을 찾는 것입니다.

당신에게 필요한 것들에 집중하는 과정에서 무엇이 힘들었는지 써봅시다. 이런 행동들을 할 때 어떤 느낌이 들었습니까?

긍정적인 면과 부정적인 면 모두 보기

감사하는 동시에 알아채기할 수 있다. 당신이 가진 축복들을 헤아리는 동시에 힘들고 부담스러운 마음을 인정할 수 있다. 이때 두려움이 솟아올라 나는 불평할 권리가 없어, 굴하지 않는 모습을 보여야 해, 다른 사람들이 나를 깎아내릴지도 몰라, 내가 동정을 받으려 한다고 생각할지도 몰라 같은 말들을 끝도 없이 늘어놓을지도 모른다. 그러나 무엇을 선택하든지 장점과 단점은 언제나 함께 존재한다. 어떤 상황이건 긍정적인 면과 부정적인 면이 둘 다 있다.

축복에는 '이면'이 있다고 했던 것이 기억나는가? 새로운 직장이 마음에 들지만 아직은 출퇴근이 좀 힘들어, 아니면 연극 배역을 맡아서 신나지만 학업과 병행할 수 있을지 잘 모르겠어, 하고 생각할 때 우리는 이런 이면을 인정하게 된다. 어떤 일의 단점을 이야기한다고 해서 긍정적인 장점을 부정하는 것은 아니다.

조금 불평한들, 뭐 어때? 우리 모두 가끔은 조금씩 불평해도 괜찮다.

다음 과제에서 만들 목록은 지금까지 만든 것과는 조금 다를 것이다. 어떤 일의 이면에 대해 알아채는 것 이상의 또 다른 경험을 해보았으면 한다. 여러 친구들과 이야기를 나누고 대처 방법을 논의해보았으면 좋겠다. 다른 사람들의 반응을 들어보는 것도 재미있을 것이다. 어쩌면 당신의 친구들 역시 당신과 비슷한 행동을 할지도 모른다… 어떤 일이 가진 이면에 대한 이야기가 나오자마자 얼른 화제를 바꾸어 긍정적인 면을 바라본다거나, 당신의 힘든 이야기를 들어주기보다는 해결책을 찾으려 할지도 모른다. 당신 친구들 중 어떤 문제의 이면을 있는 그대로 받아들일 줄 아는 사람이 누구인지 알아보는 실험을 해보는 것도 좋겠다.

성찰 54 이면을 있는 그대로 받아들이기

당신이 논의하고 싶은 문제 세 가지, 당신 인생의 이면 세 가지, 그리고 이 이야기를 나누고 싶은 세 명(또는 그 이상)의 친구를 고르세요. 예를 들면 다음과 같이 마음먹을 수 있을 것입니다. "래리를 만나면 어깨 부상이 너무 심해지기 전에 치료하기는 했지만, 수술 후 회복이 잘 되고 있지 않아서 좌절감을 느낀다고 털어놓을 것이다." "우리 아이들이 축구 대항전에 나가는 게 정말 기쁘기는 하지만 어떻게 그 출장 경기 비용을 감당할지 도무지 모르겠다고 킨드라에게 솔직히 털어놓겠다." 당신의 목표는 수치심 없이 대화하는 것입니다.

행운을 빕니다! 그다음에는 솔직하게 털어놓을 때 어떤 감정이 들었는지 적어보세요.

관계 속에서 취약함과 친밀감 쌓기

이 책의 마지막 장에서 이 주제를 다루게 될 것이다. 그러나 당신이 여태껏 가면을 단단히 쓴 채 지속해왔던 관계들을 하나씩 알아보는 과정을 지금부터 시작해보자. 지금까지 당신은 다른 과제들을 통해 서서히 취약함을 드러내고, 타인에게 비밀을 보여주고, 힘들 때 힘들다고 이야기하는 연습을 했다. 이제는 이 일에 파트너나 친구를 초대해 당신이 만들어낸 외로움과 맞서 싸우는 방향으로 나아가보자. 당신은 지금 스스로를 변화시킬 뿐 아니라 그들과의 친밀감을 한층 깊이 다지려 한다는 사실을 사랑하는 사람들에게 알려주자. 상대 역시 당신에게 취약함을 드러내 보이기를 바라면서.

성찰 55 **진정한 친밀감을 향해**

이제 시작해봅시다. 사람들과 거리를 유지하기 위해 당신이 쓰는 세 가지 방법을 떠올려보세요. 그 사람들이 누구인지는 상관없습니다. 그다음에는 이 행동을 바꾸기 위해 어떻게 할지 생각해보세요. 예를 들면, 모두에게 "난 괜찮아"라고 말하는 대신, 적어도 한 사람에게만큼은 좀 더 솔직해져봅시다. 당신이 정말로 멋진 하루를 보내고 있을 수도 있겠지만 어쩌면 이렇게 말하고 싶을지도 모릅니다. "사실 요즘 몸이 좀 안 좋아. 그래서 병원에 가서 뭐가 문제인지 알아보려고 해." 다시 말하면, 진정한 당신을 조금 더 나누면서 상대방도 그렇게 해주기를 바라는 것입니다. "아내에게 단둘이 밖에서 저녁을 먹으면서 아이 이야기는 하지 말아보자고, 당신을 더 잘 알던 시절이 그립다고 말해야지" 같은 결심도 좋겠습니다.

지금까지 이야기한 열 가지 방향을 연습하는 것이 커다란 시작을 열어줄 것이다. 이 과정을 반복하면서 알아차리고 식별하고 이해하고 도전하자. 끈질김과 용기로 여기까지 온 당신을 칭찬해주고 싶다.

다음 장에서는 당신이 이 여정을 지속하는 데 방해가 될 수 있는 문제들, 그리고 트리거에 초점을 맞춰볼 것이다. 당신은 지금까지 아주 많은 성취를 이뤄냈다. 자유와 자기자비를 향해 나아가는 한 걸음 한 걸음은 착한 늑대에게 먹이를 주는 일이다. 이 싸움에서 분명 이길 수 있으리라 믿는다.

3부

진정한 나로 살아가기

4장

나에게 새로 생긴 불완전함의 외피 안으로 들어가기

처음 물레로 항아리를 빚으려고 끙끙댈 때는 점토가 당신 손가락 말을 듣지 않는다. 축축하고 끈적거리는 흙덩어리만 잡힌다. 그러나 연습하면 할수록 물레의 움직임에 따라 점토를 다루는 데 능숙해져서 기능적이고 아름다운 작품을 만들어낼 수 있다.

스티븐 배철러, 『어느 불교무신론자의 고백』

치유의 다섯 단계 중 마지막 단계에서 애도의 필요성에 대해 이야기했다. 이는 아무리 강조해도 지나치지 않다. 오랜 세월 진짜 나를 숨기면서 어떤 대가를 치렀는지 알고 나면 감당하기 어려운 슬픔과 상실감에 시달리게 된다. 스스로에게 애도를 허락하자. 당신은 완벽하게 숨겨진 우울의 원인 때문에 애도한다. 그것이 당신의 삶은 물론 당신이 사랑하는 사람들의 삶에 미친 영향 때문에 애도한다. 애도를 두려워하지 않았으면 한다. 우울을 숨기던 원인을 깨달은 뒤 당신의 감정을 드러내기 시작한 다음에도 우울 자체를 해결해야 하는 일이 남아 있다.

아마 심리치료 과정이 양파 껍질 벗기기와 비슷하다는 말을 들어본 적 있을 것이다. 스스로를 알아가는 과정은 여러 겹으로 되어 있고 한 겹씩 벗길 때마다 새로운 차원의 자각으로 나아가게 된다. 아마 이런 설명도 심리학 전문가들의 수작이라고 생각할지도 모르지만 그렇지 않다. 자신을 발견하는 여정을 시작할 때는 당신 안에 몇 겹의 과정이 존재하는지 알 수 없다. 앞에서 이야기한 러시아 인형처럼 말이다. 인형 안에 더 작은 인형들이 차곡차곡 들어 있어서 이렇게 많은 인형이 있었다는 사실을 깨닫고 깜짝 놀라는 것이다.

앞에서 인용한 스티븐 배철러는 『어느 불교무신론자의 고백』에서 의식의 확보가 복잡하고 변화무쌍하다는 점을 지적한다. "그러니 우리는 우리 자신이 머릿속에서 되뇌고 편집하고 검열하고 윤색한 이야기에 지나지 않는 것 아닐까?… 우리는 이제 자아감을 확보하려 습관적 행동과 반복되는 일과에 매달리는 대신, 나 자신을 만들어나갈 수 있다는 자유를 깨닫게 되는 것이다."

지금 당신이 하고 있는 일이 바로 그것이다. 내가 누구인지, 어떻게 성장하고 싶은지, 우울을 해소하기 위해 어떤 도전을 해야 하는지 배워나가는 충족감, 그것을 해나가고 있다.

우리는 또 치유의 다섯 단계 중 세 번째 단계와 다섯 번째 단계에서 특정한 방향, 즉 더 많은 선택지가 존재하는 방향으로 나아가는 일의 중요성을 이야기했다. 그리고 이를 위해 위험을 감수하고 도전할 여러 가지 행동을 일기장에 써보기도 했다.

내가 '앞으로 나아간다' 또는 '움직여나간다'고 쓰지 않고 특정한 '방향으로 나아간다'고 표현한 이유 중 하나는 도전과 변화가 지속적인 과정임을 강조하기 위해서다. 과정이기에 원할 때 언제든 멈출 수 있다. 다만 위험은 새로운 해방감을 불러일으키며 변화의 가능성을 차례차례 가져올 것이다. 흥미진진한 일이다. 두려울 수도 있다. 동시에 살아 있다는 감각을 느끼게 해줄 것이다.

이 장에서는 변화 과정에서 개개인을 좌절시킬 수 있는 네 가지 요인에 초점을 맞춰볼 것이다. 책의 초반부에서 우리는 변화를 다짐하기 어렵게 만드는 장해물에 대해 이야기했다. 당신은 변화를 이미 시작했고 아주 잘해나가고 있다. 하지만 구석에서 몸을 숨기고 있다가 당신을 멈추게 하거나 완벽하게 숨겨진 우울의 패턴 속으로 도로 들어가게 만드는 요인들도 존재한다.

- 특정 정신질환의 증상을 혼동하거나 과소평가할 때
- 작은 실수를 과정의 일부가 아닌 실패라고 여길 때
- 무의식적 트리거
- 애도의 어느 단계에서 벗어나지 못할 때

이제 각 요인을 하나씩 살펴보자.

특정 정신질환의 증상을 혼동하거나 과소평가한다

완벽주의는 다양한 형태의 불안, 식이장애, 신체상body image 및 자아존중감 관련 문제에서 나타날 수 있다. 한편 우울증 자체보다 완벽하게 숨겨진 우울과 공통점이 더 많은 네 가지 정신장애가 있다. 이런 정신질환을 축소시키거나 사소하게 생각해서는 안 된다. 정신질환을 알아차리고 치료하는 과정이 꼭 필요할 수 있기 때문이다. 여러 번 강조했지만, 완벽하게 숨겨진 우울이란 진단명이 아니라 증후군이다. 그렇기에 정신건강상의 다른 문제들을 그저 '완벽하게 숨겨진 우울'이라고 잘못 생각하거나 과소평가하면 성장과 안정에 해가 될 수 있다.

완벽하게 숨겨진 우울과 양극성장애 II형

우선, 양극성장애 II형이 무엇인지 간략히 살펴보자. 양극성장애 II형은 들뜨고 에너지 넘치는 상태와 우울증 삽화가 반복되는, 설명할 수 없는 기분 변화를 빈번하게 경험하는 순환성 장애다. 이런 기분 변화는 다양한 속도로 일어난다. (여기서 나는 또 다른 형태의 양극성장애인 양극성장애 I형은 포함하지 않았다. 양극성장애 I형의 증상은 보다 극적이기에 완벽하게 숨겨진 우울로 과소평가될 가능성이 적기 때문이다.) 당신이 성취하는 것도 많고 에너지도 많고 머릿속을 식히기가 힘들고 불안증세로 괴로워하고 잠을 많이 자지 못한다면 그것은 완벽하게 숨겨진 우울일까, 아니면 양극성장애 II형에서의 조증 삽화 상태일까?

> 양극성장애 II형 진단을 위해서는 『정신질환의 진단 및 통계편람 제5판』의 기준에 따라 현재 또는 과거의 조증 삽화와 함께 현재 또는 과거의 우울증 삽화 기준을 충족해야 한다.
>
> 조증 삽화란 최소 나흘 이상 하루 대부분 비정상적이며 지속적으로 고양되고 과장되고 초조한 기분이 들고, 활동성과 에너지가 비정상적으로 증가한 특정 상태를 가리킨다. 조증 진단을 위해서는 다음 증상 중 최소 세 가지를 충족해야 한다.
>
> - 팽창된 자존심 또는 과장된 자신감
> - 수면욕 저하
> - 평소보다 말이 많아지거나 말을 계속하게 됨
> - 사고의 비약 또는 사고가 연달아 일어나는 주관적 경험
> - 주의 산만
> - 목표지향적 활동의 증가(예: 직장이나 학교에서의 사회적 활동 또는 성적 활동) 또는 정신운동성 초조

- 고통스러운 결과를 초래할 만한 활동에 과도하게 몰두(예: 충동구매, 어리석은 투자, 무분별한 성행위)

우울증 삽화란 두 주 동안 아래의 증상 중 다섯 가지 이상이 나타나는 것을 가리킨다. (이때 우울감 또는 흥미 상실 내지 쾌락 상실이 반드시 포함되어야 한다.)

- 거의 매일 하루 종일 우울감이 이어짐
- 거의 모든 활동에 대해 흥미나 쾌락이 눈에 띄게 감소
- 의도치 않은 체중 감소나 식욕 변화가 두드러짐
- 불면 또는 과다 수면
- 정신운동성 초조 또는 무기력
- 피로감 또는 활력 상실
- 무가치감 또는 과도한/부적절한 죄책감
- 사고력, 집중력 저하 또는 우유부단
- 죽음 생각 반복, 자살사고 반복, 자살 시도 또는 자살 계획

이 문제를 바라보기 위해 다시 내 이야기를 해보겠다. 나는 두 번째 이혼할 즈음에 공황장애 때문에 정신건강의학과 의사의 도움을 받았다. 이제 와서 돌아보면 그 의사는 그리 유능하지 않았고 특히 심리치료사로서의 능력이 부족했기에 오랫동안 찾아가지는 않았다. 그는 나의 직업윤리가 치열하고 고되며

(나는 대학원생이었다), 내가 (겉으로 보기에는) 집중력 있고, 정서적인 고통과 분리되는 능력도 있으며, 열네 개의 공으로 저글링을 하듯이 여러 할 일을 동시에 처리하는 능력이 있다는 이유로 단숨에 조증이라는 진단을 내렸다. 그는 내게 기분 안정제인 리튬을 처방했다. 나는 한두 주 동안 혼수상태에 빠진 것처럼 질질 끌려다니다시피 했다. 의사의 진단은 틀렸다. 나는 조증 환자가 아니었다. 수치심과 슬픔을 완벽주의로 솜씨 좋게 숨긴 채 고통받고 있었을 뿐이다.

할 일을 끝내는 데 엄청난 집중력을 발휘하는 것은 당신의 본성 일부이기도 하고, 대학원 시절의 나처럼 다른 사람 눈에는 무리하는 것으로 보이기도 한다. 완벽하게 숨겨진 우울에서도 양극성장애 II형의 조증 단계에서도 휴식이나 붕 뜨는 시간은 거의 없다. 그러나 양극성장애 II형을 가진 사람은 불안과 초조감이 동반된 과도한 에너지 분출을 경험하다가 슬픔과 우울로 미끄러져 떨어진다. 이런 감정 기복이 다른 사람들의 눈에도 보일 정도로 당사자의 일상적 기능에 영향을 미친다.

완벽하게 숨겨진 우울을 겪는 사람들은 명백한 우울 속으로 떨어지지 않는다. 과장된 자신감을 느끼지도 않는다. 둘 다 허용할 수 없는 일이기 때문이다.

당신이 이런 순환을 겪고 있는 것 같다면 정신건강 전문가를 찾아가 이 차이를 확실히 알아보아야 한다. 또 완벽하게 숨겨진 우울을 겪는 동시에 어느 정도 양극성장애 II형에 해당되는 특성들로 힘들 수 있다는 사실도 기억했으면 한다. 이에 대해 잘 공부하고 도움을 요청하기를.

완벽하게 숨겨진 우울과 불안장애

우리 대부분은 사소한 불안이나 우울을 쉽게 드러낸다. "이번 면접 때문에 초조해"라든지 "바닷가에 놀러 가기 전에 2킬로를 감량해야 해" 같은 걱정은 자주 할 것이다. 하지만 진짜 불안장애는 이보다 훨씬 견디기 힘든 것이다. 불안장애에는 다양한 유형이 있지만 그중 두 가지가 특히 중요하다. 그중 하나는 완벽하게 숨겨진 우울과 주요 특성을 공유하는 범불안장애generalized anxiety disorder다.

중증 범불안장애가 있는 사람들은 트라우마적 상황들이 일어나는 것을 자꾸만 상상하게 된다고 토로한다. 실제로 그 상상이 폭력을 정확하게 예견하는 것만 같아서 마치 어마어마하게 위험해질 가능성이 있다는 게 아니라 분명히 그렇게 될 거라고 느끼기도 한다. 마치 정지시키는 방법을 모르는 영상을 보고 있는 것처럼 말이다. 이렇게 극도로 힘겨운 이유는 완벽하게 숨겨진 우울 때문이 아니다.

> 범불안장애의 특징은 여러 사건이나 활동에 대한 과도한 불안과 걱정이 최소 육 개월 이상 반복되는 것이다. 『정신질환의 진단 및 통계편람 제5판』에 따르면 범불안장애의 또

다른 특징은 걱정을 통제하기 어렵다는 것이다. 진단을 받으려면 다음 여섯 증상 중 세 가지 이상을 충족해야 한다.

- 안절부절못함 또는 아슬아슬한 느낌
- 쉽게 피로해짐
- 주의 집중 곤란이나 멍해지는 느낌
- 화를 잘 냄
- 근육의 긴장
- 수면장애

범불안장애와 완벽하게 숨겨진 우울의 공통점은 걱정이 과도하게 많다는 것이다.

리드 윌슨은 『겁먹지 마』에서 범불안장애 환자의 걱정에 관해 이렇게 설명한다. "범불안장애 환자들에게 지배적인 특징은 공황이 아니다… 그들 중 90퍼센트 이상이 하루 종일 자잘한 것들을 걱정한다… '이런 업무 환경에서 내가 실패하지 않을까?' '그들이 나를 받아들여줄까?' '내 아이들이 다칠까 봐 무서워.' '주택융자금을 갚지 못하면 어떻게 될까?'… 범불안장애 환자들은 자신이 외부 사건에 대처하지 못하는 상황을 걱정한다."

아마 여기서 범불안장애에서의 걱정과 완벽하게 숨겨진 우울에서의 걱정 사이의 차이를 알 수 있을 것이다. 완벽하게 숨겨진 우울에서 걱정의 중점이 되는 것은 드러남에 대한 공포와 통제 상실이다. 범불안장애 환자들과 달리 완벽하게 숨겨진 우울을 겪는 사람들은 스트레스나 외부 압력에 대처할 수 있다고 자신한다.

그 밖에도 범불안장애와 완벽하게 숨겨진 우울 사이에는 중대한 차이점이 있다.

범불안장애의 증상들을 다시 한번 훑어보기 바란다. 완벽하게 숨겨진 우울을 겪는 사람들은 불안감을 최대한 숨기고 무척 잘 대처하고 있는 것처럼 행동한다. 레이시가 "저도 걱정을 하지만, 다른 사람들 눈에는 잘해나가고 있는 것처럼 보일 거예요"라고 말했듯이 말이다. 범불안장애 환자들은 불안감을 숨기지 못한다. 다른 사람들에게 걱정 많은 사람 취급을 받거나, 아이들에게 조심하라고 거듭 당부한다. 걱정이 스며들어 사고 기능을 방해하기도 하고 심지어 세상에서 고립되기도 한다.

또 완벽하게 숨겨진 우울을 겪는 사람들에게는 불안장애의 유형인 강박장애obsessive-compulsive disorder의 징후들이 나타날 수 있다.

> 강박장애의 특징은 강박사고나 강박행동이 나타나거나 둘 다가 존재하는 것이다. 강박사고와 강박행동은 시간을 많이 소모하거나(하루에 한 시간 이상), 임상적으로 유의미한 고통 또는 사회적, 직업적, 기타 중요한 기능 영역에서 장애

를 유발한다.

『정신질환의 진단 및 통계편람 제5판』에서 정의한 바에 따르면 강박사고는 반복적이고 지속적인 사고, 충동, 심상이 침투해 원치 않는 형태로 경험되며 대부분의 개인에게 현저한 불안과 고통을 초래한다. 강박장애 환자들은 이런 사고, 충동, 심상을 억누르거나 이를 다른 생각이나 행동(즉 강박행동 수행)으로 완화시키려 한다.

강박행동은 강박사고에 대한 반응이자 엄격한 규칙에 따라 반드시 해야 한다고 느끼는 반복 행동(예: 손 씻기, 정리하기, 확인하기) 또는 정신 활동(예: 기도하기, 숫자 세기, 마음속으로 단어 반복하기)이다. 이러한 행동이나 정신 활동은 불안이나 고통을 방지하거나 감소시키기 위해, 또는 두려운 사건이나 상황을 방지하기 위한 것이다. 그러나 이러한 행동이나 정신 활동은 이들이 완화시키거나 방지하고자 하는 대상과 현실적으로 연결되어 있지 않거나 확실히 과한 것이다.

강박장애 환자는 불안감을 통제하기 위해 특정 행동을 강박적으로 반복하고자 한다. 강박장애를 가진 사람은 예를 들면 모든 것을 목록으로 만들려 하고, 반드시 반복해야 하는 의식들이 있고, 융통성 발휘를 힘들어하며, 주변의 사물들을 강박적으로 세거나, 주변 환경을 티 하나 없이 청결하게 유지해야 한다고 느껴서 새벽 두 시에 일어나 부엌 바닥을 닦기도 한다.

완벽하게 숨겨진 우울을 심하게 겪고 있었던 동시에 강박장애의 징후도 보였던 브리태니는 일정을 달력에 아주 세세하게 기록해야 한다는 강박을 느꼈다. 브리태니의 달력은 빽빽한 데다가 포스트잇이며 색인표가 가득 붙어 있어서 다른 사람은 해독하기도 힘들 정도였다. 그녀는 나에게 이 달력을 보여주기 부끄러워서 보여주기 전에 달력을 '정리'하기까지 했다. 스스로에게 그렇게 높은 정확성을 요구하는 모습을 보니 슬펐지만, 브리태니 자신은 그렇게 정밀한 목록을 만드는 의식에서 편안함을 느꼈다.

다시 말하지만 범불안장애와 강박장애 양쪽 모두를 잘 아는 정신건강 전문가와 이야기해보면 그 차이를 확실히 알 수 있다. 양극성장애 II형과 마찬가지로 이 질병들과 완벽하게 숨겨진 우울은 양자택일해야 하는 것이 아니라 공존할 수 있는 것이다. 당신의 목표는 당신을 괴롭게 하는 것에 관해 최대한 명확하게 이해하는 것이기에, 이런 질병들을 배제할 수 있으면 유용하다. 이는 문제를 만드는 것이 아니라, 문제를 정확하게 이해하고 필요한 도움을 받기 위한 것임을 기억하자.

완벽하게 숨겨진 우울과 경계성 인격장애

경계성 인격장애boderline personality disorder의 주요 특징 하나는 강력하고 충동적이며 불안정한 감정에 지배받는 삶이다. 경계성 인격장애 환자의 삶은 감정의 혼돈, 극적인 상승과 하강, 자해 경향, 자살 시도, 버림받음에 대한 극한 두려움으로 가득 차 있다.

> 경계성 인격장애는 『정신질환의 진단 및 통계편람 제5판』에 따르면 대인 관계, 자아상, 정동의 불안정성이 광범위한 패턴으로 나타난다는 것이 특징이다. 또 성인기 초기에서 현재에 이르기까지 다양한 맥락에서 충동성을 드러내며, 아래의 증상 중 다섯 가지 이상이 해당된다.
>
> ◦ 실제 혹은 상상 속에서 버림받는 상황을 피하려고 필사적으로 노력함
> ◦ 극단적인 이상화와 평가절하를 오가는 것이 특징인 불안정하고 강력한 인간관계 패턴
> ◦ 정체성 혼란: 현저하며 지속적으로 나타나는 불안정한 자아상 또는 자아감
> ◦ 자기를 해칠 가능성이 있는 최소 두 개의 영역에서 충동성을 보임(예: 소비, 섹스, 물질 남용, 난폭 운전, 폭식)
> ◦ 반복되는 자살 행동, 제스처, 위협 또는 자해 행동

- 현저한 정서의 반응성에 따른 정동 불안정(예: 보통 몇 시간 동안에 그치며 드물게는 며칠 이상 지속되는 간헐적인 극심한 불쾌감, 성마름, 불안)
- 만성적 공허감
- 부적절하고 극심한 분노 또는 분노 조절의 어려움
- 스트레스로 인한 일시적인 편집증적 사고 또는 극심한 해리 증상

그렇다면 경계성 인격장애를 가진 사람이 어째서 완벽하게 숨겨진 우울을 겪고 있다고 생각하게 될까? 경계성 인격장애 환자들은 나와의 심리치료 중 자기 안이 깜깜하고 공허함으로, 궁극적으로는 절망, 고독, 자기혐오, 분노로 가득 차 있는 것 같다고 묘사하곤 했다. 한 환자는 이를 "내 삶의 좋은 부분을 전부 빨아들이려 드는 블랙홀"이라고 표현했다. 자기 안의 이 깜깜하고 공허한 부분이 완벽하게 숨겨진 우울에서의 '숨겨진 자기'와 겹쳐지거나 비슷해 보일 수 있다. 또 다른 경계성 인격장애 환자는 이렇게 말했다. "완벽하게 숨겨진 우울이야말로 제가 느끼는 바로 그 감정이에요. 저는 언제나 스스로를 숨기고 있어요. 저는 동시에 두 사람이 될 수 있거든요."

크리스틴 앤 로슨은 경계성 인격장애를 다룬 뛰어난 책 『경계성 어머니 이해하기』에서 이 경계성 이중인격을 묘사한다. 경계성 인격장애를 가진 사람을 알아보는 것이 어려운 이

유는, 그들은 친밀하지 않은 관계에서 평범해 보일 수 있으며, "대외적이거나 공적인 인격이 다르고" "조직 환경에서나 특정한 역할을 수행할 때는 잘 기능하기" 때문이라고 말한다. 이 설명 중 일부는 완벽하게 숨겨진 우울과 흡사하게 들린다.

하지만 이런 행동을 유발하는 원인이 사뭇 다르다. 사실 완벽하게 숨겨진 우울과 경계성 인격장애의 역동은 감정의 양극단에 위치해 있다고 볼 수 있다. 완벽하게 숨겨진 우울의 경우 행동을 지배하는 것은 주지화intellectualization와 과한 분석인 반면 경계성 인격장애를 지배하는 것은 극적인 감정과 충동성이다.

두 가지가 다르다는 점이 슬프기도 하고 다행이기도 하다. 만약 당신이 경계성 인격장애 진단 기준에 들어맞는 것 같다면 반드시 도움을 받아야 한다. 변증법행동치료 등 특수한 치료 요법이 큰 도움이 된다. 열심히 노력하면 더 안정적인 삶으로 나아갈 수 있다.

성찰 56 나에게 이런 장애들이 있을지 성찰해봐야 할까?

완벽하게 숨겨진 우울과 공통점이 있는 장애에 대한 내용을 읽다 보면 이렇게 생각하고 싶은 유혹이 찾아옵니다. **앗, 나도 그래** 아니면 **세상에, 나도 딱 저런 기분이 든 적 있었어.** 많은 사람들이

때때로 폭발적으로 에너지를 분출합니다. 많은 사람들이 걱정을 다스리기 어려워하고 혼자가 될까 봐 두려워합니다. 이런 감정에 지나치게 몰입하면 거의 모든 사람이 하고 있는 평범한 일을 병으로 생각하는 실수를 저지를 수 있습니다.

이 진단 기준들과 당신의 행동을 최대한 객관적으로 보려 애쓰세요. 각 장애의 진단 카테고리 중 당신에게 해당된다고 생각하는 것들을 글로 써보세요. 그다음에는 필요하다고 생각되는 경우 주치의나 정신건강의학과 전문의 또는 심리치료사처럼 당신의 증상을 객관적으로 상의할 수 있는 사람과 진료 예약을 잡으세요. 자신에게 주의를 기울이지 않는 실수를 하고 싶지 않겠지만, 동시에 모든 것을 과도하게 분석해서 실제로는 존재하지 않는 문제에 대한 걱정을 키우고 싶지도 않을 것입니다. 그저 만반의 준비를 하는 것이 좋겠지요. 실제로 정신과적 증상에 시달리고 있다면 이 정보가 당신의 선택에 도움이 될 것입니다.

작은 실수를 과정의 일부가 아닌 실패라고 여긴다

익숙지 않은 고통은 익숙한 고통보다 훨씬 더 두렵다고 여러 번 이야기했다. '나답지 않은' 무언가에 도전하고 새로운 행동을 시도할 때면 불편한 기분이 든다. 여태까지 완벽하게 숨겨진 우울은 상당히 효과가 좋았던 것이다. (그 효과가 더 통하지 않을 때까지긴 하지만 말이다.) 그렇기에 불편을 선택하기는 어려울 수 있다.

심리치료를 하면서 자신의 삶을 다양한 방식으로 변화시키려는 사람들을 많이 만났다. 때로 그 노력은 잘 진행되다가… 펑 하고 폭발해버리기도 한다! 그럴 때면 당황한 당신은 너무 놀라 어떻게 해야 할지 모르게 된다. 스트레스가 너무 커져서 낡은 습관, 즉 (건강하지 않을지라도) 익숙한 대처 전략으로 돌아가기도 한다. 몇 년간 술을 마시지 않은 알코올중독 회복기의 사람이 예전 상태로 되돌아가는 것도 어느 정도는 이 때문이다. 아니면 한층 더 건강한 소통 기술을 배운 부부가 잘 지내다 긴 명절 중 친지의 방문 뒤 다시 오래된 패턴으로 악화되는 것도 비슷하다. 아니면 건강한 식습관을 잘 유지하고 있다가 아이가 병원에 입원하자 마음을 진정시키려 좋아하는 음식을 꺼내는 것과 같다. 우리 모두 이런 일을 한다. 이런 일을 하지 않으려면 과할 정도의 자기규율이 필요하다.

'재발'했다는 걸 알게 된 당신은 스스로를 질책하고, 의도를 유지하지 못했다는 무력감을 느낄 수 있다. 그러나 이 또한 과정의 일부라고 생각할 수도 있다.

이전의 선택이나 패턴으로 돌아온다 해도 실패한 것이 아니라는 사실을 받아들여야 한다. 당신은 배워나가는 단계다. 실수가 있어야 배울 수 있다. 당신의 의도와 몰입은 필요한 만큼 얼마든지 새로워질 수 있다.

다시 한번 강조하고 싶다. 건강한 배움에는 실수가 반드시 필요하다. 건강한 배움을 위해서는 자동조종 모드로 자꾸 돌아가게 되는 자신에 대한 연민이 필요하다. 새로운 일상을 만들기 위해서는 시간이 필요하다. 중요한 것은 당신의 여정 자체이지 목적지가 아니라는 사실을 기억했으면 한다.

또 수치심의 역할을 잊지 말자.('밥'을 기억하겠지?) 수치심은 금세 목소리를 높여 이렇게 비웃을 수 있다. "봐, 이 책을 읽어도 도움이 안 될 거라고 했잖아… 누굴 속이려고 해? 지금이라도 포기해."

실수할 때마다 의도를 새롭게 다지고 여정을 포기하지 않도록 내맡기길 바란다. 자신에게 수치심을 주면 결국 완벽해 보이려 애쓰는 모습으로 되돌아가고 말 것이다.

무의식적 트리거의 힘

취약함을 편안하게 받아들이는 일의 중요성을 알게 된 다음에도 실수하고 자동조종 모드로 돌아가고 간절히 숨고 싶어진다. 그 이유 중 하나가 트리거trigger다.

트리거란 무엇일까? 다음의 이야기로 예를 들어 보겠다.

" 마거릿(나) 이야기: 골프가 유발한 트리거

내 아이가 아장아장 걷는 아기였던 시절, 어느 토요일 아침에 남편이 부엌에 서서 무심코 혼잣말을 했다. "오늘은 골프나 치러 갈까?"

여기서 알아야 할 것은, 남편은 아이가 태어난 뒤 딱 두 번 골프를 치러 갔다는 사실이다. 남편은 기저귀 갈이와 이유식 먹이기를 비롯해 좋은 아빠가 되기 위한 노력을 다 했다. 슈퍼맨은 아니지만 좋은 아빠 말이다. 그렇기에 내가 그 순간 폭발했을 때 우리 둘 모두 충격을 받았다.

"골프를 치러 가겠다니 그게 말이 되는 소리야?" 내가 고함을 질렀다.

남편은 당황한 표정이었다. 나도 당황했다. 순식간에 눈물이 고였다. 호르몬 탓을 할 수는 없었다. 아이가 벌써 두 살이었으니까.

그때 갑자기 오랫동안 떠올리지 않았던 기억이 찾아왔다. 우리 아버지는 골프를 좋아해서 쉴 수 있는 얼마 안 되는 토요일이면 골프를 치러 갔다. 그러면 나는 엄마와 단둘이 남았고, 슬프게도 그럴 때마다 엄마는 나에게 부부관계에 대해 너무 많은 것을 털어놓았다.

아주 잘 숨겨두었던 이런 역동에 대한 아주 오래된 분노가 그 토요일 아침 산에서 달려내려오는 화물열차처럼 나를 향해 질주해온 것이다.

그 순간 지금까지 무의식 속에 숨겨져 있던 것이 갑자기 의식적인 정신 속으로 달려들어왔다. 트리거는 과거와의 연관성 때문에 지금의 당신에게까지 힘을 발휘하는 그 무엇을 보여준다.

의식적 트리거

누구에게나 감정적 또는 정신적 트리거가 있고, 그중 대부분은 우리도 이미 알고 있는 것들이다. 그것을 의식적 트리거라고 한다. 그중 어떤 것은 유쾌하기도 하다. 파이프 담배 연기를 맡으면 사랑하는 할아버지가 생각난다. 명절용 장식품을 꺼낼 때마다 장식품 하나하나에 묻어 있는 명절의 기억이며 가족만의 의식을 떠올리며 감상적이 된다.

하지만 의식적 트리거 중에 절대 유쾌하지 않은 것도 많다. 얼굴에 턱수염의 까칠한 감촉이 닿는 순간 당신을 성적으로 학대한 사람의 기억이 떠오른다. 옆차선에서 달리는 화물차의 소음을 들으면 예전의 교통사고가 떠올라 불안감이 찾아온다. 최악의 경우 트리거 자체가 회상을 유발해 마치 과거의 트라우마를 고스란히 다시 경험하는 기분이 든다. 자동차 역화 현상이 총성처럼 느껴져 쓰러지기도 한다. 오래전 당신을 심하게 물었던 개와 같은 종의 개를 보면 겁에 질려 도망친다.

무의식적 트리거

의식적으로는 알지 못하는 트리거도 있다. 멀로리의 이야기가 기억나는지? 어린 시절 멀로리는 거의 항상 방치당했으나, 관심을 받을 때도 일관성이 없어서 호된 꾸지람을 받을 때도 있었고 과도하게 퍼붓는 애정을 받을 때도 있었다. 이 때문에 혼란을 느꼈던 멀로리는 혼자 있을 때 안전하다고 느꼈다. 그녀는 부모의 꾸준하고 따뜻한 사랑을 경험해보지 못했다. 오랜 시간이 흐른 뒤, 멀로리의 자녀들이 엄마와 가까이 있고 싶어하자 그녀는 이상하게도 덫에 걸린 것만 같은 기분이 들었고, 오래전 도망치고 싶었던 감정과 다시금 싸워야 했다. 트리거가 눌린 것이다. 멀로리는 타임라인을 통해 이 트리거를 알게 되었고, 현재와 과거의 연관을 알게 되었다.

잠시, 감정과 가까워지는 앞의 과제로 돌아가보자. 우리는 타임라인을 만들었다. 타임라인의 각 사건으로부터 받은 메시지를 글로 썼다. 그리고 그 메시지가 불러일으킨 감정과 연결하고, 현재 당신의 행동과 타임라인 속 과거의 사건 사이에 존재하는 패턴을 확인했다.

무의식적 트리거를 찾아내는 것은 타임라인 작업의 연장선에 있다. 그렇다면 무의식적인 트리거가 눌리고 있다는 것을 어떻게 알 수 있을까? 당신이 무언가에 과하게 반응하거나 미온적으로 반응하는 경우가 있을 것이다. 상황에 객관적으로 '맞지' 않는 반응을 보이는 것이다. 이때 당신은 과거 경험의(긍정적일 수도 있고 고통스러울 수도 있는) 핵심을 알아차릴 수 있다.

단서가 되는 것은 당신의 반응이다.

어쩌면 당신은 어린 시절 정서적 학대를 당했기 때문에 당신의 연인이 당신을 심리적으로 조종한다는 사실을 알아차리지 못할 수도 있다. 이는 과소 반응이다. 아니면, 어린 시절 부모가 당신에게 분노를 쏟아내곤 했기에 가장 친한 친구가 당신에게 화가 났다는 걸 알게 된 순간 그것을 절교 신호로 비약해 받아들일 수도 있다. 이는 과잉 반응이다.

노골적인 트리거와 미묘한 트리거

트리거는 노골적일 수도 있고 미묘할 수도 있다. 예를 들어 어린 시절 살던 집이 토네이도로 무너진 경험이 있다면 당신은 토네이도를 무서워하고 토네이도가 다가왔을 때 감정적으로 격양될 가능성이 높다. 이때 토네이도는 노골적이고 의식적인 트리거다.

제네사의 이야기를 읽으면 건강하지 못한 오래된 패턴을 현재까지 생생하게 보존시키는 한층 더 미묘한 트리거에 대해 이해할 수 있을 것이다.

“ 제네사 이야기: 트리거를 바라보기 힘들어

제네사는 어서 대학에 진학해 보장된 미래로 나아가고 싶어하던 낙천적인 십대였다. 제네사의 가족 중에는 불굴의 정신으로 잘 알려진 강인하고 모험적인 여성이 많았다.

어느 깜깜한 밤 제네사는 캠퍼스의 외딴곳을 혼자 걸어

가다가 폭행을 동반한 강간을 당했다. 제네사는 부모 외에 누구에게도 이 이야기를 털어놓지 않았다. 강간범이 스키 마스크를 쓰고 있었기에 용의자들을 특정한다 해도 알아볼 수 없을 것 같아서였다. 그녀는 주말을 끼고 한동안 집에서 쉬다가 학교로 돌아갔다. 가급적 그 트라우마에서 스스로를 분리하며 사건을 "과거에 묻었다."

내가 제네사에게 성적으로 학대당한 경험이 있느냐고 묻기 전까지 그녀는 이 사건에 대해 한마디도 하지 않았다. 이 사건에 대해서는 전혀 생각하지 않는다고 했다. 그 사건이 그녀를 어떻게 변화시켰는지 물었을 때는 이렇게 대답했다. "변화시키지 않았다고 생각해요." 그녀는 성관계를 갖는 데 아무 문제도 없다며 이를 일축했다.

제네사는 심리치료를 그만두었다가 다시 시작하기를 여러 번 반복했다. 주제는 언제나 같았다. 그녀는 자꾸만 거짓말을 일삼고 그녀를 심리적으로 조종하는 남자들에게 매력을 느꼈다. 그리고 그 남자들의 잘못된 행동을 가족이나 친구들에게 숨기고 무척 잘 지내는 것처럼 굴었다. 회사에서는 승진을 거듭하며 성공을 거두고 있었다. 그녀는 직업상의 스트레스를 남자를 용서하는 이유로 내세웠다. 다른 사람을 찾는 것이 너무 고될 것 같다는 것이었다. 결국 한 남자에게 지칠 대로 지쳐 헤어지고 나면 새로 만난 남자 역시 그녀를 소홀히 대했다.

몇 년에 걸쳐 나는 자신의 정서적 안정에 대한 제네사의 자각과 존중이 최소 수준이라고, 또 남자친구의 거짓말과 바람 앞에서 과소 반응을 보이는 것은 강간당할 때 느낀 공포와 무력감과 큰 연관이 있을 거라고 여러 번 이야기했다. 하지만 그때마다 제네사는 나를 멍하니 바라보며 "그런 게 아니에요" 했다. 우리는 자기 태만의 원인이 될 수 있는 것들로 가족 내 역동, 친밀성 문제, 자존감으로 인한 괴로움을 짚어보았다. 제네사는 어느 정도 진전을 보였다. 하지만 제네사는 남자가 또다시 거짓말을 하거나 그녀를 심리적으로 조종할 때마다 강간 피해 경험에서 느낀 감정들을 차단했던 것과 같이 무감각해지고 마비된 것처럼 굴었다.

내 생각이 맞는다고 백 퍼센트 확신할 수는 없다. 그러나 그녀는 치료 과정 내내 강간 피해 경험을 떠올리기만은 끝끝내 거부했다. 그리고 현재의 행동 역시 변하지 않았다.

제네사의 이야기는 당신이 과잉 반응하건 과소 반응하건 간에 자신의 트리거를 인정하고 받아들이기가 생각만큼 쉽지 않다는 것을 보여준다.

성찰 57 나는 내 트리거를 알고 있을까?

이제는 익숙해졌을 일기장을 꺼낸 다음, 당신이 최근 무언가에 대해 과잉 반응했거나 과소 반응했던 때가 언제였는지 떠올려봅시다. 이 작업을 위해서는 스스로를 객관적으로 바라보아야 하기에 믿을 수 있는 친구에게 물어보는 것도 좋습니다. 다른 사람들은 중요하게 생각하는 일을 당신이 축소해서 생각하거나, 딱히 그럴 만한 이유가 없는데도 당신이 화를 냈던 일이 무엇인지 알 수 있도록 친구들이 도와줄 수 있을 것입니다.

상황을 설명한 다음에는 이 과잉 반응이나 과소 반응을 불러온 트리거가 무엇일지 글로 써봅시다. 타임라인을 다시 보면서 이 감정의 원인이 될 만한 사건이나 경험이 있는지 살펴봅시다. 스스로에게 물어봅시다. 이전에 이런 기분을 느낀 건 언제였나요?

앞으로 며칠 동안 당신의 반응을 유념해서 살펴보기 바랍니다. 당신의 트리거가 언제 자극을 받는지, 당신이 과잉 반응하는지, 과소 반응하는지 말입니다. 만약 그런 일이 있다면, 그 순간에 일어나고 있는 일을 일기장에 기록하세요. 그다음에는 이 감정이 과거에 일어난 어떤 일과 연결되어 있는 것이 아닌지 살펴보세요. 타임라인을 참고해서 아이디어를 얻어봅시다. 스스로에게 이렇게 질문해보아도 좋습니다. **내가 왜 이렇게까지 당황한 거지?** 아니면 **어째서 나는 그녀가 울고 있다는 사실을 알아차리지도 못한 것일까?** 연습이 필요한 작업이지만 곧 아주 잘할 수 있을 것입니다!

트라우마에 대해 더 이야기해보자. 트라우마는 취약하다는 감각을 강하게 자극하는 무척 괴롭고 불안한 경험이다. 트라우마에서 트리거가 생겨나는 경우가 종종 있다. 타임라인 작업을 통해 트라우마가 된 경험들을 잘 알게 되었을 것이다. 아니면 자신의 트리거를 알아가는 과정에서 이전에는 축소해서 생각하거나 부정했던 어떤 경험을 트라우마라고 이름 붙일 수 있게 될 수도 있을 것이다.

트라우마 치유 과정은 고통을 동반한다. 만약 성적으로든 신체적으로든 성장 과정에서든 관계에서든 일종의 트라우마를 겪었다면 트라우마 치유 훈련을 받은 심리치료사를 만나는 것이 가장 좋다. 트라우마가 있다는 것은 당신이 약하다는 뜻이 아니라, 트라우마로 인해 당신이 입은 손상이 크다는 의미일 뿐이다. 최면치료나 안구운동 민감 소실 및 재처리 기법eye movement desensitization and reprocessing을 비롯해 다양한 접근법을 이용할 수 있다. 심리치료사에게 어떤 방법이 당신에게 가장 잘 맞을지 물어보자.

성찰 58 내 인생의 트라우마

당신이 만든 타임라인으로 돌아가서 다시 한번 전체적으로 살펴봅시다. 당신에게 깊은 괴로움을 주었고 취약한 느낌을 일깨운 경험에 전부 '트라우마'라는 이름을 붙여봅시다.

무언가를 '트라우마'라고 부른다는 생각 자체에 질색할지도 모르겠습니다. '학대'라는 말에 익숙해져야 할 때처럼요. 하지만 스스로에게 이렇게 물어보세요. 만약 이 사건이 내가 사랑하는 사람에게 일어났다면, 나는 이 사건이 그 사람에게 트라우마가 되었다고 생각할까? 만약 그렇다는 생각이 든다면, 그 사건에 트라우마라는 이름을 붙이세요.

물론, 당신의 배경에 트라우마가 없을 수도 있습니다. 하지만 우리 대부분은 트라우마를 가지고 있기에 이 작업을 통해 그 경험들이 만들어낸 악영향을 알아보고, 연민의 마음으로 그 경험들과 연결되어볼 수 있기를 바랍니다.

애도의 어느 단계에서 벗어나지 못할 때

이 장의 시작 부분에서 나는 애도의 필요성에 대해 강조했다. 그러나 이때 문제가 생길 수 있다. 어느 단계에 갇혀서 꼼짝달싹 못할 수 있는 것이다. 엘리자베스 퀴블러 로스가 『죽음과 죽어감』(2014)에서 최초로 정의한 애도의 다섯 단계는 부정, 분노, 협상, 우울, 수용이다. 이 과정은 유충이 나비가 되는 과정처럼 고정된 것이 아니다. 정해진 순서대로 흘러가는 것도 아니다. 공허감, 초조감, 불신, 슬픔, 버려진 것 같은 감정을 비롯해 애도의 복잡한 감정들이 당신을 휩쌌다가 사라질 수 있다.

어떻게 보면 완벽하게 숨겨진 우울을 겪는다는 것은 당신이 오랫동안 애도의 특정 단계, 즉 부정의 단계에 갇혀 있었다는 뜻일 수도 있다. 부정에서 벗어나면 수많은 감정이 당신을 기다리고 있다. 이 감정들은 압도적일 수 있다. 하지만 그런 감정이 아무리 강력하다 한들 한 가지 단계에 머물러 있을 수는 없다. 늘 화가 나고 매일같이 슬픔에 잠겨 있다면 당신은 그 단계에 갇혀버린 것인지도 모른다.

이런 감정들을 필요한 만큼 도움이 되는 선에서 안전하게 표현하는 것이 중요하다. 그러나 이런 감정들은 당신의 일상 속에 스며들지 않고 찾아왔다 사라질 수 있어야 한다. (4단계로 돌아가서 대처 기술들을 다시 보면 도움이 된다.)

성찰 59 내 애도의 깊이를 평가하기

잠시 당신이 애도했던 어떤 일을 떠올려봅시다. 그다음에는 애도의 다양한 단계들을 당신이 어떻게 헤쳐나갔는지 글로 써봅시다. 만약 자기 자신을 이런 방식으로 바라보기 어렵게 느껴진다면, 당신이 아는 어떤 사람이 거쳐갔던 단계에 대해 써보는 것도 좋습니다. 당신은, 아니면 그 사람은 어떤 단계에서 더 앞으로 나가지 못하고 멈춰버렸습니까? 어떤 단계를 회피했습니까? 지금의 당신은 어떻게 달리 행동했을까요?

마지막 장에서는 당신의 세계에 속한 사람들이 당신의 변화에 어떻게 반응할지, 당신이 치유 과정에 있다는 사실을 그들에게 어떻게 알려줄 수 있을지 살펴볼 것이다. 당신의 변화는 대인 관계에서 여러모로 가장 잘 드러날 것이다. 지금까지 정말 잘해왔다. 이제 다음으로 나아가 대인 관계에 초점을 맞춰보자.

5장

침묵을 깨고 더 행복한 삶 찾아가기

"우리 자신의 삶을 지배하기로 한 것이 우리의 약속이었는데 삶이 꾸는 꿈이 마음에 들지 않는다면, 우리는 그 약속을 바꾸어야 한다."

돈 미겔 루이스, 『네 가지 약속』

지금까지 당신 안에서 일어나는 변화를 살펴보았다. 당신에게 더 많은 정서적 자유를 허락하고, 더 따를 필요가 없는 전략과 규칙에 도전하는 변화들이었다.

그런데 완벽하게 숨겨진 우울이라는 침묵을 깨고 새로우면서 불완전한 당신을 다른 사람들에게 드러내려면 어떻게 해야 할까? 여기까지 오면서 나는 당신이 편안하게 여기는 타인과 이 과정을 함께하라고 부탁했다. 또 적어도 한 명 믿을 수 있는 친구와 당신의 여정을 나누라고 권했다. 치유의 다섯 번째 단계에서 여러 도전을 하면서 당신은 타인과 더 직접적으로 솔직하게 소통해야 했을 것이다.

이 책에 실린 다른 사람들의 이야기를 보면서 침묵을 깨면 대인 관계에 극적인 변화가 일어난다는 사실을 알 수 있었을 것이다. 이제는 당신의 파트너, 친구, 가족이 새로운 '당신'에게 어떤 반응을 보일지가 궁금할지도 모르겠다.

여러분 중 누군가는 정면 돌파를 선택한 덕에 상당히 앞으로 나아갔을지도 모른다. 만약 그랬다면 정말 멋진 일인 만큼 한층 더 깊이 있는 관계가 주는 이점들을 경험할 수 있었기를 바란다.

하지만 대부분은 아직 상상 속에서만 대인 관계의 변화를 그려보고 있을 것이다. 왜일까? 관계를 변화시키는 것은 정말 무서운 일이기 때문이다. 숨겨왔던 당신을 열어 보인다는 것은, 여태 혼자만의 것으로 간직했던 세계에 타인을 초대하는 일이다. 불안하고 무방비 상태가 된 것 같다. 상대가 아무리 사랑하는 사람, 아무리 (적어도 당신이 지키는 선 안에서) 가까운 사이라고 해도 망설여질 것이다. 새로 드러난 당신을 보여주는 것 자체가 관계에 변화를 불러일으키는 일이기 때문이다. 조금은 초조하겠지만, 그래도 당신이 지금까지 변한 만큼 당신이 맺는 관계 역시 더 솔직하고 자발적이고 불완전을 수용하는 방향으로 변할 수 있을지 확인해보자.

특히 파트너와의 관계에서는 당신 또한 치유 과정 중 상대와 한층 더 진정한 방식으로 소통할 수 있기를 바랄 것이다. 지금까지는 경험한 적 없는 온전한 친밀감을 만들어내고 싶을 것이다. 당신은 당신 자체로 사랑받고 받아들여지고 싶어한다. 비밀도 숨기는 것도 없는 진정한 행복을 원한다.

하지만 이때 수치심을 주는 목소리가 등장해서 관계 변화는 어림도 없거니와 다른 사람에게 무엇을 요구할 권리가 어디 있느냐며 고함을 질러댈지도 모른다. 다른 사람이 어떻게 반응하겠어? 이 관계가 실제로 변할 여지가 있어? 만약 변할 수 없다면 어떡할 거야? 이런 수치심의 목소리에 귀를 기울이면 두려움에서 벗어날 수가 없다.

문제는 또 있다. 만약 당신 세계 속의 누군가가 의도했건 의도하지 않았건 당신이 완벽주의라는 가면을 만든 계기가 되었다면, 즉 고통스러운 과거에서 어떤 역할을 했다면 어떡해야 할까? 만약 그 사람이 아직까지 당신에게 큰 영향을 미치는 사람이라면? 이런 관계를 변화시키기는 어렵고 아예 불가능할 수도 있다. 반면 변화가 일어나지 않을 수도 있다. (스펜서의 이야기에서 보았듯) 너무 두려워서 아예 시도조차 하지 않을 수도 있다. 어쩌면 변화를 시도했으나 결과가 실망스러울지도 모른다.

당신은 진정한 당신이 될 수 있는 관계를 원하고, 당신에게는 그런 관계가 필요하다. 내가 이 책에서 강조하고자 했던 단 한 가지가 있다면, 당신이 십대건 삼십대건 오십대건 바로 이 책이 당신의 삶을 구할 수 있다는 사실이다. 단순히 정서적인 삶을 구원할 수 있다는 의미가 아니라 실제 목숨을 구할 수 있다는 뜻이다. 손을 뻗어서 믿을 수 있는 사람을 선택하고, 그들에게 자신을 열어 보이는 것은 치유를 위해 중요할 뿐 아니라 고독과 어둠 속에 빠져 있을 때 찾아올 수 있는 어두운 생각들을 걷어내는 데도 꼭 필요하다. 그리고 앞서 언급했듯이, 만약 당신이 이런 상황에 처한 청소년이고 부모에게는 두려워서 솔직히 털어놓을 수 없다면, 친척이나 친구의 부모님, 선생님, 상담사여도 좋으니 당신의 이야기를 듣고 도와줄 수 있는 믿을 수 있는 어른을 찾았으면 한다.

이 장을 시작하며 인용한 글에서 돈 미겔 루이스는 당신에게는 당신 자신으로 존재할 권리, 필요한 것과 원하는 것을 요구할 권리가 있다고 말한다. 당신이 특정한 약속 내지 합의한 것을 지키며 살아가고 있다고 해서 변할 수 없다거나 변하지 말아야 한다는 것은 아니다.

이 책의 마지막 장에서는 이제 당신의 여정을 다른 사람들에게 털어놓고 당신에게 가장 중요한 관계들을 변화시키는 방법을 이야기해볼 것이다. '성찰 6'에서 그렸던 당신의 이너서클, 즉 당신을 가장 잘 알거나 이에 가까운 사람들을 떠올려보자. 당신에게 중요한 이들을 떠올리면 떠올릴수록 원은 점점 더 커졌다. 이 원들 속에서 당신에게 가까이 있는 사람일수록 관계를 변화시키고 싶은 마음도 클 것이다.

대인 관계의 변화는 불꽃놀이와 마찬가지로 시작은 작은 불씨에 불과하지만 색채가 번져나가며 온 하늘을 아름답게 물들인다. 하나의 관계를 변화시키고 나면 수치심을 버리고 자아를 수용하며 살아가는 삶이 얼마나 강인하면서도 즐거운지 깨닫게 된다. 이 깨달음에 힘입어 또 다른 관계에서 변화를 시도하고 그렇게 차근차근 나아갈 수 있다.

대인 관계의 변화가 일어나는 과정을 살펴보자. 2012년 처음 블로그를 시작했을 때 나는 내가 상당히 솔직한 인간관계를 맺는 편이라고 믿었다. 나는 내가 가진 문제들을 여과 없이 드러내곤 했다. 적어도 내 생각엔 그랬다. 그럼에도 솔직히 말하면 블로그를 만들게 된 계기는 빈 둥지에 적응하는 과정에서 겪는 정서적인 변화들을 다른 이들과 전부 공유하고 싶어서였다. 하나뿐인 아이가 다른 주에 있는 대학으로 진학했을 때였다. 나는 뻥 하고 터져버렸다. 집 안의 침묵은 때로 감당하기 벅찼다. 내가 사랑하던 생기 넘치는 에너지도 사라졌다. 좋은 점도 있긴 했다. 몇 년 만에 아이 방의 방바닥이 보였다는 것이다. 하지만 아이가 떠난 직후에 나는 엉망진창이었다. 아주 내밀한 이야기들을 블로그에 털어놓았다. 아이가 타던 차 앞좌석에 태아 자세로 웅크린 채 눈이 빠지도록 울었다는 이야기 같은 것들 말이다. 어떻게 이보다 더 솔직할 수가 있겠는가?

블로그에 글을 써나가면서 가까운 친구들은 내 안에 일어난 변화를 보고 듣기 시작했다. 그러면서 곧 변화가 찾아왔다. 나는 예전만큼 조심스러워하지 않게 되었다. 블로그에 글을 계속 쓰고 이전에 내 감정을 통제하던 수단들에 도전하면서 점점 더 솔직하고 편안해졌다. 그렇게 블로그를 시작한 첫해가 내 첫 불꽃이었다. 그 빛은 내 삶 속에서 점점 번져나갔다.

블로그에 글을 쓰면서 대인 관계가 변했다는 사실이 신기했다. 자신의 취약함을 솔직하게 드러내던 친구들은 내 변화를 반가워했다. 하지만 어떤 사람들에게는 이런 말을 듣기도 했다. "소셜미디어에 이렇게 솔직하게 이야기하는 게 꺼림칙하지는 않나요? 다른 사람들이 당신을 어떻게 볼지 걱정되지 않아요?"

변화가 뿌리내리는 동안 생산적이고 유능한 면모를 잃지 않으면서도 더 행복하고 편안해질 수 있다는 것을 느낀 당신은 이런 에너지를 당신의 삶 속으로 좀 더 많이 끌어오고 싶어질 것이다. 당신의 변화를 더 많은 사람들이 알아차리게 되고, 그들 또한 자신의 취약함을 당신과 나누려 할 것이다.

당신의 변화와 치유에 대해 알게 된 사람들이 당신에게 보일 수 있는 다양한 반응에 대해 잠시 살펴보자. 상대가 배우자나 파트너든 친구, 동료, 부모 또는 그 밖의 가족 구성원이든 변화를 수월하게 받아들이기도 하겠지만 언제나 그런 것은 아니다.

관계가 변화할 때 사람들이 보일 수 있는 반응

완벽하게 숨겨진 우울에 시달리던 조시는 치유 과정을 통해 큰 진전을 보였다. 어느 날 그녀가 가족에게 이렇게 말했다. "조만간 너희는 내가 예전과 달라졌다는 사실을 알게 될 거야.

그러니 마음의 준비를 하고 있으렴. 난 앞으로 나 자신을 더 잘 돌보련다. 이제는 '싫다'는 말도 더 자주 할 거야."

그러자 조시의 큰아들이 유머러스하게 받아쳤다. "잘 됐네요, 엄마. 그래도 저는 빼주시면 안 될까요?"

당신의 변화를 조시의 아들처럼 기분 좋게 받아들이는 사람도 있을 것이다. 하지만 숨겨왔던 당신을 발견하고 드러냈을 때 일어날 수 있는 대인 관계 변화는 이 주제만으로도 책 한 권이 모자랄 만큼 방대하다. 이 책에서는 요점만 짚고 넘어가기로 한다.

변화를 포용하는 사람들

당신의 세계를 이루는 많은 이들은 당신의 변화를 곧바로 포용할 것이다. 당신의 행복을 진정으로 바라는 이라면 서서히 드러나는 당신의 참모습을 기쁘게 바라볼 것이다. 아마 당신의 파트너와 친구들은 지금껏 자꾸만 더 많은 프로젝트를 떠안고 속도를 좀처럼 늦추지도 숨을 돌리지도 않는 당신, 머릿속과 마음속을 절대로 털어놓지 않는 당신을 걱정해왔을 것이다. 당신의 사랑을 느끼는 한편으로 배제된 것 같고 가까이 다가가면 벽을 세워버리는 것 같았을지도 모른다.

성찰 60 침묵을 깨기 위한 마음의 준비

당신의 파트너나 친구에게 어떻게 다가가고 싶은지 잠시 동안 생각해보세요. 무슨 말을 어떻게 하고 싶은지 글로 써보아도 좋습니다. 연설이나 연극 배역을 맡은 것처럼 소리내어 연습해보아도 좋습니다. 이런 연습을 통해 상대방의 반응을 시각적으로 그려볼 수 있는데, 이때 반응은 아마 그 상대와 쌓아온 경험과 유사할 것입니다. 실제로 해보면 어떤 느낌이 들까요?

여기서 염두에 두어야 할 것은, 관계의 변화란 아무리 긍정적인 것이라 해도 스트레스를 줄 수 있다는 것이다. 스트레스를 마주할 때 우리는 건강하건 그렇지 않건 가장 편안하고 익숙한 전략으로 대처한다. 당신의 이야기에 귀를 기울이고 당신이 솔직한 마음을 털어놓는다는 사실에 기뻐하는 사람들은 아마 당신의 변화를 반길 것이다. 당신이 새로 알려준 정보를 흡수하려 기다리고, 당신을 도와 관계를 더 튼튼하게 다지려면 자신이 어떻게 해야 하느냐고 물을 것이다. 당신이 바라는 반응이 바로 그것이리라.

파트너나 친구가 당신이 하는 말을 더 많이 이해하게 될수록 그들이 보이는 반응 역시 더 안전하고 건강해질 것이다. 사람들은 당신에 대해 모르는 것이 많다. 당신이 고통스러운 기억들을 오랫동안 숨겨왔기 때문이다. 당신에 대해 새로운 사실들을 알아가고 그 조각들을 이어 붙여 당신을 더 이해하게 될수록, 당신에게 자신의 취약함을 더 편안하게 드러낼수록, 그들은 당신과의 새로운 관계를 더 적극적으로 만들어가게 될 것이다.

만약 당신이 자살을 생각하고 있었다면, 다른 사람들이 그 이야기를 듣기 굉장히 힘들 수도 있다는 사실을 알았으면 한다. 상대가 아무리 침착한 사람이라 해도 당신이 필요한 도움과 지지를 그에게서 받고 있다고 안심시켜주어야 할 수도 있다.

반발하는 사람들

그러나 당신의 내면을 내보였을 때 문제가 일어날 수도 있다. 사전에 마음의 준비를 하지 않으면 상대가 과잉 반응할 수도 있다. 어쩌면 과거의 당신이 선택한 파트너는 당신을 더 깊이 알려고 시간이나 노력을 들이지 않는 사람이었을 수도 있다. 만약 그렇다면 더 깊고 진정한 관계를 원한다는 말에 상대가 반발할 수도 있다. 당신이 은연중 만들었을지도 모르는 세 가지 관계 패턴을 살펴보자.

첫 번째, 당신과 파트너가 접근-회피 관계를 맺고 있을 경우다. 이때 상대는 정서적으로 접근한다. 때로는 분노와 실망으로, 때로는 사랑과 다정함으로 다가온다. 상대가 다가오면 올수록 당신은 회피하고 결국 상대의 감정은 점점 더 강렬해진다. 상대는 오랫동안 당신이 마음을 열기만 기다렸는지도 모른다. 하지만 그들은 접근하는 것에 익숙하기에 역할이 바뀌었을 때 어떻게 해야 할지 모를 수도 있다. 이런 역학 관계는 비교적 알아내기 쉽다. 양쪽 모두가 역학 관계를 파악하고, 서로를 원망하지 않으며 함께 책임감을 가지고 나아가면 해소할 수 있다.

두 번째는 당신이 주고 파트너는 받는 관계가 형성된 경우다. 이 관계에서 당신은 많은 것을 바라지 않는 과도한 역할 수행자로서 기능하고 상대는 무기력한 역할 수행자인 상태다. 상대는 당신이 주는 것을 받을 뿐 스스로 정서적인 성숙을 꾀하거나 더 나은 관계를 만들기 위해 책임감을 느끼지 않고 있다. 이때 받는 사람이 상대를 조종하거나 학대하는 패턴이 있거나, 자아도취를 비롯한 파괴적인 성격 특성이 있는 경우 문제는 더 어려워질 수 있다. 두 사람의 관계가 친밀하다면 관계의 문제를 파악하기도 어려울 수 있다.

세 번째는 파트너가 갈등을 회피하고 감정을 숨기는 사람인 경우다. 당신과 파트너는 싸우거나 다투는 일이 거의 없다. 상대는 과거의 당신과 무척 비슷한 성향으로, 감정을 드러내지 않는 상황을 선호한다. 두 사람은 팀으로서 잘 기능하지만 친밀한 차원의 감정을 나누지 않는다. 어쩌면 두 사람은 다른 사람들 앞에 완벽한 커플의 모습으로 나타날 때를 제외하면 여러 면에서 분리된 삶을 살고 있을지도 모른다.

위 세 가지 유형의 관계를 변화시키기는 무척 어려우며, 당신 혼자만의 힘으로는 불가능할 수 있다. 만약 이런 경우에 해당된다면 커플 상담 경험이 있는 심리치료사를 찾길 바란다.

이런 패턴은 파트너와의 관계에만 국한되지 않는다. 어쩌면 당신의 지인들이 당신을 그저 피상적으로만 받아들이는 사람들일 수도 있다. 또 앞서 이야기한 것처럼 어린 시절 당신의 가족이 고통스럽거나 불쾌한 일에 관해서는 대화를 나누지 않는 사람들이었을 수도 있다. 힘든 이야기를 하는 당신을 비웃었을 수도 있다. 그렇기에 당신은 이들과는 자녀의 선생과 빚은 갈등이나 야구 경기 우승 소식과 같은 일상적인 또는 '용인되는' 일들만 나누는 데 익숙할 수도 있다. 그런데 이 사람들에게 자살하고 싶었다는 이야기를 한다니? 성적인 문제가 있다는 이야기, 아이가 우울증일지도 몰라 걱정된다는 이야기를 털어놓는다니? 이렇게 솔직한 이야기는 단 한 번도 대화의 주제가 된 적이 없을 것이다.

낙관적인 경우를 가정해본다면, 당신이 이런 이야기를 살짝 흘리자마자 '피상적인' 친구 하나가 이렇게 말할지도 모른다. "이런 말을 너한테 하게 될 줄은 몰랐는데, 나도 예전에 그런 감정을 느꼈어." "난 이 년 동안 항우울제를 복용했어." 심지어 당신의 파트너 역시 망설이다가 이렇게 털어놓을지도 모른다. "나도 그렇게 행복하지만은 않았어. 우리 같이 노력해보자." 솔직한 감정을 털어놓으면 정체되어 있는 관계에 신선한 공기를 한껏 불어넣을 수도 있다.

반면 당신의 파트너, 가족, 친구가 당신에게는 달갑지 않으며 가혹할지도 모르는 방어적 반응을 반사적으로 보일 수도 있다. 취약하고 민감한 상태인 당신에게는 이런 반응이 혼란스럽고 고통스럽게 다가올 것이다. 하지만 그렇다고 해서 다시 내면으로 침잠하거나 숨어버려서는 안 된다. 상대의 공포 반응이 일시적인 것에 불과하며 시간이 지나면 상대도 좀 더 신중하게 반응할 수 있을 것이라는 마음을 새긴 채, 새로운 당신을 더 편안하게 받아들일 수 있을 시간적 여유를 주었으면 한다.

이런 부정적 반응을 투쟁, 도피, 냉담, 포기라는 네 가지 공포 반응으로 나누어 더 자세히 알아보자.

투쟁 fight

공포에 대한 반응 중 하나는 투쟁으로, 적극적인 저항이다. 투쟁 반응을 보이는 사람들은 이렇게 말한다. "나는 내 인생에서 변화를 원하지 않아. 나는 지금의 당신 모습으로 만족해." 또는 "괴로운 이야기는 나누고 싶지 않아. 왜 그런 걸 하려는 거야? 우린 늘 긍정적으로 살아가자고 약속했잖아." 어쩌면 그들은 역으로 지금까지 당신이 적극적으로 자신을 기만하고 있었다고 생각하고 이렇게 말할지도 모른다. "왜 이 이야길 이제야 하는 거야? 날 못 믿었던 거야? 나한테 또 숨기는 거 있어?"

투쟁 반응이 수동적 저항으로 나타날 수도 있다. 당신의 이야기를 들으면서 당신이 바라는 바에 전적으로 동의한다는 듯 고개를 주억거리면서도 사실은 그 무엇도 할 생각이 없는 것이다. 마음을 터놓고 대화할 때가 오면 그들은 이렇게 변명한다. "오늘 오후에 시간 여유가 있을 줄 알았는데 일정이 뜻대로 되지가 않네" 또는 "아이고, 하루가 너무 고단해서 지금은 그럴 힘이 없어. 내일 이야기하자." 그렇게 내일은 영영 오지 않는다.

도피flight

도피 반응이란 말 그대로 상황에서 도망쳐버리는 것이다. 관계가 변한다는 게 너무 무서운 나머지 극심한 위협이라도 당한 듯 위축되면서 당신의 관점으로 상황을 바라보기를 거부하는 것이다. 도피 반응을 보이는 사람들은 이렇게 말한다. "그런 상황인 줄 전혀 몰랐어. 뭐라고 말해야 할지 모르겠다." 그렇게 그들은 도망친 뒤 다시는 이 화제를 입에 올리지 않는다.

도피는 부정을 통해서도 일어날 수 있는데, 이때 그들은 문제가 있다는 사실 자체를 부정함으로써 도피한다. 상대는 이렇게 말할지도 모른다. "당신이 우울하다니, 말도 안 돼. 우울증 환자들은 하루 종일 잠만 자는데 당신은 힘이 넘치잖아? 도대체 누가 당신한테 우울하다는 생각을 심어준 거야?" 당신의 고백은 묵살당하고 그렇게 변화의 기회는 사라지고 만다.

냉담 freeze

헤드라이트 불빛에 포착된 사슴을 떠올려보면 냉담 반응이 무엇인지 이해할 수 있으리라. 사슴은 그 자리에 꼼짝 않고 서서 당장 도망가야 할지 다시 풀을 뜯어도 될지 재고 있다.

이들은 수동적인 저항과 비슷하게 당신의 말에 귀를 기울이는 척하면서도 속으로는 어서 이야기가 끝나고 지금의 상태가 지속되기를 바라고 있다. (무기력한 역할 수행자가 할 법한 행동이다.) 아니면 (당신에게 직접 하기보다는) 스스로에게 이렇게 말할 것이다. "저 사람 가끔 저럴 때가 있지. 내일은 평소 모습으로 돌아올 거야." 그래서 그들은 가만히 있는다. 냉담 반응과 수동적인 저항의 차이는 무엇일까? 이들은 당신에게 저항하는 것이 아니라 당신을 무시한다. 당신이 이 이야기를 다시 꺼내면 그들은 처음 듣는 이야기처럼 군다. 아무 반응을 보이지 않고, 아무 일도 일어나지 않는다. 하지만 무반응 역시 메시지라는 사실을 잊지 말자.

포기fold

어마어마한 공포를 느낀 나머지 아예 기능을 못하는 포기 반응도 있다. 당신의 말에 정서적으로 압도된 그들은 당신이 모든 것이 괜찮다며 한없이 안심시켜주기를 바란다. 심지어 그들은 당신이 이런 여정을 거쳐왔다는 사실 때문에 스스로 수치심을 느끼기도 한다. 그들은 이렇게 말한다. "어째서 나는 네가 불행하다는 걸 몰랐을까?" 또는 "내가 널 불행하게 만든 거야?" 이런 반응을 맞닥뜨린 당신은 다시금 숨고 싶어진다.

성찰 61 나의 공포 반응

공포를 느낄 때 당신이 어떻게 반응하는지 일기장에 기록하면 도움이 될 것입니다. 공포를 느낄 때 당신은 침착해집니까? 네 가지 공포 반응 중 당신은 어떤 반응에 해당합니까? 변화를 감수하는 것은 두려운 일이므로 자신이 두려움 앞에서 어떤 반응을 보이는지 잘 알아야 합니다. 나 자신이 어떤 반응을 보일지 미리 알면 파트너, 친구, 가족과의 변화를 시도하는 과정에서 정서적 균형을 잃지 않을 수 있습니다.

또 상대가 어떻게 반응할지도 예상하고 글로 써봅시다. 앞서 이야기한 대로 상대 반응은 과거에 그 사람이 보였던 반응과 비슷할 가능성이 높으므로 예전의 경험을 떠올려봅시다. 이 과제가 왜 중요할까요? 공포 반응을 예상하고 있으면 상처를 덜 받을 수 있기 때문입니다. 상대의 반응을 개인적인 차원이 아니라 한층 더 객관적으로 바라보면서 예측 가능한 반응으로 받아들일 수 있습니다.

그러면 상대의 부정적인 반응을 마주했을 때는 어떻게 해야 할까? 자신이 세운 경계를 벗어나지 말아야 한다. 상대의 반응이 무엇이건 간에 상대와 나 사이의 경계를 명확하게 긋는 것이 중요하다.

건강한 경계

건강한 경계란 무엇일까? 타인과의 관계에서 건강한 경계를 유지하면, 상대방과 있을 때 드는 감정이 상대가 유발한 것이 아니라 당신의 내면에서 나오는 당신만의 생각과 느낌임을 알 수 있다. 건강한 경계란 당신이 끝나고 타인이 시작되는 곳에 그어진 개념적인 선이다. 건강한 경계를 가진 사람은 이렇게 믿는다. 네가 나를 슬프게 만든 것이 아니다. 그저 내가 슬픔을 느낄 뿐이다.

하지만 경계를 아주 실용적으로 정의할 수도 있다. 경계란 타인이 당신에게 하는 행동 중 어떤 것이 허용 가능한 안전한 행동인가, 그리고 상대가 그 경계를 넘었을 때 당신이 어떻게 행동하거나 느낄 것인가를 결정하는 가이드라인이기도 하다. 쉬운 예를 들자면 "부엌에서 계속 그렇게 소란을 떨면 문을 닫겠다" 같은 것이 경계다. 스스로의 행동에 구조를 부여하기 위해 자신만의 개인적 경계를 정할 수도 있다. "화가 너무 많이 나면 이 방을 나가겠다. 하지만 이 대화는 중요하기에 머리가 식으면 다시 돌아오겠다"처럼 말이다.

명확한 경계는 타인에게 당신이 누구인지 무엇에 신경을 쓰는지 알려준다. 그 반대도 마찬가지다. 명확한 경계는 당신에게 자아감을 부여하기도 한다. 경계를 통해 당신은 자신에게 중요한 것이 무엇인지를 선언하고, 당신의 가치를 설명하며, 당신의 판단에 동기를 부여하고 정서적인 반응을 이끄는 것이 무엇인지를 알 수 있다.

선을 긋는 일이 반갑지 않은 사람들은 선 긋기가 일방적인 통보라고 비난하지만, 사실 건강한 경계는 정보다. 통보와 정보가 다르다는 것을 기억하자.

당신 자신의 생각이 변화하기까지도 시간이 필요했다는 사실을 잊지 말자. 그러니 당신의 파트너, 친구, 가족 구성원에게도 너그러운 마음으로 그만한 시간을 주자. 상대에게 질문을 해달라고 요청해도 좋다. 하지만 경계는 분명해야 한다. "네가 지금 나와의 관계를 변화시키려는 노력을 할 수 없다고 해도 이해할게. 하지만 나는 이 여정을 계속해나갈 거야."

상대의 반응에 피드백을 해도 될지 물어보아도 좋다. "나를 향한 너의 분노에 대해 이야기하고 싶어" 또는 "우리 둘 사이의 상황을 내가 어떻게 보고 있는지 이야기하고 싶어. 너는 내 말을 불편하게 받아들이는 것 같아" 같은 말로 유익한 대화를 이끌어낼 수 있다.

파트너나 친구는 자신의 반응이 당신에게 정보를 제공하고 있음을 잘 모를 수도 있다. 그들이 화를 낸다면 그 또한 당신에게는 정보가 된다. 만약 상대가 "사실 처음에는 전혀 생각지 못한 일이라 화가 났어. 방어적인 태도를 보여서 미안해. 우리 그 이야기 다시 해볼까?" 한다면 이는 건강한 반응이다. 그들이 자책한다면 이는 정보가 된다. "이제는 그게 나 때문이 아니라는 걸 알겠어. 나는 그냥 너무 겁이 났던 거야"라는 말은 당신과 상대 둘 다 앞으로 나아가도록 도와주는 반응이다. 만약 상대가 "처음에는 네가 우울하다는 사실을 믿고 싶지 않았어. 겁이 났거든. 어떻게 하면 널 도울 수 있을지 모르겠다"라고 말한다면 이 또한 명백한 발전이다. 상대도 당신에게 자신의 취약함을 좀 더 드러내는 선택을 했기 때문이다.

상대의 반응을 정보로 받아들이면 당신 역시 스스로의 공포 반응이나 방어 반응에서 벗어날 수 있다. 당신은 이런 생각이 들 수도 있다. 그들이 이 이야기를 아예 하고 싶지 않아하면 어떡하지? 내가 예전의 완벽해 보이던 모습으로 돌아가기를 바라면 어쩌지? 예상보다 힘든 여정이 될 것 같아 속상해질지도 모른다. 그러나 당신 자신의 두려움은 아무런 도움이 되지 않을 것이다.

상대의 반응을 정보라고 여기고 평가하면 당신은 상대가 당신과 함께 성장할 수 있을지 한층 객관적으로 알 수 있을 것이다. 상대가 당신과 성장할 수 있다면 정말 좋은 일이다. 하지만 만약 그럴 수 없다 해도 그 사실을 받아들여야 한다.

문화적 신념 때문이든 가족의 신념 때문이든 당신이 예전에 따랐던(지금은 제대로 기능하지 않는다고 판단하는) 규칙을 여전히 따르고 있는 사람은 변화를 생각 수도 있다. 그 믿음 체계가 당신에게 해로웠음을 이해할 능력이 없을지도 모른다. 이는 안타까운 일이지만 동시에 안도할 일이기도 하다. 당신은 그들을 당신의 여정에 데려갈 필요가 없다. 당신이 할 일은 스스로를 치유하는 일이니까.

능력이라는 말에 대해 조금 더 이야기해보자. 능력이 없는 것은 주기를 거부하는 것과 다르다. 철물점에 가서 아이스크림을 달라고 할 수는 없다. 상대가 당신에게 무언가를 주지 않는 것이 아니라, 그 무엇이 없을 수도 있다. 다른 예를 들어 설명해보자. 만약 내가 목이 마르고 당신에게 물이 있는데(즉 나에게 물을 줄 능력이 있는데) 주지 않는다면 나는 당신이 내게 물 주기를 거부한다는 것을 분명히 알 수 있다. 그렇다면 이때 내 반응은 분노에서 절박함, 슬픔까지 아우를 수 있다. 하지만 내가 목이 마르고 당신에게 물이 있었으면 하지만 당신에게 물이 없는 것을 알고 있을 때는 나도 다르게 반응할 것이다. 이런 경우 당신은 지금 당신이 원하는 것을 상대가 줄 수 없다는 사실을 받아들이는 수밖에 없다. 그 뒤에는 경계를 정하고 이에 따라 행동하면 된다.

사랑하는 사람에게 당신이 요구한 것을 생각할 시간과 공간을 주고 기다려준다면, 상대 역시—그럴 능력이 있다면—솔직하고 개방적이고 취약함을 드러내는 보다 친밀한 관계를 위해 노력할 것이다.

체이스의 이야기는 자신을 감추기를 그만두고 나서 일어나는 광범위한 변화를 흥미로운 관점으로 보여준다.

“ 체이스 이야기: 새로운 사람으로 피어나다

체이스는 두 번째 이혼 후 심리치료를 받기 시작했다. 첫 번째 아내와 두 번째 아내 모두 바람을 피웠다. 체이스는 상처를 받고 혼란에 빠졌다. 그에게는 깊이 사랑하는 세 아이가 있었다. 억울해하고 스스로를 피해자라고 느끼는 대신 놀랍게도 그는 이렇게 말했다. “드디어 저 자신을 돌아볼 때가 된 것 같았어요.”

체이스는 유능한 사람으로, 승진 규정이 엄격하고 까다로운 대기업에서 승승장구하는 중이었다. 이 회사에서는 성공하려면 주중 여덟 시간으로 규정된 노동시간 이상 근무를 해야 했다. 체이스는 두 번의 결혼 생활 모두 어린 시절 느껴본 적 없는 정서적 연결감을 느끼려는 마음으로 시작했다. 그러나 그는 자신을 솔직히 열어 보이는 법을 몰랐기에, 남들의 눈에는 안정적으로 보였던 결혼 생활 내내 그는 아내에게 낯선 사람이나 다름없었다. 결국 두 아내 모두 좀 더 감정적으로 지지가 되는 관계를 찾아 떠났다.

그는 무엇이 잘못되었는지는 알았지만 이를 바로잡는 방법은 몰랐다. 그렇지만 자신의 아이들만큼은 이런 패턴을 되풀이하지 않았으면 했다.

체이스는 어린 시절의 감정적 결핍을 샅샅이 탐색하는 치열한 작업을 시작했다. 그제야 그는 자신의 삶에서 수치심이 얼마나 크게 차지했는지 알 수 있었다. 아버지는 체이스가 영영 특별해질 수 없을 것이라고 했고, 그는 아버지의 말이 틀렸음을 필사적으로 증명하겠다는 규칙에 따라 살아갔다. 체이스 자신은 아이들에게 그런 말을 한다는 걸 상상조차 할 수 없었다. 그는 자신의 냉소적인 언어 습관과 급한 성미는 어린 시절의 방치와 거부에 대한 두려움으로 인해 생긴 방어기제라는 것을 깨닫기 시작했다. 그리고 아마도 살면서 처음으로 그는 지금 이 순간의 감정을 느끼도록 스스로에게 허락했다.

체이스는 새로운 방향감각을 얻고 심리치료를 종결했다. 그는 이 변화가 그의 개인적 생활뿐 아니라 직업 생활에도 반영될 수 있기를 바랐다. 위험을 무릅써야 하는 일이었다. 일하는 방식을 바꾸면 경쟁력을 잃지 않을까? 팀원들의 존경심이 여전할까? 불편한 마음이 들었음에도, 체이스는 더 좋은 리더가 되고 싶다는 마음을 직속 상사에게 털어놓았다. 예전의 체이스는 팀원들로부터 승진만 추구하는 냉정한 사람이라는 평을 받았다. 그러나 이제 체이스는 다른 사람들이 잠재력을 찾을 수 있도록 이끌고, 의사 결정 과정에서 팀원들의 피드백이 오갈 수 있는 장을 만드는 사람이 되고자 트레이닝을 받기 시작했다.

체이스의 달라진 모습은 자녀 양육에도 엄청난 변화를 가져왔다. 그는 아이들에게 자신의 실수를 인정하고, 이른 시간에 귀가하고, 아이들의 고민에 귀를 기울였다. 체이스는 나에게 이렇게 말하며 미소를 지었다. "가장 놀라운 변화는 일터에서 일어났습니다. 저는 솔직해지면 통제력을 잃을까 봐 두려웠어요. 우유부단하거나 미적지근한 사람으로 보일지 모른다고 생각했죠. 하지만 이제 저와 같은 팀이 되고자 하는 사람들이 늘어났습니다. 팀원들이 인정받았다고 느꼈는지, 피드백에 귀를 기울이기 시작하면서 팀원들의 생산성 역시 무척 높아졌습니다."

실패했다고 느끼던 체이스는 완벽주의를 버리고 다섯 가지 치유 단계를 따르면서 긍정적인 변화를 향해 나아갔다. 시간과 인내심이 필요한 여정이었지만, 결국 그는 변화를 향한 열망이 삶에 속속들이 미치는 또 다른 방식의 성공을 거머쥘 수 있었다.

작업은 계속된다

드디어 이 책의 마지막 부분에 이르렀다. 당신의 작업이 본격적으로 계속되는 것은 여기부터다. 지금까지 차근차근 따라왔다면, 아마 이 책을 시작할 때 이야기한 희망을 당신도 찾아냈을 것이다. 한층 더 진실되고 연결되어 있으며 더 행복한 삶을 향해 실제로 변화하는 과정에서 생겨나는 희망이다.

연습을 통해 당신은 점점 더 새로운 당신이 되어갈 것이다.

마지막 한 가지 장해물에 대해 이야기하겠다. 우울과의 싸움에서 패배하고 자신을 해치는 어두운 생각에서 벗어날 수 없는 사람들은 입원 치료를 선택하기도 한다. 입원 치료센터를 찾는 건 쉬운 결정이 아니고 너무나도 두려운 일이기도 하다. 하지만 이들은 입원 치료센터로 가서 열심히 노력한 끝에 더 안정적인 삶을 향한 가능성을 배운다. 그 순간 그들은 깨닫는다. 집으로 돌아가서 평범한 삶을 되찾는 일이 입원 치료를 선택하는 것보다 더 어려운 일이 될 것이라는 사실 말이다.

가장 어려운 작업, 당신이 지금부터 해야 할 작업이 바로 이것이다. 과거의 당신이 생각하고 느끼던 방식이 자꾸만 당신의 발목을 잡는 바람에 새로운 관점과 행동을 유지하기 어려울 수도 있다. 해로운 관계를 끊어내고, 남은 사람들과의 사이에서는 완전히 새로운 경계를 세워야 한다. 이를 위해서는 안정적인 상태를 유지하는 데 무엇이 필요한지 새로 검토해야 한다. 당장은 잃는 것이 생길지 몰라도 멀리 보면 얻는 것이 훨씬 많다.

당신은 불완전함과 취약함에도 불구하고 지켜야 할 존재가 아니라, 바로 그 불완전함과 취약함 때문에 가치 있는 존재다. 당신은 당신의 능력 때문이 아니라 당신이라는 존재 자체로서 사랑받을 가치가 있다. 당신은 통제되어 있는 것처럼 보여서가 아니라 스스로의 감정과 연결되어 감정을 받아들이고 감정이 당신을 이끌도록 허락할 수 있는 사람이기에 강하다.

당신의 여정에 함께할 수 있게 해준 영광에 감사드린다.

성찰 62 나의 꿈은 무엇일까?

마지막 과제를 하면서 당신이 꿈을 꾸었으면 좋겠습니다. 앞으로 당신 삶의 만트라는 무엇이 될까요? 어디로 가고 싶습니까? 당신에게 행복을 줄 수 있는 것은 무엇일까요? 앞으로의 삶에서 어떤 관계들을 키워내고 싶습니까? 무엇을 배우면 보람을 느낄 수 있을까요? 자신과 세상으로부터 무엇을 발견하면 내면에서부터 놀라움의 미소가 번져갈까요? 이제 당신이 꿈을 꿀 시간입니다.

무엇을 선택하건 완벽하지는 않을 것입니다. 당신의 꿈은 당신이라는 사람 그 자체를 보여줄 테니까요.

감사의 말

제게 에너지를 전해주고 도움을 준 수많은 사람들이 없었다면 이 책은 존재하지 않았을 것입니다. 먼저, 가장 필요한 순간 내게 나타나주었던 내 친구들과 팀을 소개하고 싶습니다. 2012년 내 첫 번째 블로그 포스트의 '밀어주기' 버튼을 눌러주었던 지넷 발레자 콜린스의 현명함으로부터 큰 도움을 얻었습니다. 얼마 뒤에 만나게 된 크리스틴 마티아스의 창의적인 재능과 열정으로부터 지속적인 에너지를 전해받았고요. 블로거이자 작가인 멜리사 슐츠를 처음 만났을 때 저는 그녀가 문학 에이전시와 일하는 원고 검토 담당자라는 사실을 전혀 몰랐답니다. 그녀가 "제 에이전트가 완벽하게 숨겨진 우울에 대한 책에 관심을 가질 것 같아요"라고 말한 순간, 저는 세상에서 제일 운 좋은 작가가 되었지요. 그렇게 만난 에이전트인 짐 도노반은 멜리사와 함께 저와 제 원고가 다듬어질 수 있도록 채찍질하면서 이 책의 최초 제안서를 손질해준 뒤 여러 출판사에 소개해주었습니다. 두 사람에게 말로 표현할 수 없을 만큼 감사를 표합니다.

원고 입수 담당 편집자인 제나이 가리발디가 저에게 이 책을 계약하고 싶다는 연락을 해왔을 때는 가슴만 두근거린 것이 아니라 마치 교정기를 드디어 빼도 좋다는 말을 들은 어린 학생처럼 펄쩍펄쩍 뛰었답니다. 그때의 저에게 제나이가 어떤 요구를 했더라도 저는 덥석 들어주었을 텐데, 그러지 않았던 그녀에게 감사합니다. 제나이, 그리고 개발 담당 편집자인 제니퍼 홀더가 책이라곤 한 번도 써본 적 없는 제 손을 붙들고 제가 전달하고자 하는 이야기를 더 선명하고 폭넓게 담아낼 수 있도록 도와주었습니다. 교정 담당 편집자 마리사 솔리스는 문장 하나하나를 샅샅이 검토하면서 저에게 질문을 하고 삭제하고 설명을 부탁했습니다. 그리고 캐런 레비는 원고를 깔끔하게 정리해 저희 마거릿 이모도 자랑스러워하실 만한 교정 원고를 완성했습니다. 물론 위험을 무릅쓰고 완벽주의와 우울증에 새롭게 접근하려는 새로운 저자를 선택해준 뉴 하빈저 출판사에도 큰 감사를 전하고 싶습니다.

제가 이름을 밝힐 수 없는 고마운 분들이 있습니다. 완벽하게 숨겨진 우울에 대한 기사를 읽거나 팟캐스트를 듣고 저에게 이메일을 보내온 수백 명의 독자들입니다. 저는 이런 이메일을 받았습니다. "꼭 제 얘기 같았어요." "우울증 진단 기준을 수없이 확인했고 그때마다 마치 제가 없는 문제를 만들어내는 게 아닌가 하는 수치심을 느꼈어요." "어쩌면 당신이 제 목숨을 구했는지도 몰라요." 남부러울 것 없이 행복하기만 한 줄 알았던 십대 자녀의 자살로 혼란스럽고 비통해하던 부모들이 저에게 연락해 이렇게 말했습니다. "이런 게 존재한다는 걸 제가 일찍 알았더라면 얼마나 좋았을까요?" 이렇게 많은 사람들이 완벽하게 숨겨진 우울을 실제로 경험했다고 확언해준 것이야말로 저에게 가장 강한 동기를 부여해주었습니다. 또 개인적인 이야기를 저와 나누고 책에 실어도 좋다고 허락해준 쉰 명이 넘는 분들에게 더 큰 감사를 전합니다.

또 제 내담자들뿐 아니라 소셜미디어를 통해 저의 시도를 응원해주었던 수많은 분들을 결코 잊을 수 없을 것 같아요. '좋아요'를 누르고 댓글을 달면서 저를 계속 격려해주었습니다. 감사합니다.

흔쾌히 추천의 글을 써 준 제니퍼 마셜에게도 감사를 전합니다. 그녀는 자신의 정신질환을 받아들임으로써 자신의 삶을 바꾼 본보기가 되어주었을 뿐 아니라, 수많은 다른 이들의 삶을 바꾸었고, 비영리재단 '디스이즈마이브레이브'를 만들어 우리 사회를 풍요롭게 해주었습니다.

이 책을 위해 개인적인 면담을 비롯해 지지를 보내준 캐나다의 완벽주의 연구자 고든 플렛 박사, 폴 휴잇 박사에게 감사드립니다. 마이클 얍코 박사 역시 저와 이 책의 아이디어를 논의했고, 저의 노력을 지지해주었습니다.

이 년 전 이 책을 쓰기 시작하면서 저는 친구들에게 이 책에 대한 이야기만 주구장창 늘어놓지 않겠다고 약속했습니다. 그런데 그 시도는 실패한 것 같습니다. 하지만 친구들 모두 몇 번이고 "그런데 말야, 책은 어떻게 되어가?" 하고 물어보며 순수한 배려심을 보여준 덕에 제가 끝까지 버틸 수 있었던 것 같습니다. 운 좋게도 함께 작업할 수 있었던 저의 팀원들(브렌다 비티, 존 크롤리, 롭 클린턴, 조디 스미스 등)이 여러 문제를 해결해주고 제 삶의 나머지 부분들을 지탱해주었기에 글쓰기에 집중할 수 있었습니다.

북클럽 회원들에서부터 학교의 여러 조력자들, 세상 곳곳의 블로거 이웃들은 물론 제가 사는 페이엣빌의 친구들에 이르기까지, 심지어 운동을 함께하는 친구들까지 모두가 저의 의욕을 북돋아주었습니다. 제가 아는 우리 동네의 유일한 작가인 밥 포드와 데이비드 졸리프 박사는 저를 만나 집필을 진행하는 데 도움이 되는 여러 가지 조언을 해주었습니다. 킬리 메이어, 킨드라 리처드슨, 조넬 립스콤, 로버트 제임스, 수전 개먼 같은 멋진 친구들이 저를 견뎌내며 함께해주었습니다. 심리학자 동료이자 사랑하는 친구 디나 히자지 박사는 곁에서 깊이 있는 임상적 조언은 물론 흔들리지 않는 신념을 주었습니다. 모두가 제 개인적인 괴로움, 직업적인 의구심, 고조된 취약함을 달래기 위해 꼭 필요했던 안도감을 전해주었습니다.

그리고 제 가족에게도 감사의 마음을 전하고 싶습니다. 이 글을 쓰는 지금 저의 큰오빠 애덤은 오랜 식도암 투병 끝에 호스피스 시설에 들어가 있습니다. 오빠, 우리, 그리고 오빠의 손주들에 대해 슬픔이 너무나도 깊습니다. 오빠가 마음으로 계속 저를 응원했다는 것을 너무나 잘 알고 있습니다. 게이 이모, 댈러스의 식구들, 아칸소에 있는 식구들, 스펜서 오빠와 그의 아내 데비, 애덤 오빠의 아내인 앤, 조카들과 그 아이들의 아내들 역시 저를 응원해주었습니다. 제 아들 로빈슨은 변함없이 저를 믿어주었습니다. 어느 날 아이에게 많이 자랐다고 말하자, 그는 "엄마도 많이 자란 것 같아서 자랑스러워요" 하고 간단하게 대답하더군요. 마지막으로, 사랑하는 남편 리처드는 모든 집안일을 대신 해주었습니다. 요리만 빼고 모든 걸 도맡아 주었지요. 만약 남편이 아니었으면 책을 쓰는 동안 체중이 줄었을지도 모르겠습니다. 남편은 언제나 제 말에 귀를 기울여주었습니다.

가족 모두에게서 받은 선물들에 대한 기쁨과 감사뿐 아니라 우리 모두가 느끼는 슬픔에 대해서 생각할 때마다 눈물이 절로 차오릅니다.

돌아가신 지 십 년이 넘은 어머니와 아버지가 살아 계셨더라면 좋았을 텐데요. 두 분 다 독서를 좋아하셨기에 무척 자랑스러워하셨을 겁니다. 저의 목적의식과 열정은 두 분에게서 물려받은 것이며, 우리 모두가 가족으로서 나누었고 지금도 나누고 있는 사랑에 너무 감사한 마음을 느낍니다. 중증 불안장애와 완벽주의에 시달리느라 평온할 수 없었던 어머니는 오래전 저에게 이렇게 말씀하셨습니다. "내가 나에게 무슨 짓을 하는 건지 알았다면, 그러지 않았을 거야."

이 책이 제 어머니 같은 이들을 도울 수 있기를 바랄 뿐입니다.

추천 도서

이 책에서 참조한 모든 책을 강력 추천한다. 이 책은 트라우마나 통상적 우울증 치유를 위한 책이 아니기에, 아동기의 트라우마로 괴로워하거나 통상적 우울증에 대한 도움을 받고 싶은 독자들에게 아래의 책들을 추천한다.

Bass, Ellen and Laura Davis. 2008. *The Courage to Heal: A Guide for Women Survivors of Child Sexual Abuse.* New York: Harper-Collins. (엘렌 베스, 로라 데이비스, 『아주 특별한 용기: 성폭력 생존자들을 위한 영혼의 치유』, 이경미 옮김, 동녘, 2012.)

Brown, Brené. 2001. *Daring Greatly: How the Courage to Be Vulnerable Transforms the Way We Live, Love, Parent, and Lead.* New York: Avery. (브레네 브라운, 『마음가면: 숨기지 마라, 드러내면 강해진다』, 안진이 옮김, 더퀘스트, 2016.)

Lee, Mike. 2013. *Victim No Longer: The Classic Guide for Men*

Recovering from Sexual Child Abuse. New York: Small Wonder Books.

Lerner, Harriet. 2014. *The Dance of Anger: A Woman's Guide to Changing the Patterns of Intimate Relationships.* New York: William Morrow.

Levine, Peter. 1997. *Waking the Tiger: Healing Trauma.* Berkely, CA: North Atlantic Books. (피터 A. 레빈, 『내 안의 트라우마 치유하기』, 양희아 옮김, 소울메이트, 2016.)

Walker, Pete. 2013. *Complex PTSD: From Surviving to Thriving: A Guide and Map for Recovering from Childhood Trauma.* CreateSpace Independent Publishing Platform.

Yapo, Michael. 2001. *Treating Depression with Hypnosis.* New York: Yapko Publications.

참고 문헌

American Psychiatric Association. 2013. *The Diagnostic and Statistical Manual of Mental Disorders*. 5th ed. Washington, DC: American Psychiatric Publishing. (미국정신의학회, 『정신질환의 진단 및 통계편람 제5판』, 권준수 외 옮김, 학지사, 2015.)

Angelou, M. 1993. *Wouldn't Take Nothing for My Journey Now*. New York: Bantam Books.

Bart J. 2016. "Dear Class of 2020: Don't Let the Penn Face Get to You." *The Tab*. Penn State.

Batchelor, S. 1997. *Buddhism Without Belief*. New York: Riverhead Books. (스티븐 배철러, 『어느 불교무신론자의 고백』, 김옥진 옮김, 궁리, 2014.)

Beaton, C. 2017. "Millennial Duck Syndrome: The Faked-Success Cycle That Hurts Everyone." *Psychology Today*, May 20.

Blatt, S. 1995. "The Destructiveness of Perfectionism: Implications for the Treatment of Depression." *American Psychologist* 50(12):

1003~1020쪽.

Burns, David. 1999. *The Feeling Good Handbook*. New York: Plume. (데이비드 번즈, 『필링 굿』, 차익종 외 옮김, 아름드리미디어, 2011.)

Carson, Rick. 2003. *Taming Your Gremlin: A Surprisingly Simple Method for Getting Out of Your Own Way*. New York: Quill.

Brown, B. 2010. *The Gift of Imperfection*. Center City, MN: Hazelden Publishing. (브레네 브라운, 『나는 불완전한 나를 사랑한다』, 서현정 옮김, 가나출판사, 2019.)

Curtin, S., M. Warner and H. Hedegaard. 2016. "Increase in Suicide in the United States, 1999~2014." *NCHS data brief*, no. 241. April. Hyattsvill, MD: National Center for Health Statistics.

Fagan, K. 2017. *What Made Maddy Run*. New York: Little, Brown and Company.

Flamenbaum, R. and R. R. Holden. 2007. "Psychache as a Mediator in the Relationship Between Perfectionism and Suicidality." *Journal of Counseling Psychology*, 54(1): 51~61쪽.

Flett, G., P. Hewitt, and S. Mikail. 2017. *Perfectionism: A Relational Approach to Conceptualization, Assessment, and Treatment*. New York: The Guilford Press.

Harris, D. 2014. *10% Happier: How I Tamed the Voice in My Head, Reduced Stress Without Losing My Edge, and Found Self-Help*

That Actually Works — A True Story. New York: HarperCollins. (댄 해리스, 『10% 행복 플러스: 행복 지수를 높이는 시크릿』, 정경호 옮김, 이지북, 2014.)

Johnson, S. 2011. *Who Moved My Cheese?* New York: G. P. Putnam's Sons. (스펜서 존슨, 『누가 내 치즈를 옮겼을까?』, 이영진 옮김, 진명출판사, 2015.)

Kabat-Zinn, J. 1994. *Wherever You Go, There You Are*. New York: Hyperion. (존 카밧진, 『존 카밧진의 왜 마음챙김 명상인가?』, 엄성수 옮김, 불광출판사, 2019.)

Lamott, A. 1995. *Bird by Bird*. New York. Anchor. (앤 라모트, 『쓰기의 감각』, 최재경 옮김, 웅진지식하우스, 2018.)

Lawson, C. A. 2000. *Understanding the Borderline Mother: Helping Her Children Transcend the Intense, Unpredictable and Volatile Relationship*. New York: Rowman & Littlefield.

National Institute of Mental Health. 2018. "Suicide." Last updated May 2018. https://www.nimh.nih.gov/health/statistics/suicide.shtml.

National Institute of Mental Health. 2019a. "Major Depression…" Last updated February 2019. https://www.nimh.nih.gov/health/statistics/major-depression.shtml.

National Institute of Mental Health. 2019b. "Mental Illness." Last updated May 2019. https://www.nimh.nih.gov/health/statistics/mental-illness.shtml.

Neff, K. 2014. *Self-Compassion: The Proven Power of Being Kind to Yourself.* New York: William Morrow. (크리스틴 네프, 『러브 유어셀프: 세상에 오직 하나뿐인 나를 사랑하라!』, 이경욱 옮김, 이너북스, 2019.)

Pacht, A. R. 1984. "Reflections on Perfection." *American Psychologist* 39(4): 386~290쪽.

Real, T. 1997. *I Don't Want to Talk About It.* New York: Scribner.

Ruiz, D. M. 1997. *The Four Agreement.* San Rafael, CA: Amber-Allen Publishing. (돈 미겔 루이스, 『네 가지 약속: 천년간 전해온 톨텍 인디언의 위대한 가르침』, 유향란 옮김, 김영사, 2012.)

Shneidman, E. 1993. *Suicide as Psychache: A Clinical Approach to Self-Destructive Behavior.* Northvale, NJ: Aronson.

Siegel, D. 2018. *Aware: The Science and Practice of Presence.* New York: Penguin Random House. (대니얼 J. 시겔, 『알아차림』, 윤승서 외 옮김, 불광출판사, 2020.)

Solomon, A. 2001. *The Noonday Demon: An Atlas of Depression.* New York: Scribner. (앤드류 솔로몬, 『한낮의 우울: 내면의 어두운 그림자 우울의 모든 것』, 민승남 옮김, 민음사, 2004.)

Twenge, J. 2017. *iGen: Why Today's Super-Connected Kids Are Growing Up Less Rebellious, More Tolerant, Less Happy—and Completely Unprepared for Adulthood.* New York: Atria Books. (진 트웬지, 『 i세대: 스마트폰을 손에 쥐고 자란 요즘 세대 이야기』, 김현정 옮김, 매일경제신문사, 2018.)

Van der Kolk, B. 2014. *The Body Keeps the Score*. New York: Penguin Books. (베셀 반 데어 콜크, 『몸은 기억한다: 트라우마가 남긴 흔적들』, 제효정 옮김, 을유문화사, 2016.)

Vendel, C. 2018. "University Ignored Daughter's Suicidal Pleas, Parents Say in Lawsuit." *Penn Live*, April 10.

Williams, M., J. Teasdale, J. Z. Segal, and J. Kabat-Zinn. 2007. *The Mindful Way through Depression: Freeing Yourself from Chronic Unhappiness*. New York: The Guilford Press. (마크 윌리엄스, 존 티즈데일, 진델 세갈, 존 카밧진, 『마음챙김으로 우울을 지나는 법』, 장지혜 외 옮김, 사람과책, 2013.)

Wilson, R. 2009. *Don't Panic*. New York: Harper Collins.

Winfrey, O. 2017. *The Wisdom of Sundays: Life-Changing Insights from Super Soul Conversations*. New York: Flatiron Books. (오프라 윈프리, 『위즈덤: 오프라 윈프리, 세기의 지성에게 삶의 길을 묻다』, 노혜숙 옮김, 다산책방, 2019.)

Yapko, M. 1998. *Breaking the Patterns of Depression*. New York: Broadway Books.

옮긴이의 말

"요즘 작업 중인 책을 꼭 추천하고 싶다." 그렇게 말했을 때 내 친구들은 흥미를 가지다가도 '완벽주의와 우울'이라는 큰 주제를 설명해주고 나면 의아한 표정이 들었다. "글쎄, 내가 완벽주의자인지 잘 모르겠는데. 게다가 우울하지도 않아."

『괜찮다는 거짓말』 번역 작업을 하는 동안 완성된 책을 꼭 보여주고 싶은 사람이 여럿 있었고, 그중 한 사람은 교대 근무를 하는 워킹맘이던 친구다. 과도하게 활발한 두 아이를 키우면서 널찍한 아파트를 먼지 한 점 없이 유지했고 다양한 취미도 짬을 내어 즐겼다. 장녀이자 아내이자 어머니이자 전문인이라는 역할을 믿기지 않게 잘 수행하면서도 자신이 "완벽하지는 않다"고 믿던 내 친구는 우울할 겨를이 없었다. 대신 피곤하고, 바빴고, 매일같이 "짜증나는" 일들이 많았다. 책이 완성된 지금 친구는 직장을 그만두고 심리치료를 받으며 휴식의 시간을 가지는 중이다.

다른 한 사람은 나 자신. 나는 내 친구처럼 하루에도 몇 번씩 역할을 바꿀 수 있는 완벽한 사람은 처음부터 아니었다. 종일 한 가지 일에 매달리고, 크게 손이 가지 않는 고양이들 외에는 식구가 없으며, 잘하지 못하는 살림은 전문가에게 맡겼다. 그러나 나는 게을러질지도 모른다는 걱정에서 놓여나지 못했다. 매일 새벽같이 일어나 책상에 앉는다, 시간을 잘 쓰기 위해 작업은 물론 샤워나 설거지를 할 때에도 타이머를 맞춰두고, 못 끝낸 일이 있으면 잠을 한 시간씩 줄였다. 친구가 짜증을 냈다면 나는 눈물을 흘렸다. 어느 날 아침엔 눈을 뜨고 천장을 보는 순간 '오늘도 해야 할 일이 너무 많다'는 생각에 눈물이 쏟아졌다. 그다음엔? 나는 눈물을 닦고 책상으로 달려가 앉았다. 일을 끝낸 다음에 마저 울어도 될 것 같았기 때문이다.

친구도 나도 매일의 할 일 목록에 완료 표시를 하며 지내는 사람이었다. 심리치료를 받기 시작했던 초기, 갑자기 생긴 광장공포증 증상으로 사람 많은 장소를 힘겨워하게 된 나는 치료법을 스스로 생각해냈다. 일주일에 한 번씩 백화점 일층을 혼자 걸어다니며 곧 쓰러질 것 같은 공포감을 억누르는 연습을 하고, 작은 보상으로 립스틱이나 향수를 사 오는 것이었다. 이 이야기를 의사에게 했을 때, 의사는 왜 그렇게 해야 하느냐고 되물었다. 예기치 못한 장해물이 등장했을 때 어떤 사람들은 그것을 경로에서 어서 치워버리고 앞으로 나가야 한다고 생각하고, 그러기 위한 조치들을 만들어 할 일 목록에 집어넣는다. 그리고 목록에 빨간 펜으로 표시를 하는 것만으로도 문제가 해결되고 있다고 믿는다.

『괜찮다는 거짓말』 번역 작업이 이어질수록 나는 이 책이 우리를 위한 것 같다는 생각이 점점 더 많이 들었다. 내게 찾아온 뜻밖의 고난을 어서 극복하고, 강하고 낙관적이며 밝은, "원래의", "괜찮은" 나로 돌아가고 싶은 사람, 이 정도는 거뜬하단 말을 예사로 하는 사람. 오랜 친구에게조차 나의 약하고 상처받기 쉬운 면을 드러내고 싶지 않고, 그저 괜찮다는 말을 되뇌며 "잘하고 있다"는 말을 기다리는 사람들 말이다. 그저 피곤하고, 바쁘고, 겁이 날 뿐 자신이 완벽하지도 우울하지도 않다고 믿는 나와 내 친구들이 극복이나 완성, 획기적인 진전이라는 성급한 표현들 없이도 편안해지는 법을 알고 싶었다.

우연히도, 그리고 다행히도, 내가 이 책을 옮기는 내내 친구와 나는 전문 의료인의 도움을 받으며 각자의 문제들을 해결해가고 있었고, 이 책에서 말하는 치유의 동반자가 서서히 되어갔다. 우리에게 있는 진짜 이야기들은 우리가 보여주고 싶은 겉모습에 비하면 초라하고 나약할 때가 많았다. 귓가에서 속삭이는 그렘린의 목소리를 애써 무시하며 도움과 지지를 요청하다 보면 마음이 주저앉았다. 그때마다 '기분이 좋아지려면 그전에 나빠지는 것은 당연하다'는 러더퍼드 박사의 말을 생각했다. 그 멋진 말이 많은 사람에게 용기를 주었으면 좋겠다.

『괜찮다는 거짓말』이라는 제목을 보자마자 "이건 내 얘기야" 하는 생각을 하는 독자들을 많이 만났으면 좋겠다. 자신 말고 누구에게도 해가 되지 않는 거짓말을 그만두고 나서도 괜찮을 수 있다는 사실을 함께 알아가면 좋겠다. 요즘 나는 조금 더 늦게 일어나고, 타이머의 건전지가 닳았을 때 시험 삼아 내버려두기도 하고, 더 많은 일들을 기분 내키는 대로 하거나 하지 않으려고 한다. 그래도 아직까지는 썩 괜찮게 느껴진다. 그 괜찮은 기분을 여러 사람과 함께 나누고 싶다. 내게 꼭 필요한 시점에 『괜찮다는 거짓말』을 가장 먼저 읽을 수 있는 기회를 주시고, 한국어판을 완성할 수 있도록 힘써주신 북하우스, 그리고 "우리는 '완벽하게 숨겨진 우울 질문지'에서 몇 점을 받을까?" 같은 중요한 질문들을 유쾌하게 나누어주신 담당 편집자께 감사드린다.

송섬별

괜찮다는 거짓말

1판 1쇄 2020년 9월 21일
1판 2쇄 2020년 10월 21일

지은이 마거릿 로빈슨 러더퍼드
옮긴이 송섬별
펴낸이 김정순
편집 허정은 허영수
디자인 이강효
마케팅 양혜림 이지혜

펴낸곳 (주)북하우스 퍼블리셔스
출판등록 1997년 9월 23일 제406-2003-055호
주소 04043 서울시 마포구 양화로 12길 16-9(서교동 북앤빌딩)
전자우편 editor@bookhouse.co.kr
홈페이지 www.bookhouse.co.kr
전화번호 02-3144-3123
팩스 02-3144-3121

ISBN 979-11-6405-077-2 03180

이 도서의 국립중앙도서관 출판시도서목록(CIP)은 서지정보유통지원시스템 홈페이지(http://seoji.nl.go.kr)와 국가자료공동목록시스템(http://www.nl.go.kr/kolisnet)에서 이용하실 수 있습니다.(CIP제어번호: CIP2020036105)